福建省高职高专土建大类十二五规划教材

市政工程计量与计价实训

主　编 ◎ 陈艳琼　赖钦涛

编写者 ◎ 陈艳琼　赖钦涛
　　　　　罗　铮　高国兴

主　审 ◎ 黄从增

厦门大学出版社 国家一级出版社
XIAMEN UNIVERSITY PRESS 全国百佳图书出版单位

图书在版编目(CIP)数据

市政工程计量与计价实训/陈艳琼，赖钦涛主编. —厦门：厦门大学出版社，2018.1
（福建省高职高专土建大类十二五规划教材）
ISBN 978-7-5615-5055-7

Ⅰ. ①市… Ⅱ. ①陈… ②赖… Ⅲ. ①市政工程-工程造价-高等职业教育-教材
Ⅳ. ①TU723.32

中国版本图书馆 CIP 数据核字(2017)第 316842 号

出 版 人	蒋东明
总 策 划	宋文艳
责任编辑	眭 蔚
美术编辑	李嘉彬
技术编辑	许克华

出版发行　**厦门大学出版社**
社　　址　厦门市软件园二期望海路 39 号
邮政编码　361008
总 编 办　0592-2182177　0592-2181406(传真)
营销中心　0592-2184458　0592-2181365
网　　址　http://www.xmupress.com
邮　　箱　xmup@xmupress.com
印　　刷　厦门集大印刷厂

开本　787mm×1092mm　1/16
印张　14.5
插页　22
字数　500 千字
版次　2018 年 1 月第 1 版
印次　2018 年 1 月第 1 次印刷
定价　43.00 元

本书如有印装质量问题请直接寄承印厂调换

厦门大学出版社
微信二维码

厦门大学出版社
微博二维码

福建省高等职业教育土建大类十二五规划教材

编审委员会

主　任　　林松柏　　黎明职业大学校长
副主任　　江　勇　　福建水利电力职业技术学院院长
　　　　　　陈卫华　　黎明职业大学副校长

委　员

李伙穆　　黎明职业大学土木建筑工程系主任
林　辉　　福建水利电力职业技术学院水利工程系主任
周志坚　　福建交通职业技术学院交通土建工程系主任
罗东远　　闽西职业技术学院土木建筑工程系主任
薛奕忠　　漳州职业技术学院建筑工程系主任
林春建　　福建省第五建筑工程公司副总经理、教授级高工
林巧国　　福建省第一建筑工程公司副总经理、副总工
吴延风　　厦门城市职业学院土木建筑工程学部主任
林起健　　福建信息职业技术学院土建系主任
郑金兴　　福建林业职业技术学院土木建筑工程系主任
宋文艳　　厦门大学出版社总编辑
赖俊仁　　台湾朝阳大学营建工程系教授

编审委员会办公室

主　任　　王金选　　黎明职业大学教务处副处长
副主任　　陈俊峰　　黎明职业大学土木建筑工程系副主任
　　　　　　吴伟民　　福建水利电力职业技术学院水利工程系副主任

成　员

王金圳　　黎明职业大学施工技术专业主任
颜志敏　　福建水利电力职业技术学院工民建教研室主任

前　言

本书是在福建省高等职业教育土建类专业教材编写委员会指导下编写的,是《市政工程计量与计价》的配套教材,是学生掌握相应理论知识后进行系统实训的指导书。

本书以《建设工程工程量清单计价规范》(GB 50500-2013)、《市政工程工程量计算规范》(GB 50857-2013)、《福建省建筑安装工程费用定额》(2017 版)及现行的计价文件为依据,在编写过程中以"项目"为导向,理论与实践相结合,以实践为主,重在提高学生的实践操作技能。

本书结合工程项目,设计了"市政工程工程量清单编制"、"市政工程工程量清单计价"、"市政工程工程量清单计价编制(晨曦工程计价系统2017)"三个实训项目,每个实训后附有练习题,让学生在编制具体工程的计量与计价过程中提高实践技能。

本书由福建船政交通职业学院陈艳琼,闽西职业技术学院赖钦涛、罗铮,福建林业职业技术学院高国兴共同编写,陈艳琼负责统稿。其中赖钦涛编写附录四,罗铮编写实训一工作任务1-1中路面工程部分项目划分及实训二工作任务2-1中路面工程定额工程量计算,高国兴编写实训一工作任务1-1中排水工程工程量项目划分及实训二工作任务2-1中排水工程定额工程量计算,陈艳琼编写实训一工作任务1-1中相关知识及涵洞工程部分项目划分、工作任务1-2、工作任务1-3,实训二工作任务2-1相关知识及涵洞部分定额工程量计算、工作任务2-2、工作任务2-3,实训三市政工程工程量清单计价编制(晨曦工程计价系统2017)及附录一、附录二、附录三。本书由合诚工程咨询集团股份有限公司黄从增主审。

由于编者水平有限,书中定有不少值得改进、深化之处,敬请读者批评指正。

编者
2017 年 12 月

目 录

实训一 市政工程工程量清单编制 ………………………………………………… 1
  工作任务 1-1 分部分项工程量清单项目划分 ………………………………… 15
  工作任务 1-2 计算并填写清单工程量 ………………………………………… 24
  工作任务 1-3 其他文件编制、工程量清单的形成 …………………………… 45

实训二 市政工程工程量清单计价 ………………………………………………… 46
  工作任务 2-1 定额工程量计算 ………………………………………………… 49
  工作任务 2-2 定额套用计算综合单价 ………………………………………… 69
  工作任务 2-3 其他相关费用的计算、成果形成 ……………………………… 107

实训三 市政工程工程量清单计价编制（晨曦工程计价系统 2017） ………… 113

附录一 《市政工程工程量计算规范》(GB 50857-2013)附录 …………………… 147
附录二 《市政工程工程量计算规范》(GB 50857-2013)福建省实施细则 ……… 190
附录三 《福建省建筑安装工程费用定额》(2017 版) ……………………………… 203
附录四 图 纸 ………………………………………………………………………… 217

参考文献 …………………………………………………………………………… 221

实训一

市政工程工程量清单编制

➤ 学习目标
　　◇ 能依据《市政工程工程量计算规范》(GB 50857—2013)列出工程项目；
　　◇ 能按照工程量计算规范的要求正确计算各分部分项的清单工程量；
　　◇ 能编制工程量清单。

➤ 导入项目
　　项目名称：×××市政道路
　　项目概况：
　　1. 主要技术经济指标
　　×××市政道路起点桩号为 K6+000～K6+500，全长 0.5 km。该路主线按设计速度为 60 km/h，辅道按设计速度为 30 km/h，道路等级为城市Ⅰ级主干道，主车道为双向 6 车道，采用的主要技术经济指标见表 1-1。

表 1-1　主要技术经济指标表

指标名称		单位	技术指标	采用情况
道路等级			城市Ⅰ级主干道	城市Ⅰ级主干道
设计速度		km/h	60	60
最小平曲线半径	不设超高最小半径	m	600	1000
	设超高推荐值		300	—
	极限值		150	
最小缓和曲线长度		m	50	
最小平曲线长度		m	100	418.1
最大纵坡	推荐值	%	5	0.675
	极限值	%	7	
最长坡长		m	170	292

续表

指标名称			单位	技术指标	采用情况
最小竖曲线半径	凸形	一般值	m	1800	50000
		极限值		1200	—
	凹形	一般值		1500	—
		极限值		1000	
最小竖曲线长度			m	50	147.5
桥涵设计荷载				公路-Ⅰ级	
路面设计荷载				BZZ-100	
车行道净空高度				≥5 m	

2. 工程规模及主要工程量

本项目 K6+000～K6+500 范围内含有路线、路基、涵洞、市政管理线工程、交通工程及沿线安全设施、绿化景观工程等。

主要工程量为:路线长 0.5 km;路基土石方工程:挖土方 4099 m^3,填方 17965 m^3;路面工程沥青混凝土路面 19102.88 m^2;路基防护及排水工程圬工:M7.5 浆砌片石 846.0 m^3,C20 片石混凝土 681.9 m^3;涵洞 2 道;市政管线约 1.487 km(含雨水、污水);交通工程及沿线设施 0.5 km;港湾公交车站 1 对,绿化景观工程 0.5 km。

项目任务:根据现行计价办法编制该项目的工程量清单,并进行工程量清单计量与计价。

一、相关知识

(一)工程量清单的组成

工程量清单是由具有编制能力的招标人或受其委托,具有相应资质的工程造价咨询人编制,表现建设工程的分部分项工程项目、措施项目、其他项目的名称和相应数量等的明细清单。它由分部分项工程量清单、措施项目清单、其他项目清单组成。

(二)工程量清单编制步骤

1. 准备工作

在编制工程清单前,编制人员应全面认真阅读整套图纸,了解工程的总体情况,明确各结构部分的详细构造,为准确进行分部分项工程量清单编制划分打下基础;熟悉《市政工程工程量计算规范》(GB 50857-2013)有关编制规定及相关的补充规定。

2. 分部分项工程量清单项目划分

在熟读图纸的基础上,对照《市政工程工程量计算规范》(GB 50857-2013)中各分部分项清单项目的名称、特征、工程内容将拟建工程项目进行合理的划分,形成分部分项清单项目,确定各分部分项的项目名称,并对各项目名称予以正确的项目编码,填写工程量单位。

3. 计算并填写清单工程量

根据图纸、《市政工程工程量计算规范》(GB 50857-2013)中清单工程量计算规则和计量单位、计算方法计算清单工程。

4. 其他文件编制，工程量清单的形成

结合工程项目的实际情况编写措施项目清单、其他项目清单，并进行汇总，编写总说明，编制工程量清单封面，整理形成工程量清单。

(三) 工程量清单相关表格

1　封面(只列工程量清单封面及投标总价封面，其余略)
2　总说明
3　工程项目造价汇总表
4　单项工程造价汇总表
5　单位工程造价汇总表
6　分部分项工程量清单与计价表
7　总价措施项目清单与计价表
8　单价措施项目清单与计价表
9　其他项目清单与计价汇总表
10　暂列金额明细表
11　专业工程暂估价明细表
12　总承包服务费计价表
13　分部分项工程量清单综合单价分析表
14　单价措施项目清单综合单价分析表
15　甲供材料一览表
16　主要材料设备项目与价格表
17　人工、材料设备、机械汇总表

详见表 1-2～表 1-18。

表 1-2-1　工程量清单封面

_____工程

工 程 量 清 单

招 标 人：_____　　　造价咨询人：_____
　　　　　　　（单位盖章）　　　　　　　　　　　　　（单位盖章或资质专用章）

法定代表人　　　　　　　　　　　　　　　法定代表人
或其授权人：_____　　或其授权人：_____
　　　　　　　（签字或盖章）　　　　　　　　　　　　（签字或盖章）

造价工程师：_____
　　　　　　　（签字盖专用章）

编制时间：　年 月 日

表 1-2-2　投标总价封面

投 标 报 价

招　标　人：_____

工　程　名　称：_____

投标报价(小写)：_____ 其中:甲供材料费_____

　　　　(大写)：_____ 其中:甲供材料费_____

表 1-3　总说明

工程名称：　　　　　　　　　　　　　　　　　　　　　　　　　　　第　页　共　页

表 1-4　工程项目造价汇总表

工程名称：　　　　　　　　　　　　　　　　　　　　　　　　　　　第　页　共　页

序号	单项工程名称	金额（元）	其中： 安全文明施工费 （元）
合　计			

注：本表适用于工程项目造价汇总。

表 1-5　单项工程造价汇总表

工程名称：　　　　　　　　　　　　　　　　　　　　　　　　　　　第　页　共　页

序号	单位工程名称	金额（元）	其中： 安全文明施工费 （元）
合　计			

注：本表适用于单项工程造价汇总。

实训一 市政工程工程量清单编制

表1-6 单位工程造价汇总表

工程名称： 第 页 共 页

序号	汇总内容	金额(元)
1	分部分项工程费	
1.1		
1.2		
2	措施项目费	
2.1	总价措施项目费	
2.1.1	安全文明施工费	
2.1.2	其他措施费	
3	其他项目费	
3.1	暂列金额	
3.2	专业工程暂估价	
3.3	总承包服务费	
	合计＝1＋2＋3	

注：本表适用于单位工程造价汇总，如无单位工程划分，单项工程也可使用本表汇总。

表 1-7　分部分项工程量清单与计价表

工程名称：　　　　　　　　　　　　　　　　　　　　　　　　　　　　第　页　共　页

序号	项目编码	项目名称	项目特征描述	计量单位	工程量	金额（元）	
						综合单价	合价
	合　计						

实训一 市政工程工程量清单编制

表1-8 总价措施项目清单与计价表

工程名称： 第 页 共 页

序号	项 目 名 称	计 算 基 础	费率(%)	金额(元)
1	安全文明施工费			
2	其他总价措施项目费			
	合　　计			

表1-9 单价措施项目清单与计价表

工程名称： 第 页 共 页

序号	项目编码	项目名称	项目特征描述	计量单位	工程量	金额(元)	
						综合单价	合价
	合　　计						

注：本表适用于以综合单价形式计价的措施项目。

表 1-10 其他项目清单与计价汇总表

工程名称：   第 页 共 页

序号	项 目 名 称	金额(元)	备 注
1	暂列金额		
2	专业工程暂估价		
3	总承包服务费		
	合计		—

表 1-11 暂列金额明细表

工程名称：   第 页 共 页

序号	项目名称	金额(元)	备 注
1	设计变更现场签证暂列金额		
2	优质工程增加费		
3	缩短定额工期措施费		
4	远程监控系统租赁费		
5	发包人检测费		
6	工程噪声超标排污费		
7	渣土收纳费		
	合 计		

表 1-12　专业工程暂估价明细表

工程名称：　　　　　　　　　　　　　　　　　　　　　　　　　　　第　页　共　页

序号	项目名称	金额(元)	备注
1			
2			
合　计			

表 1-13　总承包服务费计价表

工程名称：　　　　　　　　　　　　　　　　　　　　　　　　　　　第　页　共　页

序号	项目名称	计算基础(元)	费率(%)	金额(元)
1	专业工程总承包服务费			
1.1				
1.2				
2	甲供材料总承包服务费			
2.1				
2.2				
合　计				

表 1-14　分部分项工程量清单综合单价分析表

工程名称：　　　　　　　　　　　　　　　　　　　　　　　　　　　　　　　　　　　　　第　页　共　页

序号	项目编码	项目名称及特征描述	单位	工程量	综合单价组成（元）							综合单价（元）
					人工费	材料费	其中：设备费	施工机具使用费	企业管理费	利润	规费	税金	
1		清单 1		清单 1 工程量									
1.1		定额 1		定额 1 工程量									
1.2		定额 2		定额 2 工程量									
2		清单 2		清单 2 工程量									
2.1		定额 1		定额 1 工程量									
2.2		定额 2		定额 2 工程量									

表 1-15　单价措施项目清单综合单价分析表

工程名称：　　　　　　　　　　　　　　　　　　　　　　　　　　　　　　　　　　　　　第　页　共　页

序号	项目编码	项目名称及特征描述	单位	工程量	综合单价组成（元）						综合单价（元）
					人工费	材料费	施工机具使用费	企业管理费	利润	规费	税金	
1		清单 1		清单 1 工程量								
1.1		定额 1		定额 1 工程量								
1.2		定额 2		定额 2 工程量								
2		清单 2		清单 2 工程量								
2.1		定额 1		定额 1 工程量								
2.2		定额 2		定额 2 工程量								

表 1-16 甲供材料一览表

第　页　共　页

工程名称：

序号	工料机编码	工料机名称	规格、型号等特殊要求	单位	数量	单价	合价	质量等级	供应时间	送达地点	备注
1											
2											
3											
甲供材料费合计（元）								—	—	—	—

注：本表由招标人在招标文件和工程量清单中提供，甲供材料费合计作为编制招标控制价和投标报价的依据。

表 1-17　主要材料设备项目与价格表

序号	工料机编码	工料机名称	规格、型号等特殊要求	单位	数量	单价	合价
一		材料					
1							
二		设备					
1							

表 1-18　人工、材料设备、机械汇总表

工程名称：　　　　　　　　　　　　　　　　　　　　　　　　　　　第　页　共　页

序号	工料机编码	工料机名称	规格、型号等特殊要求	单位	数量	单价	合价
一		人工					
1							
二		材料					
1							
三		设备					
1							
四		施工机具					
1							

工作任务 1-1　分部分项工程量清单项目划分

▶ **学习目标**

◇ 熟读图纸；

◇ 能依据《市政工程工程量计算规范》(GB 50857-2013)及福建省实施细则列出工程项目，能正确编写项目编码。

▶ **任务描述**

根据施工图设计文件、《市政工程工程量计算规范》(GB 50857-2013)进行分部分项工程量清单项目划分，确定各分部分项的项目名称，并对各项目名称予以正确的项目编码，确定计量单位，填入分部分项工程量清单中(见表 1-19)。

表 1-19　分部分项工程量清单

序号	项目编码	项目名称	项目特征	计量单位	工程量

一、相关知识

（一）项目划分的依据

依据《市政工程工程量计算规范》(GB 50857-2013)及福建省实施细则中各分部分项清单项目的名称、特征、工程内容将拟建工程项目进行合理的划分，形成分部分项清单项目，确定各分部分项的项目名称，并对各项目名称予以正确的项目编码，填写工程量单位(见附录一和附录二)。

（二）分部分项工程量清单组成

构成一个分部分项工程量清单的五个要件——项目编码、项目名称、项目特征、计量单位和工程量在分部分项工程量清单的组成中缺一不可。

1. 项目编码

采用12位阿拉伯数字表示。各位数字的含义是：第1、2位为工程分类顺序码；第3、4位为专业工程顺序码；第5、6位为分部工程顺序码；第7、8、9位为分项工程项目名称顺序码；第10至12位为清单项目名称顺序码。如"040101001001 挖土方"统一项目编制为"040101001"，后三位"001"为编制人设置；如设计为"C30 水泥混凝土面层，厚度为22 cm，混凝土碎石最大粒径为40 mm"及"C35 水泥混凝土面层，厚度为22 cm，混凝土碎石最大粒径为40 mm"，由于两者的强度等级不同，则编码应分别为"040203007001"和"040203007002"。

当同一标段（或合同段）的一份工程量清单中含有多个单位工程且工程量清单以单位工程为编制对象时，在编制工程量清单时应特别注意对项目编码第10至12位的设置不得有重码的规定。例如一个标段（或合同段）的工程量清单中含有三个单位工程，每一个单位工程中都有项目特征相同的挖土方，在工程量清单中又需反映三个不同单位工程的挖土方工程量时，则第一个单位工程的挖土方的项目编码应为"040101001001"，第二个单位工程的挖土方的项目编码应为"040101001002"，第三个单位工程的挖土方的项目编码应为"040101001003"，并分别列出各单位工程挖土方的工程量。

2. 项目名称

应按规定的项目名称结合拟建工程的实际确定。如040304001001 混凝土基础，具体的项目名称可表达为"C20 片石混凝土基础"。

3. 项目特征

工程量清单的项目特征是确定一个清单项目综合单价不可缺少的重要依据，在编制工程量清单时，必须对项目特征进行准确和全面的描述。如"水泥混凝土面层"项目的项目特征包括"混凝土强度等级为C30，石料最大料径为40 mm，面层厚度为22 cm"，可以描述为"C30 水泥混凝土面层，厚度为22 cm，混凝土碎石最大粒径为40 mm"。

但有些项目特征用文字往往又难以准确和全面描述清楚，因此为达到规范、简捷、准确、全面描述项目特征的要求，在描述工程量清单项目特征时应按以下原则进行。

(1)项目特征描述的内容应按附录中的规定，结合拟建工程的实际，能满足确定综合单价的需要。

(2)若采用标准图集或施工图纸能够全部或部分满足项目特征描述的要求，项目特征描述可直接采用详见××图集或××图号的方式。对不能满足项目特征描述要求的部分，仍应用文字描述。

4. 计量单位

分部分项工程项目的计量单位应按规定的计量单位确定。附录中有两个或两个以上计量单位的，应结合拟建工程项目的实际选择其中一个确定。如"混凝土基础"项目的计量单位是"m^3"，"沥青麻絮沉降缝"项目的计量单位是"m^2"，"水泥混凝土路面"项目的计量单位是"m^2"，"混凝土管道铺设"项目的计量单位是"m"。

5. 工程量

分部分项工程项目的工程量即工程的实物数量，应按规定的工程量计算规则计算。由于不同项目的工程量计算规则差异较大，在后面的工程量计算章节中将详细介绍如何计算。

清单工程数量的最终结果，在填表时要求保留有效位数。有效位数的取舍应遵守下列

规则:

以 t 位为单位,应保留小数点三位数字,第四位四舍五入;

以 m、m^2、m^3 为单位应保留小数点后两位,第三位四舍五入;

以"个"、"项"、"套"为单位,应取整数。

随着工程建设中新材料、新技术、新工艺等不断涌现,《市政工程工程量计算规范》(GB 50857-2013)所列的工程量清单项目不可能包含所有项目。在编制工程量清单时,当出现规范附录中未包括的清单项目时,编制人应做补充。在编制补充项目时应注意以下四个方面:

(1)补充项目的编码应按本规范的规定确定。

(2)在工程量清单中应附补充项目的项目名称、项目特征、计量单位、工程量计算规则和工作内容。

(3)将编制的补充项目报省级或行业工程造价管理机构备案。

(4)补充项目的编码由附录的顺序码与"B"和3位阿拉伯数字组成,并应按×B001顺序编制,同一招标工程的项目不得重码。工程量清单中需附有补充项目的名称、项目特征、计量单位、工程量计算规则、工程内容。

二、示例

根据提供的图纸对 K6+000~K6+500 路面工程、K6+037.04 盖板涵、市政管网工程进行项目划分:

(一)路面工程

分析:K6+000~K6+500 段路面宽 50 m,其中单向主机动车道宽为 12 m,单向辅助机动车道宽 6.5 m,单向人行道宽 3.5 m,其他详见图纸。

路面结构层为:

主路机动车道:32 cm 水泥稳定碎石层,16 cm 级配碎石基层,17 cm ATB-25 密级配沥青碎石层,5 cm ATB-25 密级配沥青碎石层,6 cm AC-20 沥青混凝土,4 cm AC-13 沥青混凝土。辅路机动车道:20 cm 水泥稳定碎石层,16 cm 或者 14 cm 级配碎石基层,17 cm ATB-25 密级配沥青碎石层,5 cm ATB-25 密级配沥青碎石层,6 cm AC-20 沥青混凝土,4 cm AC-13 沥青混凝土。

根据《市政工程工程量计算规范》(GB 50857-2013)附录 B 道路工程及《市政工程工程量计算规范》(GB 50857-2013)福建省实施细则对路面工程进行项目划分(不计岔路口、标志标线、共交站台地面铺装、盲道部分),详见表 1-20。

(二)市政管网工程

1. 雨水管道(不含检查井)

分析:根据设计图纸中设计总说明,雨水管道管径 $d<600$ 排水管道采用 HDPE 缠绕管,其质量应符合国家现行行业标准《塑料产品标准》的技术要求,其力学性能应满足相应的规程要求,强度等级为环刚度≥8 kN/m^2。接口采用"T"形橡胶圈柔性接口,应采用厂方配套供应的具有耐酸碱、防污水腐蚀性能为主料的橡胶圈,其物理性能应满足相应的技术规程

要求。

管径 $d \geqslant 600$ 排水管道采用钢筋砼承插Ⅱ级管材,1:2水泥砂浆接口,详见04S516-21。管道基础采用120°C15砼管基,基础下铺设30 cm厚的中粗砂,接入支管及检查井基础处理同相应干管。如遇不良地基应及时与设计人员联系,商议处理方式。

根据附录E管网工程进行项目划分,详见表1-20。

2. 污水管道(不含污水检查井)

分析:根据设计图纸中设计总说明7排水工程。

(1)污水重力管道DN<600 mm时采用HDPE管,DN≥600 mm时采用钢筋混凝土管。

(2)污水管线:道路起点桩号K6+000到K6+500在道路北侧布置污水管道,最终排向××片区东北侧规划污水处理厂。

根据《市政工程工程量计算规范》(GB 50857-2013)附录E管网工程进行项目划分,详见表1-20。

(三)盖板涵

分析:该涵洞为钢筋砼盖板涵,孔数及孔径为1-2.5×1.5 m,涵长53.78 m,基础采用C20片石混凝土基础,涵台为C20片石混凝土,台帽为C25混凝土,八字墙基础、墙身、铺砌,截水墙均采用M10浆砌片石,其他部位设计详见图纸。

根据《市政工程工程量计算规范》(GB 50857-2013)附录C桥涵工程进行项目划分,详见表1-20。

表1-20 分部分项工程量清单

序号	项目编码	项目名称	项目特征描述	计量单位	工程量
道路工程(K6+000~K6+500)					
		1. 主路机动车道			
1	040202015001	32 cm水泥稳定碎石层	(1)水泥含量:5% (2)厚度:32 cm (3)材料规格:水泥稳定碎石	m²	
2	040202011001	16 cm级配碎石基层	(1)厚度:16 cm (2)石料规格:级配碎石	m²	
3	040203003001	透层	(1)材料品种:石油沥青 (2)喷油量:0.7~1.5 L/m²	m²	
4	040203003002	黏层	(1)材料品种:石油沥青 (2)喷油量:0.3~0.6 kg/m²	m²	
5	040203004001	下封层	(1)材料品种:PC-2改性乳化沥青 (2)喷油量:1.5 kg/m² (3)厚度:1 cm	m²	

续表

序号	项目编码	项目名称	项目特征描述	计量单位	工程量
6	040203005001	17 cm ATB-25 密级配沥青碎石	(1)厚度:17 cm (2)沥青品种:改性沥青 (3)ATB-25 密级配	m²	
7	040203005002	5 cm ATB-25 密级配沥青碎石	(1)厚度:5 cm (2)沥青品种:改性沥青 (3)ATB-25 密级配	m²	
8	040203006001	6 cm AC-20 沥青混凝土	(1)厚度:6 cm (2)沥青品种:改性沥青 (3)石料最大粒径:20 cm (4)商品沥青混凝土	m²	
9	040203006002	4 cm AC-13 沥青混凝土	(1)厚度:4 cm (2)沥青品种:改性沥青 (3)石料最大粒径:13 cm (4)商品沥青混凝土	m²	
		2. 辅路机动车道			
10	040203006003	4 cm AC-13 沥青混凝土	(1)厚度:4 cm (2)沥青品种:改性沥青 (3)石料最大粒径:13 cm (4)商品沥青混凝土	m²	
11	040203006004	6 cm AC-20 沥青混凝土	(1)厚度:6 cm (2)沥青品种:改性沥青 (3)石料最大粒径:20 cm (4)商品沥青混凝土	m²	
12	040203005003	10 cm ATB-25 密级配沥青碎石	(1)厚度:10 cm (2)沥青品种:改性沥青 (3)石料最大粒径:25 cm	m²	
13	040202011002	16 cm 级配碎石基层	(1)厚度:16 cm (2)石料规格:级配碎石	m²	
14	040202011003	14 cm 级配碎石基层	(1)厚度:14 cm (2)石料规格:级配碎石	m²	
15	040203003003	透层	(1)材料品种:石油沥青 (2)喷油量:0.7~1.5 L/m²	m²	

续表

序号	项目编码	项目名称	项目特征描述	计量单位	工程量
16	040203003004	黏层	(1)材料品种:石油沥青 (2)喷油量:0.3~0.6 kg/m²	m²	
17	040203004002	下封层	(1)材料品种:PC-2改性乳化沥青 (2)喷油量:1.5 kg/m² (3)厚度:1 cm	m²	
18	040202015002	20 cm水泥稳定碎石层	(1)水泥含量:5% (2)厚度:20 cm (3)材料规格:水泥稳定碎石	m²	
		3. 路缘石			
19	040204004001	安砌侧(平、缘)石A型	(1)详见附录一SⅡ-2-22	m	
20	040204004002	安砌侧(平、缘)石B型	(1)详见附录一SⅡ-2-22	m	
21	040204004003	安砌侧(平、缘)石C型	(1)详见附录一SⅡ-2-22	m	
22	040204004004	安砌侧(平、缘)石D型	(1)详见附录一SⅡ-2-22	m	
		4. 人行道			
23	040204002001	人行道块料铺设	详见附录一SⅡ-2-22	m²	
		排水工程			
		1. 土方			
24	040101002001	挖沟槽土方	(1)土壤类别:三类土 (2)挖土深度:2 m以内	m³	
25	040101002002	挖沟槽土方	(1)土壤类别:三类土 (2)挖土深度:4 m以内	m³	
26	040103001001	填方(回填砂)	(1)填方材料品种:中粗砂 (2)密实度:管侧及管顶以上0.5 m范围≥92% 管道两侧≥95%	m³	
27	040103001002	填方(回填土)	(1)填方材料品种:三类土 (2)密实度:95%以上	m³	
28	040103002001	余方弃置	(1)废弃料品种:雨水污水管道沟槽土方 (2)运距:1 km以内	m³	
		2. 雨水管道			
29	040501004001	塑料管道铺设(DN300)	(1)管道材料名称:HDPE缠绕管 (2)管材规格:DN300 (3)埋设深度:见设计图纸 (4)接口形式:电熔管件熔接 (5)垫层厚度、材料品种、强度:中粗砂20 cm厚	m	

续表

序号	项目编码	项目名称	项目特征描述	计量单位	工程量
30	040501004002	塑料管道铺设(DN400)	(1)管道材料名称:HDPE缠绕管 (2)管材规格:DN400 (3)埋设深度:见设计图纸 (4)接口形式:电熔管件熔接 (5)垫层厚度、材料品种、强度:中粗砂20 cm厚	m	
31	040501004003	塑料管道铺设(DN500)	(1)管道材料名称:HDPE缠绕管 (2)管材规格:DN500 (3)埋设深度:见设计图纸 (4)接口形式:电熔管件熔接 (5)垫层厚度、材料品种、强度:中粗砂20 cm厚	m	
32	040501001001	混凝土管道铺设(DN600)	(1)管有筋无筋:承插式Ⅱ级钢筋混凝土排水管 (2)规格:$d600$ (3)埋设深度:见设计图纸 (4)接口形式:1∶2水泥砂浆接口,详见04S516-21 (5)垫层厚度、材料品种、强度:碎砾石200 mm厚 (6)基础断面形式、混凝土强度等级:120°C15砼管基管座	m	
33	040501001002	混凝土管道铺设(DN800)	(1)管有筋无筋:承插式Ⅱ级钢筋混凝土排水管 (2)规格:$d800$ (3)埋设深度:见设计图纸 (4)接口形式:1∶2水泥砂浆接口,详见04S516-21 (5)垫层厚度、材料品种、强度:碎砾石200 mm厚 (6)基础断面形式、混凝土强度等级:120°C15砼管基管座	m	
34	040501001003	混凝土管道铺设(DN1000)	(1)管有筋无筋:承插式Ⅱ级钢筋混凝土排水管 (2)规格:$d1000$ (3)埋设深度:见设计图纸 (4)接口形式:1∶2水泥砂浆接口,详见04S516-21 (5)垫层厚度、材料品种、强度:碎砾石200 mm厚 (6)基础断面形式、混凝土强度等级:120°C15砼管基管座	m	

续表

序号	项目编码	项目名称	项目特征描述	计量单位	工程量
		3. 污水管道			
35	040501004004	塑料管道铺设	(1)管道材料名称:HDPE缠绕管 (2)管材规格:DN300 (3)埋设深度:见设计图纸 (4)接口形式:电熔管件熔接 (5)垫层厚度、材料品种、强度:中粗砂20 cm厚	m	
36	040501004005	塑料管道铺设	(1)管道材料名称:HDPE缠绕管 (2)管材规格:DN400 (3)埋设深度:见设计图纸 (4)接口形式:电熔管件熔接 (5)垫层厚度、材料品种、强度:中粗砂20 cm厚	m	
		涵洞工程(K6+037.40)			
37	040101002003	挖沟槽土方	(1)土壤类别:一、二类土 (2)挖土深度:2 m以内 (3)涵洞基础	m³	
38	040101002004	挖沟槽土方	(1)土壤类别:一、二类土 (2)挖土深度:4 m以内 (3)涵洞基础	m³	
39	040103001003	回填砂砾	(1)台背回填砂砾 (2)密实度:按设计图纸要求	m³	
40	040103002002	余方弃置	(1)废弃料品种:一、二类土 (2)运距:1 km以内	m³	
41	040303002001	C20片石混凝土基础	(1)部位:砼盖板基础 (2)嵌料(片石)比例:15% (3)混凝土强度等级、石料最大粒径:C20 粒径5~40 (4)碎石灌砂垫层厚度:10 cm	m³	
42	040303004001	C25混凝土涵台帽	(1)混凝土强度等级、石料最大粒径:C25 粒径5~40 (2)部位:涵台帽	m³	
43	040303005001	C20片石混凝土涵台	(1)部位:涵台台身 (2)嵌料(片石)比例:15% (3)混凝土强度等级、石料最大粒径:C20 粒径5~40	m³	

续表

序号	项目编码	项目名称	项目特征描述	计量单位	工程量
44	040304003001	预制C30混凝土盖板	(1)预应力、非应力：非应力 (2)混凝土强度等级、石料最大粒径：C30 粒径5~40 (3)部位：砼盖板 (4)形状：矩形	m³	
45	040304005001	预制混凝土帽石	(1)混凝土强度等级、石料最大粒径：C25 粒径5~20 (2)部位：帽石	m³	
46	040305003001	浆砌片石八字墙基础	(1)砂浆强度等级：M10 (2)部位：八字墙基础 (3)材料品种：片石	m³	
47	040305003002	浆砌片石八字墙截水墙	(1)砂浆强度等级：M10 (2)部位：八字墙截水墙 (3)材料品种：片石	m³	
48	040305003003	浆砌片石八字墙墙身	(1)砂浆强度等级：M10 (2)部位：八字墙墙身 (3)材料品种：片石	m³	
49	040305003004	浆砌片石八字墙铺砌	(1)砂浆强度等级：M10 (2)部位：八字墙铺砌 (3)材料品种：片石	m³	
50	040601029001	沉降缝	(1)沉降缝部位：洞身 (2)材料品种：沥青 (3)沉降缝规格：1 cm 麻絮	m	
51	040901001001	现浇构件钢筋	(1)材质：HPB235 (2)部位：台帽 (3)光圆钢筋，直径$\phi 10$以内	t	
52	040901002001	预制矩形板钢筋	(1)材质：HRB335 (2)部位：盖板 (3)螺纹钢筋，直径$\phi 20$以内	t	
53	040901002002	预制矩形板钢筋	(1)材质：HPB235 (2)部位：盖板 (3)光圆钢筋，直径$\phi 10$以内	t	

三、练习

请同学们根据提供的图纸完成路基工程、挡土墙工程、防护工程、涵洞工程（K6+

461.80)分部分项工程量清单编制。

工作任务 1-2　计算并填写清单工程量

▶ 学习目标
　　◇ 熟知清单工程量计算规则及工程量计算方法；
　　◇ 能正确计算清单工程量。

▶ 任务描述
　　根据施工图设计文件、任务 1-1 的分部分项工程量清单表、《市政工程工程量计算规范》(GB 50857-2013)及其福建省实施细则中清单工程量计算规则、工程量计算方法，计算清单工程量，完成分部分项工程量清单表。

一、相关知识

（一）工程量计算规则

见附录一及附录二。

（二）清单工程数量有效位数应遵守的规则

清单工程数量的最终结果在填表时要求保留有效位数，有效位数的取舍应遵守下列规则：

1. 以 t 位为单位，应保留小数点 3 位数字，第四位四舍五入；
2. 以 m、m^2、m^3 为单位应保留小数点后两位，第三位四舍五入；
3. 以"个"、"项"、"套"为单位，应取整数。

二、示例

（一）路面工程清单工程量计算

分析：根据提供的图纸计算 K6+000～K6+500 段路面工程清单工程量。
1. 32 cm 水泥稳定碎石层
[12+(0.15+0.1+0.05+0.05+0.15+0.16+0.15)×2+0.32]×2×500=13940 m^2
2. 16 cm 级配碎石基层
[12+(0.15+0.15+0.05+0.15)×2+0.16]×2×500=13160 m^2
3. 17 cm ATB-25 密级配沥青碎石
12×2×500=12000 m^2
4. 5 cm ATB-25 密级配沥青碎石
(0.15+0.1+0.05+0.025)×2×500×2=650 m^2

5. 6 cm AC-20 中粒式沥青混凝土

$12×2×500=12000$ m²

6. 4 cm AC-13 细粒式沥青混凝土

$12×2×500=12000$ m²

7. 4 cm AC-13 细粒式沥青混凝土

$S_1=6.5×2×500=6500$ m²

$S_2=(25×3.5×0.5+30×3.5+35×3.5×0.5)×2=210×2=420$ m²（2个公交车站）

$S_3=[20×1.5+(1.5×0.75-0.5×3.14×0.75×0.75)×2]×6=30.48×6=182.88$ m²（六个主辅道开口）

$S=6500+420+182.88=7102.88$ m²

8. 6 cm AC-20 中粒式沥青混凝土

同 4 cm AC-13 细粒式沥青混凝土。

9. 10 cm ATB-25 密级配沥青碎石

同 4 cm AC-13 细粒式沥青混凝土。

10. 16 cm 级配碎石基层

同 4 cm AC-13 细粒式沥青混凝土。

11. 14 cm 级配碎石基层

长度 L = C 路缘石长 + B 路缘石长 − [500−(20−3)×3]×2

$=1000.84+1887.43-898=1990.27$ m

面积$=1990.27×0.37=736.40$ m²

12. 20 cm 水泥稳定碎石层

$7102.88+[1000+1000-(20+1.5)×5+(1.5-0.15)×3.14×5]×(0.15+0.1+0.05+0.14+0.15+0.1)$

$=7102.88+(2000-107.5+21.195)×0.69=7102.88+1320.44=8423.32$ m²

13. 安砌侧（平、缘）石 A 型

$500×2=1000$ m

14. 安砌侧（平、缘）石 B 型

$[500×2-(20+3)×3]×2+3.14×(1.5-0.15)×6=1887.43$ m

15. 安砌侧（平、缘）石 C 型 15×35

$1000+0.419×2$（公交站加长）$=1000.84$ m

16. 安砌侧（平、缘）石 D 型 10×20

长度$=1000+0.419×2$（公交站加长）$+3.95×168=1664.42$ m

每个树池 D 型缘石长$=2×(1.25+0.05)+1.25+0.1=3.95$ m（假定每 6 m 一个）

17. 人行道块料铺设 6 cm 条纹步道砖

$[(500+0.419$（公交站加长）$×(3.5-0.25)]×2-168×1.45×1.35$（树池）$=2923.86$ m

路面工程分部分项工程量清单汇总见表 1-21：

表 1-21　分部分项工程量清单

序号	项目编码	项目名称	项目特征描述	计量单位	工程量
道路工程					
		1. 主路机动车道			
1	040202015001	32 cm 水泥稳定碎石层	(1)水泥含量:5% (2)厚度:32 cm (3)材料规格:水泥稳定碎石	m²	13940
2	040202011001	16 cm 级配碎石基层	(1)厚度:16 cm (2)石料规格:级配碎石	m²	13160
3	040203003001	透层	(1)材料品种:石油沥青 (2)喷油量:0.7～1.5 L/m²	m²	26940
4	040203003002	黏层	(1)材料品种:石油沥青 (2)喷油量:0.3～0.6 kg/m²	m²	37000
5	040203004001	下封层	(1)材料品种:PC-2 改性乳化沥青 (2)喷油量:1.5 kg/m² (3)厚度:1 cm	m²	13940
6	040203005001	17 cm ATB-25 密级配沥青碎石	(1)厚度:17 cm (2)沥青品种:改性沥青 (3)ATB-25 密级配	m²	12000
7	040203005002	5 cm ATB-25 密级配沥青碎石上基	(1)厚度:5 cm (2)沥青品种:改性沥青 (3)ATB-25 密级配	m²	650
8	040203006001	6 cm AC-20 沥青混凝土	(1)厚度:6 cm (2)沥青品种:改性沥青 (3)石料最大粒径:20 cm (4)商品沥青混凝土	m²	12000
9	040203006002	4 cm AC-13 沥青混凝土	(1)厚度:4 cm (2)沥青品种:改性沥青 (3)石料最大粒径:13 cm (4)商品沥青混凝土	m²	12000
		2. 辅路机动车道			
10	040203006003	4 cm AC-13 沥青混凝土	(1)厚度:4 cm (2)沥青品种:改性沥青 (3)石料最大粒径:13 cm (4)商品沥青混凝土	m²	7102.88

续表

序号	项目编码	项目名称	项目特征描述	计量单位	工程量
11	040203006004	6 cm AC-20 沥青混凝土	(1)厚度:6 cm (2)沥青品种:改性沥青 (3)石料最大粒径:20 cm (4)商品沥青混凝土	m²	7102.88
12	040203005003	10 cm ATB-25 密级配沥青碎石	(1)厚度:10 cm (2)沥青品种:改性沥青 (3)石料最大粒径:25 cm	m²	7102.88
13	040202011002	16 cm 级配碎石基层	(1)厚度:16 cm (2)石料规格:级配碎石	m²	7102.88
14	040202011003	14 cm 级配碎石基层	(1)厚度:14 cm (2)石料规格:级配碎石	m²	736.4
15	040203003003	透层	(1)材料品种:石油沥青 (2)喷油量:0.7~1.5 L/m²	m²	15380.02
16	040203003004	黏层	(1)材料品种:石油沥青 (2)喷油量:0.3~0.6 kg/m²	m²	21308.64
17	040203004002	下封层	(1)材料品种:PC-2 改性乳化沥青 (2)喷油量:1.5 kg/m² (3)厚度:1 cm	m²	8277.14
18	040202015002	20 cm 水泥稳定碎石层	(1)水泥含量:5% (2)厚度:20 cm (3)材料规格:水泥稳定碎石	m²	8423.32
		3. 路缘石			
19	040204004001	安砌侧(平、缘)石 A 型	(1)详见附录一 SⅡ-2-22	m	1000
20	040204004002	安砌侧(平、缘)石 B 型	(1)详见附录一 SⅡ-2-22	m	1887.43
21	040204004003	安砌侧(平、缘)石 C 型	(1)详见附录一 SⅡ-2-22	m	1000.84
22	040204004004	安砌侧(平、缘)石 D 型	(1)详见附录一 SⅡ-2-22	m	1664.42
		4. 人行道			
23	040204002001	人行道块料铺设	(1)详见附录一 SⅡ-2-22	m²	2923.86

(二)市政管网工程量计算

1. 土方清单工程量计算
(1)雨水管道
根据《市政工程工程量计算规范》(GB 50857-2013)附录 A.1 土方工程(编码:040101)规定,挖沟槽土方清单工程量按原地面线以下按构筑物最大水平投影面积乘以挖土深度(原地面平均标高至槽坑底高度)以体积计算。

① 已知 DN300 管道基槽宽度为 1160 mm，基槽长度为 253.00 m。

a. 计算管槽挖深

$H_{w.雨水口连接管DN300} = \overset{H_g}{1.0} + \overset{t}{0.03} + \overset{H_o}{0.1} = 1.13$ m

b. 挖沟槽土方计算

$V_{w.雨水口连接管DN300沟槽土方} = 1.16 \times 1.13 \times 253.00 = 331.632$ m³

注：$H_{w.雨水口连接管DN300}$——雨水连接口 DN300 管道开挖深度(m)；

　　H_g——管内底设计标高(m)；

　　t——管壁厚度(m)；

　　H_o——管道垫层厚度(m)；

　　其余类同。

② 已知 DN400 管道基槽宽度为 1280 mm，$Y_{1-11\sim13}$ 管道长度为 68.34 m，$Y_{r-11\sim13}$ 管道长度为 68.34 m。

a. 计算管槽挖深

$H_{w.Y1-11\sim13\,DN400} = \overset{H_d}{(381.78+381.99+382.24)\div 3} - \overset{H_g}{(380.27+380.74)\div 2} + \overset{t}{0.04} + \overset{H_o}{0.2} = 1.738$ m

$H_{w.Yr-11\sim13\,DN400} = \overset{H_d}{(381.80+382.01+382.26)\div 3} - \overset{H_g}{(380.29+380.75)\div 2} + \overset{t}{0.04} + \overset{H_o}{0.2} = 1.743$ m

注：$H_{w.Y1-11\sim13DN400}$——Y_{1-11} 至 Y_{1-13} 井段 DN400 管道开挖深度(m)；

　　H_d——开挖井点地面标高(m)；

　　H_g——管内底设计标高(m)；

　　t——管壁厚度(m)；

　　H_o——管道垫层厚度(m)；

　　其余类同。

b. 挖沟槽土方计算

$V_{w.Y1-11\sim13\,DN400沟槽土方} = 1.28 \times 1.738 \times 68.34 = 152.032$ m³

$V_{w.Yr-11\sim13\,DN400沟槽土方} = 1.28 \times 1.743 \times 68.34 = 152.469$ m³

注：$V_{w.Y1-11\sim13DN400沟槽土方}$——$Y_{1-11}$ 至 Y_{1-13} 井段 DN400 管道土石方开挖工程量(m³)；其余类同。

③ 已知 DN500 管道基槽宽度为 1400 mm，$Y_{1-3,6,9}$ 支管管道长度为 30.00 m，$Y_{r-6,9,11}$ 支管管道长度为 30.00 m，$Y_{1-7\sim11}$ 管道长度为 153.47 m。

a. 计算管槽挖深

$H_{w.Y1-3,6,9支管DN500} = \overset{H_d}{(378.44+379.43+381.11)\div 3} - \overset{H_g}{(378.35+379.00+380.00)\div 3} + \overset{t}{0.05} + \overset{H_o}{0.2} = 0.793$ m

$H_{w.Yr-6,9,11支管DN500} = \overset{H_d}{(379.44+381.14+381.80)\div 3} - \overset{H_g}{(378.89+379.65+380.19)\div 3} + \overset{t}{0.05} + \overset{H_o}{0.2} = 1.467$ m

$H_{w.Y1-7\sim11\,DN500} = \overset{H_d}{(379.71+380.15+381.11+381.44+381.78)\div 5} - \overset{H_g}{(379.13+}$

$380.17) \div 2 + \overset{t}{0.05} + \overset{H_o}{0.2} = 1.438$ m

b. 挖沟槽土方计算

$V_{w,Y1\text{-}3,6,9\text{支管DN500沟槽土方}} = 1.40 \times 0.793 \times 30.00 = 33.306$ m³

$V_{w,Yr\text{-}6,9,11\text{支管DN500沟槽土方}} = 1.40 \times 1.467 \times 30.00 = 61.614$ m³

$V_{w,Y1\text{-}7\sim11\text{ DN500沟槽土方}} = 1.40 \times 1.438 \times 153.47 = 308.966$ m³

注：$V_{w,Y1\text{-}3,6,9\text{支管DN500沟槽土方}}$ —— $Y_{1\text{-}3}$，$Y_{1\text{-}6}$，$Y_{1\text{-}9}$ 井处支管 DN500 管道沟槽土石方开挖工程量（m³）；其余类同。

④已知 DN600 管道基槽宽度为 1820 mm，$Y_{1\text{-}1(K6+037.40)\sim7}$ 管道长度为 178.92 m，$Y_{r\text{-}6\sim11}$ 管道长度为 191.06 m。

a. 计算管槽挖深

$H_{w,Y1\text{-}1\sim7\text{ DN600}} = (378.44 + 379.17 + 379.54 + 379.43 + 379.71) \div 5 - \overset{H_g}{(377.94 + 379.03)} \div 2 + \overset{t}{0.06} + \overset{c_1}{0.1} + \overset{H_o}{0.2} = 1.133$ m

注：$Y_{1\text{-}1} \sim Y_{1\text{-}2}$ 无挖方，不参与计算。

$H_{w,Yr\text{-}6\sim11\text{ DN600}} = \overset{H_d}{(379.44 + 379.71 + 380.19 + 381.14 + 381.52 + 381.80)} \div 6 - \overset{H_g}{(378.79 +}$
$380.09) \div 2 + \overset{t}{0.06} + \overset{c_1}{0.1} + \overset{H_o}{0.2} = 1.553$ m

b. 挖沟槽土方计算

$V_{w,Y1\text{-}1\sim7\text{ DN600沟槽土方}} = 1.82 \times 1.133 \times 178.92 = 368.944$ m³

$V_{w,Yr\text{-}6\sim11\text{ DN600沟槽土方}} = 1.82 \times 1.553 \times 191.06 = 540.023$ m³

⑤已知 DN800 管道基槽宽度为 2200 mm，$Y_{1\text{-}14\sim15}$ 管道长度为 26.36 m，$Y_{1\text{-}15(K6+488)\sim K6+500}$ 管道长度为 12.00 m，$Y_{r\text{-}1(K6+037.4)\sim2}$ 管道长度为 10.38 m，$Y_{r\text{-}2\sim6}$ 管道长度为 115.77 m。

a. 计算管槽挖深

$H_{w,Y1\text{-}14\sim15\text{ DN800}} = \overset{H_d}{(382.50 + 382.61)} \div 2 - \overset{H_g}{(379.92 + 380.10)} \div 2 + \overset{t}{0.08} + \overset{c_1}{0.12} + \overset{H_o}{0.2} = 2.945$ m

$H_{w,Y1\text{-}15\sim K6+500\text{ DN800}} = \overset{H_d}{(382.61 + 382.78)} \div 2 - \overset{H_g}{(380.50 + 381.04)} \div 2 + \overset{t}{0.08} + \overset{c_1}{0.12} +$
$\overset{H_o}{0.2} = 2.325$ m

$H_{w,Yr\text{-}1\sim2\text{ DN800}} = \overset{H_d}{(377.37 + 377.64)} \div 2 - \overset{H_g}{(377.73 + 377.80)} \div 2 + \overset{t}{0.08} + \overset{c_1}{0.12} + \overset{H_o}{0.2} = 0.140$ m

$H_{w,Yr\text{-}2\sim6\text{ DN800}} = \overset{H_d}{(377.64 + 378.43 + 379.07 + 379.53 + 379.44)} \div 5 - \overset{H_g}{(377.80 + 378.59)} \div$
$2 + \overset{t}{0.08} + \overset{c_1}{0.12} + \overset{H_o}{0.2} = 1.207$ m

b. 挖沟槽土方计算

$V_{w,Y1\text{-}14\sim15\text{ DN800沟槽土方}} = 2.20 \times 2.945 \times 26.36 = 170.786$ m³

$V_{w,Y1\text{-}15\sim K6+500\text{ DN800沟槽土方}} = 2.20 \times 2.325 \times 12.00 = 61.380$ m³

$V_{w.Yr-1\sim 2\ DN800沟槽土方} = 2.20 \times 0.140 \times 10.38 = 3.197\ m^3$

$V_{w.Yr-2\sim 6\ DN800沟槽土方} = 2.20 \times 1.207 \times 115.77 = 307.416\ m^3$

⑥已知 DN1000 管道基槽宽度为 2700 mm，$Y_{r-14\sim 15}$ 管道长度为 25.32 m，$Y_{r-15(K6+488)\sim K6+500}$ 管道长度为 12.00 m。

a. 计算管槽挖深

$H_{w.Yr-14\sim 15\ DN1000} = (\overset{H_d}{382.50+382.61}) \div 2 - (\overset{H_g}{380.51+380.68}) \div 2 + \overset{t}{0.10} + \overset{c_1}{0.15} + \overset{H_o}{0.2} = 2.410\ m$

$H_{w.Yr-15\sim K6+500\ DN1000} = (\overset{H_d}{382.61+382.78}) \div 2 - (\overset{H_g}{380.68+380.92}) \div 2 + \overset{t}{0.10} + \overset{c_1}{0.15} + \overset{H_o}{0.2} = 2.345\ m$

b. 挖沟槽土方计算

$V_{w.Yr-14\sim 15\ DN1000沟槽土方} = 2.70 \times 2.410 \times 25.32 = 164.757\ m^3$

$V_{w.Yr-15\sim K6+500\ DN1000沟槽土方} = 2.70 \times 2.345 \times 12.00 = 75.978\ m^3$

⑦雨水管道土方工程量汇总

$V_{总挖沟槽土方(挖深2米以内)} = V_{w.雨水口连接管DN300沟槽土方} + V_{w.Y1-11\sim 13\ DN400沟槽土方} + V_{w.Yr-11\sim 13\ DN400沟槽土方} +$
$\qquad V_{w.Y1-3,6,9支管DN500沟槽土方} + V_{w.Yr-6,9,11支管DN500沟槽土方} + V_{w.Y1-7\sim 11\ DN500沟槽土方} +$
$\qquad V_{w.Y1-1\sim 7\ DN600沟槽土方} + V_{w.Yr-6\sim 11\ DN600沟槽土方} + V_{w.Yr-1\sim 2\ DN800沟槽土方} +$
$\qquad V_{w.Yr-2\sim 6\ DN800沟槽土方}$
$\qquad = 331.632 + 152.032 + 152.469 + 33.306 + 61.614 + 308.966 +$
$\qquad\ \ 368.944 + 540.023 + 3.197 + 307.416 = 2259.60\ m^3$

$V_{总挖沟槽土方(挖深4米以内)} = V_{w.Y1-14\sim 15\ DN800沟槽土方} + V_{w.Y1-15\sim K6+500\ DN800沟槽土方} +$
$\qquad V_{w.Yr-14\sim 15\ DN1000沟槽土方} + V_{w.Yr-15\sim K6+500\ DN1000沟槽土方}$
$\qquad = 170.786 + 61.380 + 164.757 + 75.978 = 472.90\ m^3$

$\sum V_{挖沟槽土方} = V_{总挖沟槽土方(挖深2米以内)} + V_{总挖沟槽土方(挖深4米以内)} = 2259.60 + 472.90 = 2732.50\ m^3$

根据《市政工程工程量计算规范》(GB 50857-2013)附录 A.3 回填方及土石方运输规定，基槽回填砂工程量按设计图示尺寸以体积计算或按挖方清单项目工程量减基础、构筑物埋入体积加原地面线至设计要求标高间的体积计算。

①管道垫层(中粗砂)工程量计算

a. 已知雨水口连接管 DN300 管道基槽宽度 B 为 1160 mm，长度 L_z 为 253.00 m；雨水口连接管管槽开挖边坡采用直槽，管底以下 10 cm 至沟槽底铺设中粗砂，其相对密度不小于 0.70。

$V_{DN300垫层} = \overset{B}{1.16} \times \overset{H_o}{0.1} \times [\overset{L_z}{253.00} - (0.7+0.38) \div 2 \times \overset{n}{30}] = 27.469\ m^3$

b. 已知 DN400（HDPE 缠绕管）雨水管道基槽宽度 B 为 1280 mm，垫层厚度 H_o 为 200 mm；$Y_{1-11\sim 13}$ 和 $Y_{r-11\sim 13}$ 井段长度合计为 136.25 m。

$V_{DN400垫层} = (\overset{B}{1.28} + \overset{m}{0.75} \times \overset{H_o}{0.2}) \times \overset{H_o}{0.2} \times (\overset{L_z}{136.25} - \overset{b}{0.7} \times \overset{n}{4}) = 38.167\ m^3$

c. 已知 DN500（HDPE 缠绕管）雨水管道基槽宽度 B 为 1400 mm，垫层厚度 H_o 为 200 mm；$Y_{1-3,6,7}$支管、$Y_{r-6,9,11}$支管、$Y_{1-7\sim 11}$ 井段长度 L_z 合计为 213.47 m。

$$V_{DN500\text{垫层}} = (\overset{B}{1.40} + \overset{m}{0.75} \times \overset{H_0}{0.2}) \times \overset{H_0}{0.2} \times (\overset{L_z}{213.47} - \overset{b}{0.7} \times \overset{n}{10}) = 64.006 \text{ m}^3$$

汇总：$\sum V_{\text{中粗砂垫层}} = V_{DN300\text{垫层}} + V_{DN400\text{垫层}} + V_{DN500\text{垫层}} = 27.469 + 38.167 + 64.006 = 129.64 \text{ m}^3$

②管道垫层(碎砾石)工程量计算

a.已知DN600(承插式钢筋砼预制管)雨水管道基槽宽度B为1820 mm，垫层厚度H_0为200 mm；$Y_{1-1(K6+037.40)\sim 7}$、$Y_{r-6\sim 11}$井段长度L_z合计为369.98 m。

$$V_{DN600\text{垫层}} = (\overset{B}{1.82} + \overset{m}{0.75} \times \overset{H_0}{0.2}) \times \overset{H_0}{0.2} \times (\overset{L_z}{369.98} - \overset{b}{0.7} \times \overset{n}{11}) = 142.738 \text{ m}^3$$

b.已知DN800(承插式钢筋砼预制管)雨水管道基槽宽度B为2200 mm，垫层厚度H_0为200 mm；$Y_{1-14\sim 15}$、$Y_{1-15(K6+488)\sim K6+500}$、$Y_{r-1(K6+037.4)\sim 2}$、$Y_{r-2\sim 6}$井段长度$L_z$合计为164.51 m。

$$V_{DN800\text{垫层}} = (\overset{B}{2.20} + \overset{m}{0.75} \times \overset{H_0}{0.2}) \times \overset{H_0}{0.2} \times (\overset{L_z}{164.51} - \overset{b}{0.7} \times \overset{n}{7}) = 75.017 \text{ m}^3$$

c.已知DN1000(承插式钢筋砼预制管)雨水管道基槽宽度B为2700 mm，垫层厚度H_0为200 mm；$Y_{r-14\sim 15}$、$Y_{r-15(K6+488)\sim K6+500}$井段长度合计$L_z$为37.32 m。

$$V_{DN1000\text{垫层}} = (\overset{B}{2.70} + \overset{m}{0.75} \times \overset{H_0}{0.2}) \times \overset{H_0}{0.2} \times (\overset{L_z}{37.32} - \overset{b}{0.7} \times \overset{n}{2}) = 20.474 \text{ m}^3$$

汇总：$\sum V_{\text{碎砾石垫层}} = V_{DN600\text{垫层}} + V_{DN800\text{垫层}} + V_{DN1000\text{垫层}} = 142.738 + 75.017 + 20.474 = 238.23 \text{ m}^3$

③管道混凝土管基管座工程量计算

a. 已知DN600(承插式钢筋砼预制管)雨水管道管基管座宽度B_1为920 mm，管基厚度C_1为100 mm，管座厚度C_2为180 mm，管外径d_e为720 mm；$Y_{1-1(K6+037.40)\sim 7}$、$Y_{r-6\sim 11}$井段长度L_z合计为369.98 m。

$$V_{DN600\text{管基管座}} = \{\overset{B_1}{0.92} \times (\overset{C_1}{0.10} + \overset{C_2}{0.18}) - [\overset{\pi}{3.14} \times \overset{d_e/2}{0.36^2} \times \overset{a}{120°}/360° - \overset{d_e/2}{0.36}\sin(\overset{a}{120°}/2) \times \\ 0.36\cos(120°/2)]\} \times (\overset{L_z}{369.98} - \overset{b}{0.7} \times \overset{n}{11}) = 64.155 \text{ m}^3$$

b. 已知DN800(承插式钢筋砼预制管)雨水管道管基管座宽度B_1为1200 mm，管基厚度C_1为120 mm，管座厚度C_2为240 mm，管外径d_e为960 mm；$Y_{1-14\sim 15}$、$Y_{1-15(K6+488)\sim K6+500}$、$Y_{r-1(K6+037.4)\sim 2}$、$Y_{r-2\sim 6}$井段长度$L_z$合计为164.51 m。

$$V_{DN800\text{管基管座}} = \{\overset{B_1}{1.20} \times (\overset{C_1}{0.12} + \overset{C_2}{0.24}) - [\overset{\pi}{3.14} \times \overset{d_e/2}{0.48^2} \times \overset{a}{120°}/360° - \overset{d_e/2}{0.48}\sin(\overset{a}{120°}/2) \times \\ 0.48\cos(120°/2)]\} \times (\overset{L_z}{164.51} - \overset{b}{0.7} \times \overset{n}{7}) = 46.385 \text{ m}^3$$

c.已知DN1000(承插式钢筋砼预制管)雨水管道管基管座宽度B_1为1500 mm，管基厚度C_1为150 mm，管座厚度C_2为300 mm，管外径d_e为1200 mm；$Y_{r-14\sim 15}$、$Y_{r-15(K6+488)\sim K6+500}$井段长度$L_z$合计为37.32 m。

$$V_{DN1000\text{管基管座}} = \{\overset{B_1}{1.50} \times (\overset{C_1}{0.15} + \overset{C_2}{0.30}) - [\overset{\pi}{3.14} \times \overset{d_e/2}{0.60^2} \times \overset{a}{120°}/360° - \overset{d_e/2}{0.60}\sin(\overset{a}{120°}/2) \times \\ 0.60\cos(120°/2)]\} \times (\overset{L_z}{37.32} - \overset{b}{0.7} \times \overset{n}{2}) = 16.311 \text{ m}^3$$

汇总：$\sum V_{管基管座} = V_{DN600管基管座} + V_{DN800管基管座} + V_{DN1000管基管座} = 64.155 + 46.385 + 16.311 = 126.85 \text{ m}^3$

④管槽回填砂（中粗砂）工程量计算

$V_{DN300回填砂} = [\underset{B}{1.16} \times (\underset{H_o}{1.0 + 0.03 + 0.1 - 0.56}) - 1 \div 4 \times \underset{\pi}{3.14} \times \underset{d_e}{0.36^2}] \times [\underset{L_g}{253.00} - (\underset{b}{0.7 + 0.38}) \div 2 \times \underset{n}{30}] - \underset{V_{DN300垫层}}{27.469}$

$= 105.012 \text{ m}^3$

$V_{DN400回填砂} = \{[\underset{B}{1.28} + \underset{m}{0.75} \times (\underset{H_o}{0.2 + 0.48 + 0.5})] \times (\underset{H_o}{0.2 + 0.48 + 0.5}) - 1 \div 4 \times \underset{\pi}{3.14} \times \underset{d_e}{0.48^2}\} \times \underset{L_g}{133.45} - \underset{V_{DN400垫层}}{38.167}$

$= 278.621 \text{ m}^3$

$V_{DN500回填砂} = \{[\underset{B}{1.40} + \underset{m}{0.75} \times (\underset{H_o}{0.2 + 0.60 + 0.5})] \times (\underset{H_o}{0.2 + 0.60 + 0.5}) - 1 \div 4 \times \underset{\pi}{3.14} \times \underset{d_e}{0.60^2}\} \times \underset{L_g}{206.47} - \underset{V_{DN500垫层}}{64.006}$

$= 515.122 \text{ m}^3$

$V_{DN600回填砂} = \{[\underset{B}{1.82} + \underset{m}{0.75} \times (\underset{H_o}{0.2 + 0.10} + \underset{C_1}{0.72} + \underset{d_e}{0.5})] \times (\underset{H_o}{0.2 + 0.10} + \underset{C_1}{0.72} + \underset{d_e}{0.5}) - 1 \div 4 \times \underset{\pi}{3.14} \times \underset{d_e}{0.72^2}\} \times \underset{L_g}{360.28} - \underset{V_{DN600垫层}}{141.95} - \underset{V_{DN600管基管座}}{64.155}$

$= 1268.253 \text{ m}^3$

$V_{DN800回填砂} = \{[\underset{B}{2.20} + \underset{m}{0.75} \times (\underset{H_o}{0.2 + 0.12} + \underset{C_1}{0.96} + \underset{d_e}{0.5})] \times (\underset{H_o}{0.2 + 0.12} + \underset{C_1}{0.96} + \underset{d_e}{0.5}) - 1 \div 4 \times \underset{\pi}{3.14} \times \underset{d_e}{0.96^2}\} \times \underset{L_g}{159.61} - \underset{V_{DN800垫层}}{75.017} - \underset{V_{DN800管基管座}}{46.385}$

$= 767.441 \text{ m}^3$

$V_{DN1000回填砂} = \{[\underset{B}{2.70} + \underset{m}{0.75} \times (\underset{H_o}{0.2 + 0.15} + \underset{C_1}{1.20} + \underset{d_e}{0.5})] \times (\underset{H_o}{0.2 + 0.15} + \underset{C_1}{1.20} + \underset{d_e}{0.5}) - 1 \div 4 \times \underset{\pi}{3.14} \times \underset{d_e}{1.20^2}\} \times \underset{L_g}{35.92} - \underset{V_{DN800垫层}}{21.552} - \underset{V_{DN800管基管座}}{16.311}$

$= 233.566 \text{ m}^3$

汇总：$\sum V_{回填砂} = V_{DN300回填砂} + V_{DN400回填砂} + V_{DN400回填砂} + V_{DN600回填砂} + V_{DN800回填砂} + V_{DN1000回填砂}$
$= 105.012 + 278.621 + 515.122 + 1268.253 + 767.441 + 233.566$
$= 3168.02 \text{ m}^3$

根据《市政工程工程量计算规范》(GB 50857-2013)附录 A.3 回填方及土石方运输规定，基坑回填土工程量按设计图示尺寸以体积计算或按挖方清单项目工程量减基础、构筑物埋入体积加原地面线至设计要求标高间的体积计算。

①管道体积计算

已知DN300雨水口连接管长度236.80 m,DN400雨水管道长度133.45 m,DN500雨水管道长度206.47 m,DN600雨水管道长度360.28 m,DN800雨水管道长度159.61 m,DN1000雨水管道长度35.92 m。

$V_{DN300} = 1 \div 4 \times 3.14 \times \underset{d_e}{0.36^2} \times \underset{L_g}{236.80} = 24.091 \ m^3$

$V_{DN400} = 1 \div 4 \times 3.14 \times \underset{d_e}{0.48^2} \times \underset{L_g}{133.45} = 24.136 \ m^3$

$V_{DN500} = 1 \div 4 \times 3.14 \times \underset{d_e}{0.60^2} \times \underset{L_g}{206.47} = 58.348 \ m^3$

$V_{DN600} = 1 \div 4 \times 3.14 \times \underset{d_e}{0.72^2} \times \underset{L_g}{360.28} = 146.614 \ m^3$

$V_{DN800} = 1 \div 4 \times 3.14 \times \underset{d_e}{0.96^2} \times \underset{L_g}{159.61} = 115.471 \ m^3$

$V_{DN1000} = 1 \div 4 \times 3.14 \times \underset{d_e}{1.20^2} \times \underset{L_g}{35.92} = 40.604 \ m^3$

汇总：$\sum V_{管道} = V_{DN300} + V_{DN400} + V_{DN500} + V_{DN600} + V_{DN800} + V_{DN1000}$

$= 24.091 + 24.136 + 58.348 + 146.614 + 115.471 + 40.604 = 409.26 \ m^3$

②管槽回填土工程量计算

已知沟槽土石方开挖总数量为2732.50 m³（其中，挖深2米以内的沟槽土方为2259.60 m³，挖深4米以内的沟槽土方为472.90 m³）；管道中粗砂垫层（$\sum V_{中粗砂垫层}$）工程量为129.64 m³；管道碎砾石垫层（$\sum V_{碎砾石垫层}$）工程量为238.23 m³；混凝土管基管座（$\sum V_{管基管座}$）工程量为126.85 m³；管槽回填砂（$\sum V_{回填砂}$）工程量为3168.02 m³。

$V_{回填土} = \sum V_{挖沟槽土方} - (\sum V_{垫层} + \sum V_{管基管座} + \sum V_{回填砂} + \sum V_{管道})$

$= 2732.50 - (129.64 + 238.23 + 126.85 + 3168.02 + 409.26) = -1339.5 \ m^3$

注：计算结果出现负数，说明沟槽无须回填土，即无此项目。

根据《市政工程工程量计算规范》(GB 50857-2013)附录A.3 回填方及土石方运输（编码:040103)规定,余方弃置工程量按挖方清单项目工程量减利用回填方体积（正数）计算。

已知沟槽土石方开挖总数量为2732.50 m³,沟槽回填土数量为0 m³。

$V_{余方弃置} = \sum V_{挖沟槽土方} - V_{回填土} \times 折算系数 = 2732.50 - 0 \times 1.15 = 2732.50 \ m^3$

(2)污水管道

根据《市政工程工程量计算规范》(GB 50857-2013)附录A.1 土方工程规定,挖沟槽土方清单工程量按原地面线以下按构筑物最大水平投影面积乘以挖土深度（原地面平均标高至槽坑底高度）以体积计算。

①已知DN300管道基槽宽度为1160 mm,长度为67.00 m;DN400管道基槽宽度为1280 mm,长度为492.63 m。

a. 计算管槽挖深

$H_{w.W-7A \sim 7B} = 379.73 - (\underset{H_d}{378.22} + \underset{H_g}{378.27}) \div 2 + \underset{t}{0.03} + \underset{H_o}{0.20} = 1.72 \ m$

$$H_{w,W\text{-}13A\sim13} = 382.30 - \overset{H_d}{379.76} + \overset{H_g}{0.03} + \overset{t}{0.20} = 2.77 \text{ m}$$

$$H_{w,W1\sim15} = (\overset{H_d}{377.43} + 377.47 + 378.14 + 378.80 + 379.52 + 379.43 + 379.73 + 380.41$$
$$+ 381.21 + 381.55 + 381.84 + 382.05 + 382.30 + 382.47 + 382.62) \div 15 -$$
$$(\overset{H_g}{376.12} + 379.40) \div 2 + \overset{t}{0.04} + \overset{H_o}{0.20} = 2.81 \text{ m}$$

$$H_{w,W\text{-}15\sim K6+500} = (\overset{H_d}{382.62} + 382.82) \div 2 - (\overset{H_g}{379.83} + 380.07) \div 2 + \overset{t}{0.03} + \overset{H_o}{0.20} = 3.00 \text{ m}$$

注：$H_{w,W\text{-}7A\sim7B}$——W-7A～W-7B 井段管道开挖深度(m)；

H_d——开挖井点地面标高(m)；

H_g——管内底设计标高(m)；

t——管壁厚度(m)；

H_o——管道垫层厚度(m)；

其余类同。

b. 挖沟槽土方计算

$V_{w,W7A\sim7B沟槽土方} = 1.16 \times 1.72 \times 57.00 = 113.726 \text{ m}^3$

$V_{w,W13\sim13A沟槽土方} = 1.16 \times 2.77 \times 10.00 = 32.132 \text{ m}^3$

$V_{w,W1\sim15沟槽土方} = 1.28 \times 2.81 \times 486.63 = 1750.311 \text{ m}^3$

$V_{w,W13\sim13A沟槽土方} = 1.28 \times 3.00 \times 6.00 = 21.581 \text{ m}^3$

② 汇总

$V_{总挖槽土方(挖深2米以内)} = V_{w,W7A\sim7B沟槽土方} = 113.726 = 113.73 \text{ m}^3$

$V_{总挖槽土方(挖深4米以内)} = V_{w,W13\sim13A沟槽土方} + V_{w,W1\sim15沟槽土方} + V_{w,W13\sim13A沟槽土方}$
$= 32.132 + 1750.31 + 21.581 = 1804.02 \text{ m}^3$

$V_{总挖槽土方} = V_{总挖槽土方(挖深2米以内)} + V_{总挖槽土方(挖深4米以内)} = 113.73 + 1804.02 = 1917.75 \text{ m}^3$

注：$V_{w,W\text{-}7A\sim7B}$——W-7A～W-7B 井段管道土石方开挖工程量(m³)；其余类同。

根据《市政工程工程量清单计算规范》(GB 50857-2013)附录 A.3 回填方及土石方运输规定，沟槽回填工程量按设计图示尺寸以体积计算或按挖方清单项目工程量减基础、构筑物埋入体积加原地面线至设计要求标高间的体积计算。

已知 DN300 管道基槽宽度为 1160 mm，长度为 67.00 m；DN400 管道基槽宽度为 1280 mm，长度为 492.63 m；沟槽土石方开挖总数量为 1917.75 m³。

① 管道垫层(中粗砂)200 mm 厚工程量计算

$$V_{DN300垫层} = (\overset{B}{1.16} + \overset{m}{0.75} \times \overset{H_o}{0.2}) \times \overset{H_o}{0.2} \times (\overset{L_g}{67.00} - \overset{b}{0.7} \times \overset{n}{3}) = 17.004 \text{ m}^3$$

$$V_{DN400垫层} = (\overset{B}{1.28} + \overset{m}{0.75} \times \overset{H_o}{0.2}) \times \overset{H_o}{0.2} \times (\overset{L_g}{492.63} - \overset{b}{0.7} \times \overset{n}{14}) = 138.089 \text{ m}^3$$

汇总：$\Sigma V_{垫层} = V_{DN300垫层} + V_{DN400垫层} = 17.004 + 138.089 = 155.09 \text{ m}^3$

注：$V_{DN300垫层}$——DN300 管道垫层体积(m³)；

B——管道基础开挖宽度(m)；

m——沟槽开挖放坡系数；

H_0—管道垫层厚度(m);
L_g—管线施工长度(m)
b—检查井应扣减宽度(m);
n—管道井段数量(段);
其余类同。

②管槽回填砂(中粗砂)工程量计算

$$V_{DN300回填砂} = \{[\overset{B}{1.16} + \overset{m}{0.75} \times (\overset{H_0}{0.2} + \overset{d_e}{0.3} + 0.03 \times 2 + 0.5)] \times (\overset{H_0}{0.2} + \overset{d_e}{0.3} + 0.03 \times 2 +$$
$$0.5) - 1 \div 4 \times 3.14 \times \overset{d_e}{0.36^2}\} \times (\overset{L_g}{67.00} - \overset{b}{0.7} \times \overset{n}{3}) - \overset{V_{DN300垫层}}{17.004} = 95.712 \text{ m}^3$$

$$V_{DN400回填砂} = \{[\overset{B}{1.28} + \overset{m}{0.75} \times (\overset{H_0}{0.2} + \overset{d_e}{0.4} + 0.04 \times 2 + 0.5)] \times (\overset{H_0}{0.2} + \overset{d_e}{0.4} + 0.04 \times 2 +$$
$$0.5) - 1 \div 4 \times 3.14 \times \overset{d_e}{0.48^2}\} \times (\overset{L_g}{492.63} - \overset{b}{0.7} \times \overset{n}{14}) - \overset{V_{DN400垫层}}{138.089} = 1008.070 \text{ m}^3$$

汇总:$\sum V_{回填砂} = V_{DN300回填砂} + V_{DN400回填砂} = 95.712 + 1008.070 = 1103.78 \text{ m}^3$

注:$V_{DN300回填砂}$—DN300管槽回填砂体积(m³);$\sum V_{回填砂}$—管槽回填砂总体积(m³);d_e—管道外径(m);其余类同。

③管槽回填土工程量计算

$$V_{DN300} = 1 \div 4 \times 3.14 \times \overset{d_e}{0.36^2} \times (\overset{L_g}{67.00} - \overset{b}{0.7} \times \overset{n}{3}) = 6.603 \text{ m}^3$$

$$V_{DN400} = 1 \div 4 \times 3.14 \times \overset{d_e}{0.48^2} \times (\overset{L_g}{492.63} - \overset{b}{0.7} \times \overset{n}{14}) = 87.327 \text{ m}^3$$

汇总:$\sum V_{管道} = V_{DN300} + V_{DN300} = 6.603 + 87.327 = 93.93 \text{ m}^3$

$V_{回填土} = \sum V_{挖沟槽土方} - (\sum V_{垫层} + \sum V_{回填砂} + \sum V_{管道}) = 1917.75 - (155.09 + 1103.78 + 93.93) = 564.95 \text{ m}^3$

注:V_{DN300}—DN300管道体积(m³);$V_{DN300回填土}$—DN300管槽回填土体积(m³);其余类同。

余方弃置工程量按挖方清单项目工程量减利用回填方体积(正数)计算。
已知沟槽土石方开挖总数量为1917.75 m³,沟槽回填土数量为564.95 m³。

$V_{余方弃置} = \sum V_{挖沟槽土方} - V_{回填土} \times 折算系数 = 1917.75 - 564.95 \times 1.15 = 1268.06 \text{ m}^3$

(3)清单工程量汇总

$V_{总挖沟槽土方(挖深2米以内)} = 2259.60 + 113.73 = 2373.33 \text{ m}^3$

$V_{总挖沟槽土方(挖深4米以内)} = 472.90 + 1804.02 = 2276.92 \text{ m}^3$

$V_{回填砂} = 3168.02 + 1103.78 = 4271.8 \text{ m}^3$

$V_{回填土} = 0 + 564.95 \text{ m}^3 = 564.95 \text{ m}^3$

$V_{余方弃置} = 2732.50 + 1268.06 = 4000.56 \text{ m}^3$

2. 雨水管道工程清单工程量计算
根据设计图纸雨水管道工程(K6+000~K6+500)相关项目清单工程量计算如下:

(1)根据《市政工程工程量计算规范》(GB 50857-2013)附录 E.1 管道铺设规定,雨水管道按设计图示管道中心线长度以延米长米计算(支管长度从主管中心到支管末端交接处的中心),不扣除中间井及管件、阀门所占的长度;新旧管连接时,计算到碰头的阀门中心处。

①雨水口连接管 DN300(HDPE 缠绕管)的计算

$L_{zDN300管道}=(\overset{Y_{1\text{-}1\sim15}}{20.0+8.0\times9+11.0\times2+6.0+4.0+2.0})+(\overset{Y_{r1\sim15}}{20.0+9.0+8.0\times9+11.0\times2+2.0\times2})=126.00+127.00=253.00 \text{ m}$

注:$L_{zDN300管道}$——DN300 管道中心线长度;$Y_{1\text{-}1\sim15}$——Y1-1 至 Y1-15 井段;其余类同。

②雨水管道 DN400(HDPE 缠绕管)的计算

$L_{zDN400管道}=(\overset{Y_{1\text{-}11\sim13}}{33.53+34.81})+(\overset{Y_{r\text{-}11\sim13}}{33.08+34.83})=68.34+67.91=136.25 \text{ m}$

③雨水管道 DN500(HDPE 缠绕管)的计算

$L_{zDN500管道}=(\overset{Y_{1\text{-}3,6,7支管}}{10.00\times3})+(\overset{Y_{r\text{-}6,9,11支管}}{10.00\times3})+(\overset{Y_{1\text{-}7\sim11}}{34.83+36.36+35.03+47.25})$
$=30.00+30.00+153.47=213.47 \text{ m}$

④雨水管道 DN600(承插式钢筋砼管)的计算

$L_{zDN600管道}=\overset{Y_{1\text{-}1(K6+037.40)\sim7}}{(16.13+35.43+30.27+29.84+30.31+34.94)}+$
$\overset{Y_{r\text{-}6\sim11}}{(41.01+35.22+35.72+41.44+37.67)}=178.92+191.06$
$=369.98 \text{ m}$

注:$Y_{1\text{-}1(K6+037.40)\sim7}$——$Y_{1\text{-}1}$ 至 $Y_{1\text{-}7}$ 井段,$Y_{1\text{-}1}$ 井位对应道路中心桩号为 K6+037.40;其余类同。

⑤雨水管道 DN800(承插式钢筋砼管)的计算

$L_{zDN800管道}=\overset{Y_{1\text{-}14\sim15}}{26.36}+\overset{Y_{1\text{-}15(K6+488)\sim K6+500}}{(500-488)}+\overset{Y_{r\text{-}1(K6+037.4)\sim2}}{10.38}+\overset{Y_{r\text{-}2\sim6}}{(35.02+26.59+30.12+24.04)}$
$=26.36+12.00+10.38+115.77=164.51 \text{ m}$

⑥雨水管道 DN1000(承插式钢筋砼管)的计算

$L_{zDN1000管道}=\overset{Y_{r\text{-}14\sim15}}{25.32}+\overset{Y_{r\text{-}15(K6+488)\sim K6+500}}{(500-488)}=25.32+12.00=37.32 \text{ m}$

(2)根据《市政工程工程量计算规范》(GB 50857-2013)附录 A.3 回填方及土石方运输规定,基槽回填砂工程量按设计图示尺寸以体积计算或按挖方清单项目工程量减基础、构筑物埋入体积加原地面线至设计要求标高间的体积计算。

①管道垫层(中粗砂)工程量计算

a. 已知雨水口连接管 DN300 管道基槽宽度 B 为 1160 mm,长度 L_z 为 253.00 m;雨水口连接管管槽开挖边坡采用直槽,管底以下 10 cm 至沟槽底铺设中粗砂,其相对密度不小于 0.70。

$V_{DN300垫层}=\overset{B}{1.16}\times\overset{H_0}{0.1}\times\{\overset{L_z}{253.00}-\overset{b}{(0.7+0.38)}\div2\times\overset{n}{30}\}=27.469 \text{ m}^3$

b. 已知 DN400(HDPE 缠绕管)雨水管道基槽宽度 B 为 1280 mm,垫层厚度 H_0 为 200 mm;$Y_{1\text{-}11\sim13}$ 和 $Y_{r\text{-}11\sim13}$ 井段长度合计为 136.25 m。

实训一 市政工程工程量清单编制

$$V_{\text{DN400垫层}} = (\overset{B}{1.28} + \overset{m}{0.75} \times \overset{H_0}{0.2}) \times \overset{H_0}{0.2} \times (\overset{L_z}{136.25} - \overset{b}{0.7} \times \overset{n}{4}) = 38.167 \text{ m}^3$$

c. 已知DN500(HDPE缠绕管)雨水管道基槽宽度B为1400 mm, 垫层厚度H_0为200 mm; $Y_{1\text{-}3,6,7支管}$、$Y_{r\text{-}6,9,11支管}$、$Y_{1\text{-}7\sim 11}$井段长度L_z合计为213.47 m。

$$V_{\text{DN500垫层}} = (\overset{B}{1.40} + \overset{m}{0.75} \times \overset{H_0}{0.2}) \times \overset{H_0}{0.2} \times (\overset{L_z}{213.47} - \overset{b}{0.7} \times \overset{n}{10}) = 64.006 \text{ m}^3$$

d. 汇总: $\sum V_{\text{中粗砂垫层}} = V_{\text{DN300垫层}} + V_{\text{DN400垫层}} + V_{\text{DN500垫层}} = 27.469 + 38.167 + 64.006 = 129.64 \text{ m}^3$

②管道垫层(碎砾石)工程量计算

a. 已知DN600(承插式钢筋砼预制管)雨水管道基槽宽度B为1820 mm, 垫层厚度H_0为200 mm; $Y_{1\text{-}1(K6+037.40)\sim 7}$、$Y_{r\text{-}6\sim 11}$井段长度$L_z$合计为369.98 m。

$$V_{\text{DN600垫层}} = (\overset{B}{1.82} + \overset{m}{0.75} \times \overset{H_0}{0.2}) \times \overset{H_0}{0.2} \times (\overset{L_z}{369.98} - \overset{b}{0.7} \times \overset{n}{11}) = 142.738 \text{ m}^3$$

b. 已知DN800(承插式钢筋砼预制管)雨水管道基槽宽度B为2200 mm, 垫层厚度H_0为200 mm; $Y_{1\text{-}14\sim 15}$、$Y_{1\text{-}15(K6+488)\sim K6+500}$、$Y_{r\text{-}1(K6+037.4)\sim 2}$、$Y_{r\text{-}2\sim 6}$井段长度$L_z$合计为164.51 m。

$$V_{\text{DN800垫层}} = (\overset{B}{2.20} + \overset{m}{0.75} \times \overset{H_0}{0.2}) \times \overset{H_0}{0.2} \times (\overset{L_z}{164.51} - \overset{b}{0.7} \times \overset{n}{7}) = 75.017 \text{ m}^3$$

c. 已知DN1000(承插式钢筋砼预制管)雨水管道基槽宽度B为2700 mm, 垫层厚度H_0为200 mm; $Y_{r\text{-}14\sim 15}$、$Y_{r\text{-}15(K6+488)\sim K6+500}$井段长度合计$L_z$为37.32 m。

$$V_{\text{DN1000垫层}} = (\overset{B}{2.70} + \overset{m}{0.75} \times \overset{H_0}{0.2}) \times \overset{H_0}{0.2} \times (\overset{L_z}{37.32} - \overset{b}{0.7} \times \overset{n}{2}) = 20.474 \text{ m}^3$$

d. 汇总: $\sum V_{\text{碎砾石垫层}} = V_{\text{DN600垫层}} + V_{\text{DN800垫层}} + V_{\text{DN1000垫层}} = 142.738 + 75.017 + 20.474 = 238.23 \text{ m}^3$

③管道混凝土管基管座工程量计算

a. 已知DN600(承插式钢筋砼预制管)雨水管道管基管座宽度B_1为920 mm, 管基厚度C_1为100 mm, 管座厚度C_2为180 mm, 管外径d_e为720 mm; $Y_{1\text{-}1(K6+037.40)\sim 7}$、$Y_{r\text{-}6\sim 11}$井段长度$L_z$合计为369.98 m。

$$V_{\text{DN600管基管座}} = \{\overset{B_1}{0.92} \times (\overset{C_1}{0.10} + \overset{C_2}{0.18}) - [\overset{\pi}{3.14} \times \overset{d_e/2}{0.36^2} \times \overset{a}{120°}/360° - \overset{d_e/2}{0.36}\sin(\overset{a}{120°}/2)$$
$$\times \overset{d_e/2}{0.36}\cos(\overset{a}{120°}/2)]\} \times (\overset{L_z}{369.98} - \overset{b}{0.7} \times \overset{n}{11}) = 64.155 \text{ m}^3$$

b. 已知DN800(承插式钢筋砼预制管)雨水管道管基管座宽度B_1为1200 mm, 管基厚度C_1为120 mm, 管座厚度C_2为240 mm, 管外径d_e为960 mm; $Y_{1\text{-}14\sim 15}$、$Y_{1\text{-}15(K6+488)\sim K6+500}$、$Y_{r\text{-}1(K6+037.4)\sim 2}$、$Y_{r\text{-}2\sim 6}$井段长度$L_z$合计为164.51 m。

$$V_{\text{DN800管基管座}} = \{\overset{B_1}{1.20} \times (\overset{C_1}{0.12} + \overset{C_2}{0.24}) - [\overset{\pi}{3.14} \times \overset{d_e/2}{0.48^2} \times \overset{a}{120°}/360° - \overset{d_e/2}{0.48}\sin(\overset{a}{120°}/2)$$
$$\times \overset{d_e/2}{0.48}\cos(\overset{a}{120°}/2)]\} \times (\overset{L_z}{164.51} - \overset{b}{0.7} \times \overset{n}{7}) = 46.385 \text{ m}^3$$

c. 已知DN1000(承插式钢筋砼预制管)雨水管道管基管座宽度B_1为1500 mm, 管基厚度C_1为150 mm, 管座厚度C_2为300 mm, 管外径d_e为1200 mm; $Y_{r\text{-}14\sim 15}$、$Y_{r\text{-}15(K6+488)\sim K6+500}$井段长度$L_z$合计为37.32 m。

$$V_{DN1000管基管座} = \{1.50 \times (0.15+0.30) - [3.14 \times 0.60^2 \times 120°/360° - 0.60\sin(120°/2) \overset{B_1}{} \overset{C_1}{} \overset{C_2}{} \overset{\pi}{} \overset{d_e/2}{} \overset{a}{} \overset{d_e/2}{} \overset{a}{}$$
$$\overset{d_e/2}{\times 0.60}\overset{a}{\cos(120°/2)}]\} \times (37.32 - 0.7 \times 2) = 16.311 \text{ m}^3 \overset{L_z}{} \overset{b}{} \overset{n}{}$$

d. 汇总：$\sum V_{管基管座} = V_{DN600管基管座} + V_{DN800管基管座} + V_{DN1000管基管座} = 64.155 + 46.385 + 16.311 = 126.85 \text{ m}^3$

④管槽回填砂(中粗砂)工程量计算

$$V_{DN300回填砂} = [1.16 \times (1.0+0.03+0.1-0.56) - 1 \div 4 \times 3.14 \times 0.36^2] \times [253.00 - \overset{B}{} \overset{H_o}{} \overset{d_j}{} \overset{\pi}{} \overset{d_e}{} \overset{L_g}{}$$
$$(0.7+0.38) \div 2 \times 30] - 27.469 = 105.012 \text{ m}^3 \overset{b}{} \overset{n}{} \overset{V_{DN300垫层}}{}$$

$$V_{DN400回填砂} = \{[1.28+0.75 \times (0.2+0.48+0.5)] \times (0.2+0.48+0.5) - 1 \div 4 \times 3.14 \times \overset{B}{} \overset{m}{} \overset{H_o}{} \overset{d_e}{} \overset{H_o}{} \overset{d_e}{} \overset{\pi}{}$$
$$0.48^2\} \times 133.45 - 38.167 = 278.621 \text{ m}^3 \overset{d_e}{} \overset{L_g}{} \overset{V_{DN400垫层}}{}$$

$$V_{DN500回填砂} = \{[1.40+0.75 \times (0.2+0.60+0.5)] \times (0.2+0.60+0.5) - 1 \div 4 \times 3.14 \times \overset{B}{} \overset{m}{} \overset{H_o}{} \overset{d_e}{} \overset{H_o}{} \overset{d_e}{} \overset{\pi}{}$$
$$0.60^2\} \times 206.47 - 64.006 = 515.122 \text{ m}^3 \overset{d_e}{} \overset{L_g}{} \overset{V_{DN500垫层}}{}$$

$$V_{DN600回填砂} = \{[1.82+0.75 \times (0.2+0.10+0.72+0.5)] \times (0.2+0.10+0.72+0.5) - \overset{B}{} \overset{m}{} \overset{H_o}{} \overset{C_1}{} \overset{d_e}{} \overset{H_o}{} \overset{C_1}{}$$
$$1 \div 4 \times 3.14 \times 0.72^2\} \times 360.28 - 141.95 - 64.155 = 1268.253 \text{ m}^3 \overset{\pi}{} \overset{d_e}{} \overset{L_g}{} \overset{V_{DN600垫层}}{} \overset{V_{DN600管基管座}}{}$$

$$V_{DN800回填砂} = \{[2.20+0.75 \times (0.2+0.12+0.96+0.5)] \times (0.2+0.12+0.96+0.5) - \overset{B}{} \overset{m}{} \overset{H_o}{} \overset{C_1}{} \overset{d_e}{} \overset{H_o}{} \overset{C_1}{} \overset{d_e}{}$$
$$1 \div 4 \times 3.14 \times 0.96^2\} \times 159.61 - 75.017 - 46.385 = 767.441 \text{ m}^3 \overset{\pi}{} \overset{d_e}{} \overset{L_g}{} \overset{V_{DN800垫层}}{} \overset{V_{DN800管基管座}}{}$$

$$V_{DN1000回填砂} = \{[2.70+0.75 \times (0.2+0.15+1.20+0.5)] \times (0.2+0.15+1.20+0.5) - \overset{B}{} \overset{m}{} \overset{H_o}{} \overset{C_1}{} \overset{d_e}{} \overset{H_o}{} \overset{C_1}{} \overset{d_e}{}$$
$$1 \div 4 \times 3.14 \times 1.20^2\} \times 35.92 - 21.552 - 16.311 = 233.566 \text{ m}^3 \overset{\pi}{} \overset{d_e}{} \overset{L_g}{} \overset{V_{DN800垫层}}{} \overset{V_{DN800管基管座}}{}$$

汇总：$\sum V_{回填砂} = V_{DN300回填砂} + V_{DN400回填砂} + V_{DN400回填砂} + V_{DN600回填砂} + V_{DN800回填砂} + V_{DN1000回填砂}$
$= 105.012 + 278.621 + 515.122 + 1268.253 + 767.441 + 233.566 = 3168.02 \text{ m}^3$

雨水管道工程(K6+000~K6+500)(不含检查井及雨水进水井)分部分项工程量清单汇总见表1-22。

实训一 市政工程工程量清单编制

表 1-22 分部分项工程量清单

序号	项目编码	项目名称	项目特征描述	计量单位	工程量
			排水工程		
		1. 土方			
24	040101002001	挖沟槽土方	(1)土壤类别:三类土 (2)挖土深度:2 m 以内 (3)弃土运距:1 km 以内	m³	2373.33
25	040101002002	挖沟槽土方	(1)土壤类别:三类土 (2)挖土深度:4 m 以内 (3)弃土运距:1 km 以内	m³	2276.92
26	040103001001	填方(回填砂)	(1)填方材料品种:中粗砂 (2)密实度:管侧及管顶以上 0.5 m 范围≥92%,管道两侧≥95%	m³	4271.8
27	040103001002	填方(回填土)	(1)填方材料品种:三类土 (2)密实度:95%以上	m³	564.95
28	040103002001	余方弃置	(1)废弃料品种:雨水污水管道沟槽土方 (2)运距:1 km 以内	m³	4000.56
		2. 雨水工程			
29	040501004001	塑料管道铺设(DN300)	(1)管道材料名称:HDPE 缠绕管 (2)管材规格:DN300 (3)埋设深度:见设计图纸 (4)接口形式:电熔管件熔接 (5)垫层厚度、材料品种、强度:中粗砂 20 cm 厚	m	253.00
30	040501004002	塑料管道铺设(DN400)	(1)管道材料名称:HDPE 缠绕管 (2)管材规格:DN400 (3)埋设深度:见设计图纸 (4)接口形式:电熔管件熔接 (5)垫层厚度、材料品种、强度:中粗砂 20 cm 厚	m	136.25
31	040501004003	塑料管道铺设(DN500)	(1)管道材料名称:HDPE 缠绕管 (2)管材规格:DN500 (3)埋设深度:见设计图纸 (4)接口形式:电熔管件熔接 (5)垫层厚度、材料品种、强度:中粗砂 20 cm 厚	m	213.47
32	040501001001	混凝土管道铺设(DN600)	(1)管有筋无筋:承插式Ⅱ级钢筋混凝土排水管 (2)规格:d600 (3)埋设深度:见设计图纸 (4)接口形式:1:2 水泥砂浆接口,详见 04S516-21 (5)垫层厚度、材料品种、强度:碎砾石 200 mm 厚 (6)基础断面形式、混凝土强度等级:120° C15 砼管基管座	m	369.98

续表

序号	项目编码	项目名称	项目特征描述	计量单位	工程量
33	040501001002	混凝土管道铺设(DN800)	(1)管有筋无筋：承插式Ⅱ级钢筋混凝土排水管 (2)规格：$d800$ (3)埋设深度：见设计图纸 (4)接口形式：1∶2水泥砂浆接口，详见04S516-21 (5)垫层厚度、材料品种、强度：碎砾石200 mm厚 (6)基础断面形式、混凝土强度等级：120°C15砼管基管座	m	164.51
34	040501001003	混凝土管道铺设(DN1000)	(1)管有筋无筋：承插式Ⅱ级钢筋混凝土排水管 (2)规格：$d1000$ (3)埋设深度：见设计图纸 (4)接口形式：1∶2水泥砂浆接口，详见04S516-21 (5)垫层厚度、材料品种、强度：碎砾石200 mm厚 (6)基础断面形式、混凝土强度等级：120°C15砼管基管座	m	37.32

3. 污水管道清单工程量计算

根据设计图纸污水管道工程(K6+000～K6+500)相关项目清单工程量计算如下：

(1)根据《市政工程工程量计算规范》(GB 50857-2013)附录E.1管道铺设规定，塑料管道铺设清单工程量按设计图示管道中心线长度以延米长米计算(支管长度从主管中心到支管末端交接处的中心)，不扣除中间井及管件、阀门所占的长度；新旧管连接时，计算到碰头的阀门中心处。

①已知主管采用DN400 mm HDPE缠绕管铺设(电熔连接)，则：

$L_{DN400管道} = \underset{W_{-1} \sim W_{-15}}{32.00} + 34.56 + 35.3 + 35.16 + 35.06 + 41.01 + 35.25 + 35.7 + 41.31 + 37.95 + 33.11 + 34.85 + 20.40 + 34.97 + \underset{W_{15(6K+494) \sim 6K+500}}{(500-494)} = 492.63 \text{ m}$

其中：$W_{-1} \sim W_{-15}$井段长度为486.63 m，$W_{15(6K+494) \sim 6K+500}$井段长度为6.00 m。

注：$L_{DN400管道}$——DN400管道长度(其余同)。

②已知支管采用DN300 mm HDPE缠绕管铺设(电熔连接)，则：

$L_{DN300管道} = \underset{W_{-7A} \sim W_{-7B}}{13.0} + 44.0 + \underset{W_{-13A} \sim W_{-13}}{10.0} = 67.00 \text{ m}$

其中：$W_{-7A} \sim W_{-7B}$井段长度为57.00 m，$W_{-13} \sim W_{-13A}$井段长度为10.00 m。

污水管道工程(K6+000～K6+500)(不含检查井)分部分项工程量清单汇总见表1-23。

表 1-23 分部分项工程量清单

序号	项目编码	项目名称	项目特征描述	计量单位	工程量
			3. 污水工程		
35	040501004004	塑料管道铺设	(1)管道材料名称:HDPE 缠绕管 (2)管材规格:DN300 (3)埋设深度:见设计图纸 (4)接口形式:电熔管件熔接 (5)垫层厚度、材料品种、强度:中粗砂 20 cm 厚	m	67.00
36	040501004005	塑料管道铺设	(1)管道材料名称:HDPE 缠绕管 (2)管材规格:DN400 (3)埋设深度:见设计图纸 (4)接口形式:电熔管件熔接 (5)垫层厚度、材料品种、强度:中粗砂 20 cm 厚	m	492.63

(三)K6+037.40 涵洞相关工程量计算

根据设计图纸 K6+037.40 涵洞相关项目清单工程量计算如下:

(1)根据《市政工程工程量计算规范》(GB 50857-2013),C20 片石混凝土基础工程量按设计图示尺寸以体积计算:

已知混凝土基础宽度为 480 cm,长度为 5378 cm,厚度为 60 cm,则

$V_{C20片石混凝土基础} = 4.8 \times 0.6 \times 53.78 = 154.89 \text{ m}^3$

(2)根据《市政工程工程量计算规范》(GB 50857-2013),C25 混凝土涵台帽工程量按设计图示尺寸以体积计算:

已知混凝土涵台帽断面尺寸如图 1-1,长度为 5378 cm,则:

$V_{C25混凝土涵台帽} = (0.85 \times 0.7 - 0.35 \times 0.25) \times 53.78 \times 2 = 54.59 \text{ m}^3$

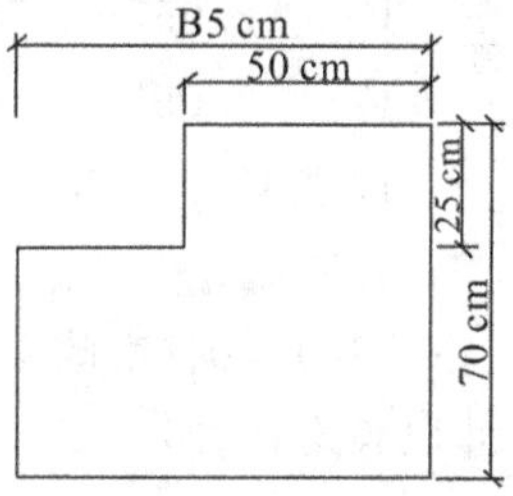

图 1-1 涵台帽宽度断面

(3)根据《市政工程工程量计算规范》(GB 50857-2013),C20 片石混凝土涵台台身工程量按设计图示尺寸以体积计算:

已知涵台台身宽度为 85 cm,长度为 5378 cm,高度为 105 cm,则:

$V_{C20片石混凝土涵台台身} = 0.85 \times 1.05 \times 53.78 \times 2 = 96.00 \text{ m}^3$

(4)根据《市政工程工程量计算规范》(GB 50857-2013),C30 混凝土盖板工程量按设计图示尺寸以体积计算:

已知混凝土盖板宽度为 318 cm,长度为 5378 cm,厚度为 25 cm,则:

$V_{C30混凝土盖板} = 3.18 \times 0.25 \times 3 \times 16 + 3.18 \times 0.25 \times (2.70 + 3.07) = 42.75 \text{ m}^3$

(5)根据《市政工程工程量计算规范》(GB 50857-2013),C25 混凝土帽石工程量按设计图示尺寸以体积计算:

已知混凝土帽石宽度为 35 cm,长度为 355 cm,高度为 20 cm,则:
$V_{C25混凝土帽石}=3.55\times0.35\times0.2\times2=0.50\ m^3$

(6)根据《市政工程工程量计算规范》(GB 50857-2013),M10 浆砌片石八字翼墙基础按设计图示尺寸以体积计算:

已知 M10 浆砌片石八字翼墙基础如图所示,则:
$V_{M10浆砌片石八字翼墙基础}=(1.01+1.38+1.14+1.56)\times2.22\div2\times0.6+(1.01+1.38+1.15+1.56)\times2.18\div2\times0.6=6.69\ m^3$

(7)根据《市政工程工程量计算规范》(GB 50857-2013),M10 浆砌片石八字墙截水墙按设计图示尺寸以体积计算:

已知 M10 浆砌片石八字墙截水墙如图所示,则:
$V_{M10浆砌片石八字墙截水墙}=(2.5+1.64+0.95)\times0.4\times1+(2.5+1.61+0.93)\times0.4\times1-0.23\times0.4\times1\times2=3.87\ m^3$

(8)根据《市政工程工程量计算规范》(GB 50857-2013),M10 浆砌片石八字墙铺砌按设计图示尺寸以体积计算:

已知 M10 浆砌片石八字墙铺砌如图所示,则:
$V_{M10浆砌片石八字墙铺砌}=(2.5+1.64+2.5+0.95)\times2.22\div2\times0.3+(2.5+1.61+2.5+0.93)\times2.18\div2\times0.3=4.99\ m^3$

(9)根据《市政工程工程量计算规范》(GB 50857-2013),M10 浆砌片石八字墙身按设计图示尺寸以体积计算:

已知 M10 浆砌片石八字墙身如图所示,则:
$V_1=(2.05^2-0.58^2)\times0.44\times1.51\div2+(2.05^3-0.58^3)\times1.51\div6\div3.92=1.82\ m^3$
$V_2=(2.05^2-0.58^2)\times0.5\times1.51\div2+(2.05^3-0.58^3)\times1.51\div6\div3.53=2.06\ m^3$
同理 $V_3=1.80\ m^3,V_4=2.04\ m^3$
$1.8_{M10浆砌片石八字墙身}=1.82+2.06+1.80+2.04=7.72\ m^3$

(10)根据《市政工程工程量计算规范》(GB 50857-2013),沥青麻絮沉降缝按设计图示尺寸以长度计算:
$L_{沥青麻絮沉降缝}=(1.75\times2+3.2+4.8)\times8=92\ m$

(11)根据《市政工程工程量计算规范》(GB 50857-2013),钢筋按设计图示尺寸质量计算:
$W_{\phi18盖板钢筋}=(3.49\times25\times16+3.4974\times24\times2)\times2.0\ kg/m=3127.8\ kg=3.128\ t$
$W_{\phi12盖板钢筋}=(3.52\times13\times16+3.5276\times13\times2)\times0.8880\ kg/m=731.6\ kg=0.732\ t$
$W_{\phi8盖板钢筋}=(6.36\times21\times16+6.0746\times21\times2+1.3528\times8\times2+1.2217\times8\times2)\times0.395\ kg/m=961.1\ kg=0.961\ t$
$W_{\phi8台帽钢筋}=(4.9597\times8+2.4707\times26)\times2\times53.77\div5\times0.3950\ kg/m=882.8\ kg=0.883\ t$
$W_{\phi6台帽钢筋}=1.9687\times26\times53.77\div5\times2\times0.222\ kg/m=244.4\ kg=0.244\ t$

(12)土石方计算

为简化工程量计算,涵洞洞身平均挖土深为 1.8 m,出口八字墙平均挖土深为 2.4 m,进口八字墙平均挖土深为 1.7 m,全部为土方。
$V_{洞身土方}=4.8\times53.78\times1.8=464.66\ m^3$
$a_1=23+16+50+164+250+95+44+15+21=678\ cm=6.78\ m$

$b_1 = 23 + 205 \div 3.53 + 50 + 250 + 44 + 205 \div 3.92 + 21 = 498 \text{ cm} = 4.98 \text{ m}$

$a_2 = 23 + 17 + 50 + 161 + 250 + 93 + 44 + 15 + 21 = 674 \text{ cm} = 6.74 \text{ m}$

$b_2 = 23 + 205 \div 3.53 + 50 + 250 + 44 + 205 \div 3.92 + 21 = 498 \text{ cm} = 4.98 \text{ m}$

$V_{八字墙土方出口} = (6.78 + 4.98) \times 2.21 \div 2 \times 2.4 + 0.4 \times (1.64 + 0.95 + 2.50 + 1.64 + 0.95 + 2.50 - 0.4 \times 2 \times \tan 30°) \times 0.4 \div 2 = 31.99 \text{ m}^3$

$V_{八字墙土方进口} = (6.74 + 4.98) \times 2.17 \div 2 \times 1.7 + 0.4 \times (1.61 + 0.93 + 2.50 + 1.61 + 0.93 + 2.50 - 0.4 \times 2 \times \tan 30°) \times 0.4 \div 2 = 22.39 \text{ m}^3$

$V_{土方深 2 \text{ m}} = 22.39 + 464.66 = 478.05 \text{ m}^3$

$V_{土方深 4 \text{ m}} = 31.99 \text{ m}^3$

(13)台背回填砂碎工程量

$V = 0.3 \times 53.78 \times 1.1 \times 2 + (0.21 + 0.23) \times 2.21 \times 1.8 + (0.21 + 0.23) \times 2.17 \times 1.1 = 38.30 \text{ m}^3$

涵洞工程(K6+037.40)分部分项工程量清单(部分)汇总见表 1-24。

表 1-24 分部分项工程量清单(不包括进出口排水沟)

序号	项目编码	项目名称	项目特征描述	计量单位	工程量
		桥涵工程			
		1. 涵洞工程(K6+037.40)			
37	040101002003	挖沟槽土方	(1)土壤类别:一、二类土 (2)挖土深度:2 m 以内 (4)涵洞基础 (3)弃土运距:1 km 以内	m³	487.05
38	040101002004	挖沟槽土方	(1)土壤类别:一、二类土 (2)挖土深度:4 m 以内 (3)涵洞基础 (4)弃土运距:1 km 以内	m³	31.99
39	040103001003	台背回填砂碎	(1)台背回填砂碎 (2)密实度:按设计图纸要求	m³	38.30
40	040103002002	余方弃置	(1)废弃料品种:一、二类土 (2)运距:1 km 以内	m³	519.04
41	040303002001	C20 片石混凝土基础	(1)部位:涵台基础 (2)嵌料(片石)比例:15% (2)混凝土强度等级、石料最大粒径:C20 粒径 5~40 (3)碎石灌砂垫层厚度:10 cm	m³	154.89
42	040303004001	C25 混凝土涵台帽	(1)混凝土强度等级、石料最大粒径:C25 粒径 5~40 (2)部位:涵台帽	m³	54.59

续表

序号	项目编码	项目名称	项目特征描述	计量单位	工程量
43	040303005001	C20混凝土涵台	(1)部位:涵台台身 (2)嵌料(片石)比例:15% (3)混凝土强度等级、石料最大粒径:C20 粒径5～40	m³	96.00
44	040304003001	预制C30混凝土盖板	(1)预应力、非应力:非应力 (2)混凝土强度等级、石料最大粒径:C30 粒径5～40 (3)部位:砼盖板 (4)形状:矩形	m³	42.75
45	040304005001	预制混凝土帽石	(1)混凝土强度等级、石料最大粒径:C25 粒径5～20 (2)部位:帽石	m³	0.50
46	040305003001	浆砌片石八字墙基础	(1)砂浆强度等级:M10 (2)部位:八字墙基础 (3)材料品种:片石	m³	6.69
47	040305003002	浆砌片石八字墙截水墙	(1)砂浆强度等级:M10 (2)部位:八字墙截水墙 (3)材料品种:片石	m³	3.87
48	040305003003	浆砌片石八字墙墙身	(1)砂浆强度等级:M10 (2)部位:八字墙身 (3)材料品种:片石	m³	7.72
49	040305003004	浆砌片石八字墙铺砌	(1)砂浆强度等级:M10 (2)部位:八字墙铺砌 (3)材料品种:片石	m³	4.99
50	040506030001	沉降缝	(1)沉降缝部位:洞身 (2)材料品种:沥青 (3)沉降缝规格:1 cm麻絮	m	92.00
51	040901001001	现浇构件钢筋	(1)材质:HPB235 (2)部位:台帽 (3)光圆钢筋,直径φ10以内	t	1.127
52	040901002001	预制矩形板钢筋	(1)材质:HRB335 (2)部位:盖板 (3)螺纹钢筋,直径φ20以内	t	3.860
53	040901002002	预制矩形板钢筋	(1)材质:HPB235 (2)部位:盖板 (3)光圆钢筋,直径φ10以内	t	0.961

三、练习

请同学们根据提供的图纸完成路基工程、挡土墙工程、防护工程、涵洞工程(K6+

461.80)分部分项清单工程量计算并填入相应的表格中。

工作任务 1-3 其他文件编制、工程量清单的形成

▶ 学习目标
　　◇ 熟知清单其他文件编制。

▶ 任务描述
　　根据施工图设计文件、分部分项工程量清单表、《建设工程工程量清单计价规范》(GB 50500-2013)、《市政工程工程量计算规范》(GB 50857-2013)及其福建省实施细则等现行文件和相关资料编制清单其他文件。

一、示例

表 1-25 总价措施项目清单与计价表

工程名称：　　　　　　　　　　　　　　　　　　　　　　　　　　　第　页 共　页

序号	项目名称	计 算 基 础	费率(%)	金额(元)
1	安全文明施工费		1.88	
2	其他总价措施费		0.64	
合　计				

表 1-26 单价措施项目清单与计价表

工程名称：　　　　　　　　　　　　　　　　　　　　　　　　　　　第　页 共　页

序号	项目编码	项目名称	项目特征描述	计量单位	工程量	金额(元)	
						综合单价	合价
道路工程							
	041106001001	大型机械设备进出场及安拆		1项			
排水工程							
	—						
合　计							

实训二

市政工程工程量清单计价

➤ 学习目标

◇ 能计算定额工程量；
◇ 能选套定额，并能进行定额的调整与换算；
◇ 能编制工程量清单综合单价计算表；
◇ 能编制工程量清单综合单价分析表；
◇ 能编制分部分项工程量清单计价表；
◇ 能编制措施项目清单计价表；
◇ 能编制单位工程造价汇总表（清单）；
◇ 能编制单项工程造价汇总表（清单）；
◇ 能编制工程项目造价汇总表（清单）。

➤ 导入项目

项目同实训一。

一、相关知识

以《市政工程工程量计算规范》(GB 50857-2013)及其福建省实施细则、《福建省市政工程预算定额》(FJYD-401～409-2017)、《福建省建筑安装工程费用定额》(2017版)为依据，采用清单计价法介绍市政工程报价的编制。

（一）编制依据

1. 设计施工图纸和有关设计标准图集；
2. 施工图纸会审纪要；
3. 施工组织设计或施工方案；
4. 施工合同或协议书；
5. 有关产品标准、设计规范、施工及验收规范、技术操作规程、质量评定标准和安全操作规程；
6. 招标文件、答疑纪要、工程量清单等；
7. 《市政工程工程量计算规范》(GB 50857-2013)及其福建省实施细则；

实训二 市政工程工程量清单计价

8.《福建省市政工程预算定额》(FJYD-401～409-2017);
9.《福建省建设安装工程费用定额》(2017版);
10. 闽建筑函〔2014〕156号文人工单价调整(2015年1月1日起施行);
11. 材料市场价格、建设工程造价管理机构发布的材料市场价格信息;
12. 建设工程造价管理机构发布的施工机械台班单价;
13. 其他有关依据。

(二)工程量清单计价要求

工程量清单计价是指完成工程量清单所列项目的全部费用,包括分部分项工程费、措施项目费、其他项目费。

工程量清单计价款应包括完成工程量清单项目所需的全部费用。其内涵:
(1)包括分部分项工程费、措施项目费、其他项目费;
(2)包括完成每分项工程所含全部工程内容的费用;
(3)包括完成每项工程内容所需的全部费用;
(4)包括工程量清单项目中没有出现的,施工中又必须发生的工程内容所需的费用。

1. 分部分项工程量清单应采用综合单价计价

综合单价确定依据和原则:

(1)综合单价的组成内容包括完成一个规定计量单位的分部分项工程量清单项目和措施清单项目所需的人工费、材料费、施工机具使用费和企业管理费、利润、规费、税金。

(2)招标文件中提供了暂估单价的材料,应按暂估的单价计入综合单价。

2. 措施项目清单计价

措施项目费的计算包括:

(1)措施项目的内容应依据招标人提供的措施项目清单和投标人投标时拟定的施工组织设计或施工方案;

(2)措施项目费的计价方式应根据招标文件的规定,可以计算工程量的单价措施清单项目采用综合单价方式报价,总价措施清单项目按分部分项工程费(不含设备费)与单价措施项目费之和乘以相应费率计算;

(3)措施项目费由投标人自主确定,但其中安全文明施工费应按国家或省级、行业建设主管部门的规定确定。

3. 其他项目费应按下列规定计价:

(1)暂列金额应根据工程特点,按有关计价规定估算。

(2)专业工程暂估价:由发包人确定。

(3)专业工程总承包服务费按单独发包专业工程的建安造价(不含工程设备费)乘以专业工程总承包服务费费率计算;甲供材料总承包服务费按甲供材料总金额乘以甲供材料总承包服务费费率计算。

(4)优质工程增加费:根据相应级别的优质工程,按分部分项工程费(不含工程设备费)与单价措施项目费之和乘以相应的优质工程增加费费率计算。

(5)缩短定额工期增加费:施工工期较定额工期缩短的,以分部分项工程费(不含工程设备费)与单价措施项目费之和乘以缩短定额工期增加费费率计算。

(6)远程监控系统租赁费:发包时按照福建省住建厅发布的《施工现场远程监控租赁服务指导价的通知》(闽建筑〔2017〕5号)规定计算,结算时按实际发票金额扣除可抵扣进项税额后再加上税金计算。未采用租赁方式的,结算金额由承发包双方协商确定。

(7)发包人检测费:发包时按被检测项目的工程量或造价,根据有关收费标准进行估算,结算时按实际发票金额扣除可抵扣进项税额后再加上税金计算。

(8)工程噪声超标排污费:发包时按有关规定进行估算,结算时按实际发票金额扣除可抵扣进项税额后再加上税金计算。

(9)渣土收纳费:发包时按有关规定进行估算,结算时按实际发票金额扣除可抵扣进项税额后再加上税金计算。

(三)工程量清单计价的步骤

1. 准备工作
(1)熟悉施工合同协议书内容;
(2)熟悉工程设计施工图纸的有关现场技术资料;
(3)了解施工现场情况,根据工程的实际情况,编制合理的施工方案;
(4)熟悉清单计价规范,熟悉现行的市政工程消耗定额有关工程量计算规则。
2. 计算计价工程量。
3. 套用现行的市政工程消耗量定额,并进行必要的定额调整与换算;计算工、料、机用量。
4. 确定人工、材料、机械台班单价。
5. 判断工程类别,确定企业管理费、利润、规费、税金取费标准,计算综合单价。
6. 按费率计算措施费,汇总形成单位工程造价。
7. 有设备的,计算填写设备项目清单并汇总。
8. 汇总单位工程造价、设备造价形成单项工程造价。
9. 汇总多个单项工程,形成工程总造价。
10. 编制说明,形成成果文件。

(四)工程量计算、套用定额、定额调整与换算

定额套用应当依据工程量清单及其项目特征,以及《市政工程工程量计算规范》(GB 50857-2013)及其福建省实施细则提出的工程内容、合理的施工方案、设计图纸的要求。特别要提到的是工程施工组织设计与定额套用有着密切关系,直接影响着工程造价。如:土方开挖有人工、机械开挖两种方式,它们的比例即所占的比重如何;道路工程的混凝土半成品运输距离与道路的长度、施工组织设置的搅拌地点有关;桥梁工程的预制构件安装方式;顶管工程的管道顶进方式有人工、机械等,这些都与定额的套用相关联。所以在套用定额前除了通常所说的熟悉图纸,熟悉定额规定、工程招标文件以外,还应当熟悉工程施工组织设计。一个工程量清单可能套用多个定额项目。一般情况下定额的工程量等于清单工程量,但是出现套用消耗量定额的计量单位、工程量计算规则与清单所列的分部分项工程项目的计量单位、工程量计算规则不一致时,应计算定额所需的工程量。

定额套用一般有以下几种情况:
①直接套用。直接采用定额项目的人工、材料、机械台班消耗量,不作任何调整、换算。

②定额换算。当分部分项工程的工作内容与定额项目的工作内容不完全一致时，按定额规定对部分人工、材料或机械台班的定额消耗量进行调整。

③定额合并。当工程量清单所包括的工作内容是几个定额项目工作内容之和时，就必须将几个相关的定额项目进行合并。

④定额补充。随着建设工程中新技术、新材料、新工艺的不断推广应用，实际中有些分部分项工程在定额中没有相同、相近的项目可以套用，这种情况下，就需要编制补充定额。

二、工程量清单计价格式

表1　投标总价
表2　总说明
表3　工程项目总价表（若只有一个单项工程，此表可不填）
表4　单项工程费汇总表
表5　单位工程费汇总表
表6　分部分项工程量清单计价表
表7　总价措施项目清单计价表
表8　单价措施项目清单与计价表
表9　其他项目清单与计价表（若无其他项目措施费，此表可不填）
表10　暂列金额明细表
表11　专业工程暂估价明细表
表12　总承包服务费计价表
表13　分部分项工程量清单综合单价分析计算表
表14　单价措施项目清单综合单价分析表
表15　甲供材料一览表
表16　主要材料设备项目与价格表
表17　人工、材料设备、机械汇总表

工作任务 2-1　定额工程量计算

> 学习目标

◇ 知道定额工程量计算规则；
◇ 能正确计算定额工程量。

> 任务描述

根据施工图设计文件、工程量清单、《市政工程工程量计价规范》、《福建省市政工程预算定额》（FJYD-401~409-2017）完成定额工程量计算。

一、相关知识

(一)定额工程量的计算要求

1. 定额列项

要注意所列分项工程项目的工作内容与所套用定额项目的工作内容(包括说明)是否一致,如果不一致,应按照定额的有关说明进行换算或编制补充定额。

2. 计量单位

按所套用定额项目的计量单位列工程量。如:钢筋制作安装项目的计量单位为"t",预埋铁件的计量单位为"kg"。需要的是,现行市政定额计量单位统一按标准计量单位,即以"t"为单位,因此在计算工程量的时候应注意统一成以"t"为单位。

3. 工程量

计算分项工程量应采用套用定额项目的工程量计量规则。如:计算灌注桩水下混凝土体积时,应以桩长增加 1.0 m 乘以横断面面积的体积计算。

(二)工程量计算规则

1. 土石方工程工程量计算规则

(1)土方的挖、推、装、运等体积均以开挖前的天然密实体积(自然方)计算;回填土夯实、碾压定额均按压实后体积(压实方)计算;人工松填土、机械松填土定额均按松填体积计算。石方的凿、挖、推、装、运、破碎等体积均以开挖前的天然密实体积计算。不同状态的土石方体积按土石方体积换算表(表2-1、表2-2)中相应系数换算。

表2-1 土方体积换算系数表

虚方体积	天然密实度体积	夯实后体积	松填体积
1.30	1.00	0.87	1.08

注:虚方是指未经碾压,堆积时间≤1年的土方。

表2-2 石方体积换算系数表

名称	天然密实体积	虚方体积	松填体积	夯实后体积
石方	1.00	1.54	1.31	1.087
块石	1.00	1.75	1.43	(码方)1.67
砂夹石	1.00	1.07	0.94	

(2)挖土方工程量按设计图示挖方尺寸以体积计算,修建机械上下坡的便道土方量并入土方工程量内。挖石方工程量按设计图示挖方尺寸以体积计算,超挖量并入石方工程量计算。挖土或挖石交接处、放坡交接处产生的重叠部分工程量不扣除。

(3)因放坡和坑、槽底部工作面预留宽度增加的开挖工程量并入挖方工程量计算。挖土放坡方式、放坡系数和工作面预留宽度按设计计算,设计未明确或明确不全的按表2-3、表2-4计算。

表 2-3 土方放坡系数表

土类别	放坡起点(m)	人工挖土	放坡系数 机械挖土		
			沟槽、基坑坑内作业	在沟槽侧、坑边上作业	顺沟槽方向坑上作业
一、二类土	1.20	1:0.50	1:0.33	1:0.75	1:0.50
三类土	1.50	1:0.33	1:0.25	1:0.67	1:0.33
四类土	2.00	1:0.25	1:0.10	1:0.33	1:0.25

注：1. 沟槽、基坑中土类别不同时，其放坡起点、放坡系数按设计规定计算，设计不明确的按不同土类别厚度加权平均计算。

2. 沟槽、基坑有做基础垫层的，放坡自垫层上表面开始计算。

3. 开挖土方支挡土板的，不计算土方放坡。

表 2-4 槽、坑底部每侧所需工作面宽度表

管道结构宽度(cm)	混凝土管道基础 ≤90°	混凝土管道基础 >90°	其他管道	构筑物 无防潮层	构筑物 有防潮层
50 以内	40	40	30	40	60
100 以内	50	50	40		
250 以内	60	50	40		
250 以上	70	60	50		

注：管道结构宽，有管座按管道基础外缘计算，无管座按管道外径计算；构筑物按基础外缘计算。设有挡土板的，每侧相应增加 15 cm 计算。

(4)管道接口作业坑和沿线各种井室（包括沿线的检查井、雨水井、阀门井和雨水进水井等）所需增加开挖的土、石方工程量按沟槽全部土、石方量的 2.5% 计算。按挖方工程量扣除埋入物体积计算回填方工程量的，2.5% 系数不扣除；埋入物体积按设计图示尺寸计算有困难的，可按非管道井室的构筑物断面面积×管道中心线长度×1.025 计算。

(5)挖淤泥流砂，按设计图示挖方尺寸以体积计算。

(6)大型支撑土方开挖按设计图示尺寸以体积计算。

(7)土石方运距应以挖土石重心至填（弃）土石重心最近距离计算，挖、填、弃土石重心按施工组织设计确定。有下列情况的，应增加运距：

①人力及人力车运土、石方，上坡坡度在 15% 以上，推土机上坡坡度大于 5%，斜道运距按斜道长度乘以如表 2-5 所示系数。

表 2-5 斜道运距系数

项目	推土机			人力及人力车
坡度(%)	5~10	15 以内	25 以内	15 以上
系数	1.75	2	2.5	5

②采用人力垂直运输土、石方,垂直深度每米折合水平运距 7 m 计算。

(8)土石方运输按天然密实体积计算。开挖后剩余的土石方,其外弃工程量应按挖方体积扣除折算为天然密实度体积的回填体积计算。挖方总体积减去回填土(折成天然密实体积),总体积为正,则为余土外运;总体积为负,则为取土内运。

(9)平整场地按设计图示尺寸以面积计算。

(10)填土、石方工程量根据设计,按设计图示填方尺寸以体积计算,或按挖方工程量扣除埋入物体积计算。

(11)原土夯实与碾压,按设计图示尺寸或施工组织设计规定的尺寸,以面积计算。

(12)人工清理爆破基底、修整爆破边坡,按设计图示尺寸以岩石爆破后的相应面积(含工作面宽度和允许超挖尺寸)计算。

2. 护坡、挡土墙工程量计算规则

(1)砂石滤沟、砂滤层、碎(砾)石滤层、黏土反滤层按设计图示尺寸以体积计算。

(2)砌体工程按设计图示尺寸以体积计算。

(3)混凝土挡土墙按设计图示尺寸以体积计算。

(4)生态砖挡墙、生态砖护坡、生态砖护底按设计图示尺寸以面积计算。

(5)墙面勾缝按设计图示尺寸以面积计算。

3. 道路基层工程量计算规则

(1)路床槽整形碾压按设计图示尺寸以路床槽面积计算,不扣除侧缘石、平石所占面积,路床槽整形碾压宽度按设计车行道宽度另计两侧加宽值。人行道整形碾压按设计图示尺寸以人行道面积计算,不含与车行道连接的侧缘石面积。

(2)各种道路基层均按设计图示尺寸的车行道长度乘以宽度以面积计算,不扣除各种井所占面积,路基宽度按设计车行道宽度另计两侧加宽值。设计道路基层横断面是梯形的,应按照其截面平均宽度计算面积。

(3)多合土养生按设计图示尺寸以基层或顶层的面积计算,不扣除各种井所占面积。

(4)水泥混凝土路面共振碎石化基层按设计需处理结构层的顶面面积计算。

4. 道路面层工程量计算规则

(1)各类道路面层、真空吸水按设计图示路面尺寸以面积计算,不扣除各种井所占面积,但应扣除与路面相连的平石、侧石、缘石所占面积。

(2)伸缩缝按设计图示尺寸以缝的侧面积计算,即伸缩缝设计长度×设计深度。锯缝机锯缝按设计图示长度计算。

(3)水泥混凝土路面钢筋按设计图示尺寸以质量计算。

(4)传力杆套筒按设计图示数量计算。

(5)透层、黏层、封层分别按设计图示尺寸以相应铺设的基层或面层面积计算。

(6)应力吸收卷材贴缝按设计图示尺寸,由混凝土路面缝长乘以铺设宽度以面积计算,应力吸收卷材纵横相交导致的重叠部分面积不扣除。

(7)路面彩色涂层按设计图示尺寸以刷涂面积计算。

5. 人行道侧缘石及其他工程量计算规则

(1)人行道垫层、面层按设计图示尺寸以面积计算,该面积不扣除检查井所占面积,不含两侧侧缘石所占面积,并应扣除树池、电缆沟所占面积。

实训二 市政工程工程量清单计价

(2)混凝土侧缘石基座按设计图示尺寸以体积计算。

(3)侧缘石、路平石按设计图示中心线长度计算,不包含预制混凝土雨水口所占长度。

6. 砌筑工程工程量计算规则

(1)砌筑工程量按设计图示尺寸以体积计算,嵌入砌体中的钢管、沉降缝、伸缩缝以及 0.3 m³ 以内的预留孔所占体积不予扣除。

(2)拱圈底模按设计图示尺寸以模板接触砌体的面积计算。

7. 钢筋工程量计算规则

(1)钢筋工程,区别现浇、预制构件以及不同钢种和规格,分别按设计图示尺寸以质量计算。计算钢筋工程量时,钢筋搭接长度按设计规定计算,非设计接驳及下料损耗在相应的钢筋子目中考虑,不另计算。

(2)T形、I形梁现浇横隔板及桥面板的钢筋并入预制构件的钢筋数量。

(3)钢筋套筒接头、主筋焊接按设计图示数量计算。

(4)预埋铁件,按设计图示尺寸以质量计算。

(5)冷却管、劲性骨架分别按设计图示尺寸以质量计算。

(6)先张法的预应力钢筋及后张法的预应力钢筋、钢丝束、钢绞线按设计图示尺寸按质量计算。其中:预应力钢绞线、预应力螺纹粗钢筋及配锥形(弗氏)锚的预应力钢丝的工程量按设计图示尺寸以锚固长度与工作长度的质量之和计算;配冷铸镦头锚及镦头锚的预应力钢丝按设计图示尺寸以锚固长度的质量计算。

(7)锚具工程量按设计用量乘以下列系数计算。锥形锚:1.02;OVM 锚:1.02;镦头锚:1.00。

(8)构件预留的孔压浆管道安装按设计图示孔道长度以延长米计算。

(9)管道压浆孔按构件的设计图示张拉孔道断面面积乘管道长度以体积计算,钢筋所占体积不扣除。

(10)植筋增加费按设计图示数量计算。

8. 现浇混凝土工程工程量计算规则

(1)混凝土工程量按设计图示尺寸以体积计算(不包括空心板、梁的空心体积),不扣除钢筋、铁丝、铁件、预留压浆孔道和螺栓所占的体积,不扣除 0.03 m³ 以内孔洞所占体积。

(2)现浇构筑物混凝土制作工程量,按现浇混凝土浇捣相应子目的定额混凝土含量计算。

(3)混凝土输送按混凝土相应定额的混凝土消耗量以体积计算,若采用多级输送时,工程量应分级计算;泵管安拆按需要的长度计算;泵管使用按需要的长度以及使用天数以"m·d"计算。

(4)桥面防水层按设计图示尺寸以面积计算。

9. 预制混凝土工程工程量计算规则

(1)预制桩按设计图示尺寸以桩长度(包括桩尖长度)乘以桩横断面面积的体积计算。

(2)预制构件的按设计图示尺寸以构件的实际体积(不包括空心部分所占体积)计算,不扣除 0.03 m³ 以内孔洞所占体积,构件端头封锚混凝土并入工程量计算

(3)预制空心板梁凡采用橡胶囊做内模的,考虑其压缩变形因素可增加混凝土数量。当梁长在 16 m 以内时,可按设计计算体积增加 7%,若梁长大于 16 m 时,则增加 9%计算。如设计图已注明考虑橡胶囊变形时,不得再增加计算。

(4)预制力混凝土构件的封锚混凝土数量并入构件混凝土工程量计算。

10. 管道铺设工程量计算规则

(1)排水管道铺设按设计图示井中至井中的中心长度扣除检查井长度扣除井内径的长度另加 30 cm 计算。采用标准图集定型检查井扣除长度按表2-6 计算。

表 2-6 检查井扣除长度

检查井规格	扣除长度(m)	检查井规格	扣除长度(m)
$\phi700$	0.4	各种矩形井	1.00
$\phi1000$	0.7	各种交汇井	1.20
$\phi1250$	0.95	各种扇形井	1.00
$\phi1500$	1.2	圆形跌水井	1.60
$\phi2000$	1.7	矩形跌水井	1.70
$\phi2500$	2.2	阶梯式跌水井	按实扣

(2)排水管道接口区分管径和做法,按实际接口个数计算。
(3)管道闭水试验,按实际闭水长度计算,不扣除各种井所占长度。
(4)方沟闭水试验的工程量,按实际闭水长度乘以断面积以体积计算。

11. 施工技术措施工程量计算规则

(1)脚手架工程量计算规则

①凡墙面垂直高度超过或低于地面在 1.2 m 以上的,可计算脚手架:
a. 石砌护坡按设计图示尺寸以斜面面积的 50% 套用单排脚手架计算;
b. 石挡土墙及砖砌工程按设计图示尺寸以垂直投影面积套用单排脚手架计算;
c. 混凝土工程按设计图示尺寸以垂直投影面积按双排脚手架计算。

②砖、石、钢筋混凝土柱形砌体按设计图示尺寸以柱结构外围周长加 3.6 m 乘以柱高以面积计算,高度在 3.6 m 以下者套用单排脚手架,3.6 m 以上者套用双排脚手架。

③浇混凝土用仓面脚手按设计图示尺寸以现浇混凝土摊铺面积计算。

(2)围堰工程量计算规则

土草、土石混合围堰按设计图示尺寸以体积计算,钢桩、钢板桩、双层竹笼围堰按设计图示长度计算。以立方米计算的围堰工程按围堰的施工断面乘以围堰中心线的长度。以延长米计算的围堰工程按围堰中心线的长度计算。围堰高度根据施工期内的最高临水面加 0.5 m 计算。施工围挡按设计或施工组织设计确定的围挡长度计算。

二、示例

根据分部分项工程量清单(表 1-20)及施工设计图选择合理的施工方案,计算路面工程、排水工程、涵洞工程定额工程量。

(一)选择合理施工方案

1. 路面工程

分析:水泥稳定碎石底基层采用现场拌制,级配碎石下基层采用人机配合,沥青类路面采用购买商品沥青路面材料,运距 15 km。

2. 排水工程

(1)雨水管道 K6+000~K6+500(不含检查井、雨水进水井)

分析:设计施工图 K6+000~K6+500 雨水管道 Y_{1-1}~Y_{1-15}(检查井编号)与 Y_{r-1}~Y_{r-15} 以及雨水口连接管。

管道施工工艺流程:

HDPE 缠绕管的施工工艺:施工测量放样→管槽土石方开挖→管槽验收→管道中粗砂垫层铺设→管道铺设→砌筑污水检查井、雨水进水井→管槽回填(包括回填砂、回填土)。

承插式Ⅱ级钢筋混凝土排水管的施工工艺:施工测量放样→管槽土石方开挖→管槽验收→管道碎砾石垫层铺设→混凝土管基模板安装→浇筑混凝土管基→承插式Ⅱ级钢筋混凝土排水管铺设(下管、稳管)→混凝土管座模板安装→浇筑混凝土管座→砌筑雨水检查井、雨水进水井→管槽回填(包括回填砂、回填土)。

①管槽开挖:采用机械开挖为主,人工辅助清底、修边的施工方法,人工与机械开挖量的比例为 1∶9。机械选型根据雨水管网管径为 DN400,选用斗容 0.6 m³ 反铲挖掘机较为适宜。

②雨水管道铺设:根据设计总说明"雨水管道管径 $d<600$ 排水管道,采用 HDPE 缠绕管,雨水口连接管管材采用 HDPE 缠绕管,连接管管径均采用 DN300,接入检查井坡度采用 1.0‰;管径 $d\geqslant600$ 排水管道,采用钢筋砼承插Ⅱ级管材,1∶2 水泥砂浆接口,详见 04S516-21。管道基础采用 120° C15 砼管基,基础下铺设 30 cm 厚的中粗砂,接入支管及检查井基础处理同相应干管"。该管网为 $d<600$ 的 HDPE 缠绕管,拟采用人工下管敷设方式,橡胶接口。

③管槽回填(包括回填砂、回填土):回填砂部分施工选用灌水插振捣实的方法;回填土采用人工摊平小型机具(蛙式打夯机)夯实。

(2)污水管道 K6+000~K6+500(不含检查井)

分析:设计施工图 K6+000~K6+500 污水管道 W_{-1}~W_{-15}(检查井编号)。

污水管道施工工艺流程:施工测量放样→管槽开挖→验槽→管道垫层铺设→管道铺设→砌筑污水检查井→闭水试验→管槽回填(包括回填砂、回填土)

①管槽开挖:采用机械开挖为主,人工辅助清底、修边的施工方法,人工与机械开挖量的比例为 1∶9。机械选型根据污水管网管径为 DN400,选用斗容 0.6 m³ 反铲挖掘机较为适宜。

②污水管道铺设根据设计总说明"污水重力管道 DN<600 mm 时采用 HDPE 管,DN≥600 mm 采用钢筋混凝土管"。该管网为 DN400 的 HDPE 管,拟采用人工下管敷设方式,橡胶接口。

③管槽回填(包括回填砂、回填土):回填砂部分施工选用灌水插振捣实的方法;回填土采用人工摊平小型机具(蛙式打夯机)夯实。

3. 盖板涵

K6+037.04 盖板涵,孔数及孔径为 2.5×1.5 m,涵长 53.78 m,交角 83°,C20 片石混凝土基础、C25 混凝土涵台帽、C20 混凝土涵台台身采用现浇方法,钢筋混凝土盖板采用预制方法,运输到现场进行安装,进出口为 M10 浆砌片石八字墙。

盖板涵施工工艺:

施工准备及放样→基坑开挖→基础施工→台身施工→台帽施工→盖板施工→帽石→施工附属工程施工。

(1)施工准备及放样

施工前按设计图纸复核放线,结合现场实际情况,检查新建涵洞位置是否正确,地质情况是否与设计图纸所描述相符,避免因标高、位置和地质情况上的不符而对结构物的总体各项指标造成不必要的影响。正式施工前清除基础上的植被及附着物,清除完成后根据设计盖板涵及通道的位置进行基础的定位放样。

(2)基坑开挖

根据放样的基坑开挖线进行开挖,开挖采用机械开挖,自卸汽车运输运至弃土场,机械开挖不到的,采用人工开挖。由于土质为一、二类土,放坡率采用0.75,为保证工作面每边应多挖0.3 m。基坑开挖完成后检测基底承载力是否符合设计及规范要求,如达不到设计要求或与设计不符时及时向关部门汇报,以便妥善处理;符合要求,方可进行下道工序基础施工。

(3)基础施工

基坑开挖完成检验合格后,放基础线,支立组合钢模板,测出基础砼的浇筑高度标线,涂刷脱模剂,浇筑片石砼,严防过振或漏振,保证砼外露面光滑、平整、美观,养生,基础强度达到拆模强度后,拆模。

(4)台身施工

基础砼施工完成并且砼达到一定强度后进行台身施工,弹出台身位置线,人工凿除台身位置内的基础表面浮浆,并清扫冲洗干净,然后支立台身钢模板。浇注片石砼,待表面收浆后尽快对混凝土养生,保证砼养生湿度,确保砼质量。沉降缝按图纸设计要求设沉降缝一道,沉降缝采用沥青麻絮。

(5)台帽施工

盖板涵台帽所用的钢筋在钢筋加工场集中下料、加工,现场绑扎,检验合格。支立模板时要准确测量出两台背墙之间净距,使矩形板能够顺利吊装,然后支立模板,从一端向另一端一次性浇筑砼。

(6)盖板施工

采用预制厂集中预制矩形板,采用汽车运输到现场,汽车式起重机进行安装。

施工准备→钢筋制作及安装→安装盖板模板、验收→砼拌和、运输→浇筑砼→砼养生→拆模→砼养生→起吊盖板存放→预制盖板验收→安装。

(7)砼帽石

采用预制、安装的形式。

(8)附属工程施工

进出口的八字墙和洞口铺砌等都要按设计图纸的指示和施工规范要求进行施工。洞口铺砌和挡墙采用10号浆砌片石。所用砂浆的强度要符合设计规定的标号,砂浆采用机械拌和,随用随拌,保持适当的流动性。

(二)定额工程量计算

见表2-7。

表2-7 工程量计算表(路面部分不考虑设置岔口、公交车站、盲道及标志标线，排水工程不含检查井及雨水进水井，涵洞不包括进出口排水沟)

序号	编号	项目名称	单位	数量	计算式
		道路工程			
		1. 主路机动车道			
1	040202015001	32 cm 水泥稳定碎石层	m²	13940	$[12+(0.15+0.1+0.05+0.05+0.15+0.16+0.15)\times 2+0.32]\times 2\times 500$
1.1	定额1	水泥稳定层(摊铺机摊铺集中拌制厚度32 cm)	m²	13940	$[12+(0.15+0.1+0.05+0.05+0.15+0.16+0.15)\times 2+0.32]\times 2\times 500$
1.2	定额2	机动翻斗车运输混凝土(沥青)混合料运距(300 m以内)	m³	4527.71	$13940\times 0.32\times 1.015=4527.71$ m³
1.3	定额3	路床(槽)整形路床碾压检验	m²	14260	$[12+(0.15+0.1+0.05+0.05+0.15+0.16+0.15)\times 2+0.32\times 2]\times 2\times 500$
2	040202011001	16 cm 级配碎石基层	m²	13160	13160(主车道)
2.1	定额1	级配碎石底层	m²	13160	$[12+(0.15+0.15+0.05+0.15)\times 2+0.16]\times 2\times 500=13160$ m²
3	040203003001	透层	m²	26940	
3.1	定额1	透层	m²	26940	$13940+12000+1000$
3.2	定额2	沥青运输运距15 km以内	t	25.05	$(13940+12000+1000)\times 0.00093$
4	040203003002	黏层	m²	37000	
4.1	定额1	黏层	m²	37000	$12000+(0.15+0.1+0.05+0.05+0.15)\times 2\times 500\times 2+12000+12000$
4.2	定额2	沥青运输运距15 km以内	t	19.24	$(12000+1000+12000+12000)\times 0.00052$
5	040203004001	下封层	m²	13940	
5.1	定额1	1.5 kg/m² PC-2 改性乳化沥青下封	m²	13940	$[12+(0.15+0.1+0.05+0.05+0.15+0.16+0.15)\times 2]\times 2\times 500$
5.2	定额2	沥青运输运距15 km以内	t	20.91	13940×0.0015
6	040203005001	17 cm ATB-25 密级配沥青碎石	m²	12000	

续表

序号	编号	项目名称	单位	数量	计算式
6.1	定额1	黑色碎石路面机械摊铺17 cm	m^2	12000	$12 \times 2 \times 500 = 12000 \ m^2$
6.2	定额2	沥青混凝土运输运距15 km 以内	m^3	2060.4	$12000 \times 0.17 \times 1.01 = 2060.4$
7	040203005002	5 cm ATB-25 密级配沥青碎石	m^2	650	$(0.15+0.1+0.05+0.025) \times 2 \times 500 \times 2$
7.1	定额1	黑色碎石路面机械摊铺5 cm	m^2	650	
7.2	定额2	沥青混凝土运输运距15 km 以内	m^3	32.83	$650 \times 0.05 \times 1.01$
8	040203006001	6 cm AC-20 中粒式沥青混凝土	m^2	12000	
8.1	定额1	中粒式沥青混凝土机械摊铺 6 cm	m^2	12000	$12 \times 2 \times 500 = 12000 \ m^2$
8.2	定额2	沥青混凝土运输运距15 km 以内	m^3	727.2	$12000 \times 0.06 \times 1.01 = 727.2$
9	040203006002	4 cm AC-13 细粒式沥青混凝土	m^2	12000	
9.1	定额1	细粒式沥青混凝土机械摊铺 4 cm	m^2	12000	$12 \times 2 \times 500 = 12000 \ m^2$
9.2	定额2	沥青混凝土运输运距15 km 以内	m^3	484.8	$12000 \times 0.04 \times 1.01 = 484.8$
		2. 辅路机动车道			
10	040203006003	4 cm AC-13 细粒式沥青混凝土	m^2	7102.88	
10.1	定额1	细粒式沥青混凝土机械摊铺 4 cm	m^2	7102.88	$S_1 = 6.5 \times 2 \times 500 = 6500$ $S_2 = (25 \times 3.5 \times 0.5 + 30 \times 3.5 + 35 \times 3.5 \times 0.5) \times 2 = 210 \times 2 = 420(2 \text{个公交车站})$ $S_3 = [20 \times 1.5 + (1.5 \times 0.75 - 0.5 \times 3.14 \times 0.75 \times 0.75) \times 2] \times 6 = 30.48 \times 6 = 182.88(\text{六个主辅道开口})$ $S = 6500 + 480 + 182.88 = 7102.88$
10.2	定额2	沥青混凝土运输运距15 km 以内	m^3	286.96	$7102.88 \times 0.04 \times 1.01 = 286.96$

续表

序号	编号	项目名称	单位	数量	计算式
11	040203006004	6 cm AC-20 中粒式沥青混凝土	m²	7102.8	
11.1	定额 1	中粒式沥青混凝土机械摊铺 6 cm	m²	7102.88	同 4 cm AC-13 细粒式沥青混凝土=7102.88 m²
11.2	定额 2	沥青混凝土运输运距 15 km 以内	m³	430.43	7102.88×0.06×1.01=430.43
12	040203005003	10 cm ATB-25 密级配沥青碎石	m²	7102.88	
12.1	定额 1	黑色碎石路面机械摊铺 10 cm	m²	7102.88	同 4 cm AC-13 细粒式沥青混凝土=7102.88 m²
12.2	定额 2	沥青混凝土运输运距 15 km 以内	m³	717.39	7102.88×0.1×1.01=717.39
13	040202011002	16 cm 级配碎石基层	m²	7102.88	同 4 cm AC-13 细粒式沥青混凝土=7102.88 m²
13.1	定额 1	级配碎石底层	m²	7102.88	
14	040202011003	14 cm 级配碎石基层	m²	736.40	长度 L＝C 路缘石长＋B 路缘石长－[500－(20－3)×3]×2＝1000.84＋1887.43－898＝1990.27 面积＝1990.27×0.37＝736.40
14.1	定额 1	级配碎石底层	m²	736.40	
15	040203003003	透层	m²	15380.02	
15.1	定额 1	透层	m²	15380.02	1990.27×0.59＋7102.88＋7102.88
15.2	定额 2	沥青运输运距 15 km 以内	t	14.30	(1174.26＋7102.88＋7102.88)×0.00093
16	040203003004	黏层	m²	21308.64	
16.1	定额 1	黏层	m²	21308.64	7102.88＋7102.88＋＋7102.88
16.2	定额 2	沥青运输运距 15 km 以内	t	11.08	(7102.88＋7102.88＋7102.88)×0.00052
17	040203004002	下封层	m²	8277.14	
17.1	定额 1	1.5 kg/m² PC-2 改性乳化沥青下封	m²	8277.14	1174.26＋7102.88
17.2	定额 2	沥青运输运距 15 km 以内	t	12.42	8277.14×0.0015
18	040202015002	20 cm 水泥稳定碎石层	m²	8423.32	

续表

序号	编号	项目名称	单位	数量	计算式
18.1	定额1	水泥稳定层(摊铺机摊铺集中拌制厚度20 cm)	m²	8423.32	7102.88+[1000+1000-(20+1.5)×5+(1.5-0.15)×3.14×5]×(0.15+0.1+0.05+0.14+0.15+0.1) =7102.88+(2000-107.5+21.195)×0.69=7102.88+1320.44=8423.32 m²
18.2	定额2	机动翻斗车运输混凝土运距(300 m以内)	m³	1709.93	8423.32×0.2×1.015=1709.93
18.3	定额3	路床碾压检验	m²	8614.70	7102.88+[1000+1000-(20+1.5)×5+(1.5-0.15)×3.14×5]×(0.15+0.1+0.05+0.14+0.15+0.2)
		3. 路缘石			
19	040204004001	安砌侧(平、缘)石 A 型	m	1000	
19.1	定额1	路缘石立缘石安砌 截面半周长50 cm以外 有基座	m	1000	500×2=1000 m
19.2	定额2	侧缘石混凝土基座	m³	23	(0.15×0.02+0.15×0.1+0.5×0.1×0.1)×1000=23
19.3	定额3	机动翻斗车运水泥混凝土运距(300 m)	m³	23.35	23×1.015
19.4	定额4	混凝土搅拌机拌和 容量(250 L 以内)	m³	23.35	
20	040204004002	安砌侧(平、缘)石 B 型	m	1887.43	
20.1	定额1	路缘石立缘石安砌 截面半周长50 cm以外 有基座	m	1887.43	[500×2-(20+3)×3]×2+3.14×(1.5-0.15)×6=1887.43 m
20.2	定额2	侧缘石混凝土基座	m³	43.41	(0.15×0.02+0.15×0.1+0.5×0.1×0.1)×1887.43=43.41
20.3	定额3	机动翻斗车运水泥混凝土运距(300 m)	m³	44.06	43.41×1.015=44.06
20.4	定额4	混凝土搅拌机拌和 容量(250 L 以内)	m³	43.41	
21	040204004003	安砌侧(平、缘)石 C 型 15×35	m	1000.84	

续表

序号	编号	项目名称	单位	数量	计算式
21.1	定额1	路缘石立缘石安砌 截面半周长50 cm以内 有基座	m	1000.84	1000+0.419×2(公交站加长)=1000.84 m
21.2	定额2	侧缘石混凝土基座	m³	23.02	(0.15×0.02+0.15×0.1+0.5×0.1×0.1)×1000.84=23.02
21.3	定额3	机动翻斗车运水泥混凝土运距(300 m)	m³	23.36	23.02×1.015
21.4	定额4	混凝土搅拌机拌和 容量(250 L以内)	m³	23.02	
22	040204004004	安砌侧(平、缘)石 D型 10×20	m	1664.42	
22.1	定额1	路缘石立缘石安砌 截面半周长50 cm以内 无基座	m	1664.42	长度=1000+0.419×2(公交站加长)+3.95×168=1664.42 m 每个树池D型缘石长=2×(1.25+0.05)+1.25+0.1=3.95 m (假定每6 m一个)
		4. 人行道			
23	040204002001	人行道块料铺设	m²	2923.86	
23.1	定额1	10 cm厚素混凝土垫层	m²	2923.86	
23.2	定额2	机动翻斗车运水泥混凝土运距(300 m)	m³	296.77	2923.86×0.1×1.015=296.77
23.3	定额3	砂浆砌步道砖	m²	2923.86	
23.4	定额4	路床(槽)整形 人行道整形碾压	m²	2923.86	
23.5	定额5	混凝土搅拌机拌和容量(250 L以内)	m³	296.77	
		排水工程			
		1. 土方			
24	040101002001	挖沟槽土方	m³	2373.33	2259.6+113.73
24.1	定额1	人工挖沟槽土方三类槽深(2 m以内)	m³	161.74	2988.63×5%+246.203×5%[注1]
24.2	定额2	小型挖掘机挖槽坑土方(装车三类土)	m³	3073.09	2988.63×95%+246.203×95%[注1]
25	040101002002	挖沟槽土方	m³	2276.92	472.90+1804.02
25.1	定额1	人工挖沟槽土方三类槽深(4 m以内)	m³	288.96	874.12×5%+4905.024×5%[注1]

续表

序号	编号	项目名称	单位	数量	计算式
25.2	定额 2	小型挖掘机挖槽坑土方（装车三类土）	m³	5490.19	874.12×95%＋4905.024×95%[注1]
26	040103001001	填方（回填砂）	m³	4271.8	3168.02＋1103.78
26.1	定额 1	槽坑回填砂人工摊铺夯实	m³	4271.8	见实训一
27	040103001002	填方（回填土）	m³	564.95	0＋564.95[注1]
27.1	定额 1	填土夯实（槽坑）	m³	3798.43	0＋5151.227－(155.09＋1103.78＋93.93)
28	040103002001	余方弃置	m³	4000.56	2732.50＋1268.06
28.1	定额 1	装载机装土方	m³	901.39	
28.2	定额 2	自卸车运土（载重 10 t 以内运距 1 km 以内）	m³	4645.79	3862.75＋783.04[注1]
		2. 雨水管道			
29	040501004001	塑料管道铺设（DN300 mm）	m	253.00	见实训一
29.1	定额 1	塑料管道铺设（管径 300 mm 以内）	m	236.80	253.00－(0.70＋0.38)÷2×30[注2]
29.2	定额 2	垫层砂	m³	27.469	1.16×0.1×[253.00－(0.7＋0.38)÷2×30]
30	040501004002	塑料管道铺设（DN400）	m	136.25	见实训一
30.1	定额 1	塑料管道铺设（管径 400 mm 以内）	m	133.45	136.25－0.7×4[注2]
30.2	定额 2	垫层砂	m³	38.167	(1.28＋0.75×0.2)×0.2×(136.25－0.7×4)
31	040501004003	塑料管道铺设（DN500）	m	213.47	见实训一
31.1	定额 1	塑料管道铺设（管径 500 mm 以内）	m	206.47	213.47－0.7×10[注2]
31.2	定额 2	垫层砂	m³	64.006	(1.40＋0.75×0.2)×0.2×(213.47－0.7×10)
32	040501001001	混凝土管道铺设（DN600）	m	369.98	见实训一
32.1	定额 1	承插式钢筋砼管人工下管（管径 600 mm 以内）	m	360.28	367.98－0.7×11[注2]

续表

序号	编号	项目名称	单位	数量	计算式
32.2	定额2	垫层砾石	m³	142.738	$(1.82+0.75\times0.2)\times0.2\times(369.98-0.7\times11)$
32.3	定额3	渠(管)道基础砼平基(砼)	m³	64.155	$\{0.92\times(0.10+0.18)-[3.14\times0.36^2\times120°/360°-0.36\sin(120°/2)\times0.36\cos(120°/2)]\}\times(369.98-0.7\times11)$
32.4	定额4	水泥砂浆接口(管径600 mm 以内)	口	180	$360.28\div2$
33	040501001002	混凝土管道铺设(DN800)	m	164.51	见实训一
33.1	定额1	承插式钢筋砼管人机配合下管(管径800 mm 以内)	m	159.61	$164.51-0.7\times7$[注2]
33.2	定额2	垫层砾石	m³	75.017	$(2.20+0.75\times0.2)\times0.2\times(164.51-0.7\times7)$
33.3	定额3	渠(管)道基础砼平基(砼)	m³	46.385	$\{1.20\times(0.12+0.24)-[3.14\times0.48^2\times120°/360°-0.48\sin(120°/2)\times0.48\cos(120°/2)]\}\times(164.51-0.7\times7)$
33.4	定额4	水泥砂浆接口(管径800 mm 以内)	口	80	$159.61\div2$
34	040501001003	混凝土管道铺设(DN1000)	m	37.32	见实训一
34.1	定额1	承插式钢筋砼管人机配合下管(管径1000 mm 以内)	m	35.92	$37.32-0.7\times2$[注2]
34.2	定额2	垫层砾石	m³	20.474	$(2.70+0.75\times0.2)\times0.2\times(37.32-0.7\times2)$
34.3	定额3	渠(管)道基础砼平基(砼)	m³	16.311	$\{1.50\times(0.15+0.30)-[3.14\times0.60^2\times120°/360°-0.60\sin(120°/2)\times0.60\cos(120°/2)]\}\times(37.32-0.7\times2)$
34.4	定额4	水泥砂浆接口(管径1000 mm 以内)	口	18	$35.92\div2$
		3. 污水管道			
35	040501001004	塑料管道铺设(DN300 mm)	m	67.00	见实训一

续表

序号	编号	项目名称	单位	数量	计算式
35.1	定额1	塑料管道铺设（管径300 mm以内）	m	64.90	67.00－0.70×3＝64.90
35.2	定额2	垫层砂	m³	17.004	(1.16＋0.75×0.2)×0.2×(67.00－0.7×3)
35.3	定额3	管道闭水试验（φ400 mm以内）	km	0.067	67.00÷1000＝0.067
36	040501004005	塑料管道铺设（DN400）	m	492.63	见实训一
36.1	定额1	塑料管道铺设（管径400 mm以内）	m	482.13	492.63－0.70×15
36.2	定额2	垫层砂	m³	138.089	(1.28＋0.75×0.2)×0.2×(492.63－0.7×14)
36.3	定额3	管道闭水试验（φ400 mm以内）	km	0.493	492.63÷1000
		桥涵工程			
		1. 涵洞工程（K6＋037.40）			
37	040101002003	挖沟槽土方	m³	487.05	
37.1	定额1	人工挖沟槽土方（一、二类土槽深度2 m以内）	m³	34.11	682.25×0.05
37.2	定额2	小型挖掘机挖槽坑土方（装车挖一、二类土）	m³	648.14	682.25×0.95
38	040101002004	挖沟槽土方	m³	31.99	
38.1	定额1	人工挖沟槽土方（一、二类土槽深4 m以内）	m³	2.19	43.77×0.05
38.2	定额2	小型挖掘机挖槽坑土方（装车挖一、二类土）	m³	41.58	43.77×0.95
39	040103001003	台背回填砂碎	m³	38.30	
39.1	定额1	台背回填（碎石灌砂）	m³	245.29	653.43＋28.83＋43.77－519.04＋38.3
40	040103002002	余方弃置	m³	519.04	
40.1	定额1	自卸车运土（载重10 t运距1 km以内）	m³	730.79	684.15＋46.64
40.2	定额2	装载机装土方	m³	730.79	
41	040303002001	C20片石混凝土基础	m³	154.89	4.8×0.6×53.78
41.1	定额1	C20片石混凝土基础	m³	154.89	4.8×0.6×53.78

续表

序号	编号	项目名称	单位	数量	计算式
41.2	定额2	砂碎石垫层	m³	25.81	4.8×0.1×53.78
41.3	定额3	混凝土搅拌机拌和 容量（250 L以内）	m³	133.67	0.863×154.89
41.4	定额4	机动翻斗车运输混凝土（沥青）混合料（运距300 m以内）	m³	133.67	
42	040303004001	C25混凝土涵台帽	m³	54.59	(0.85×0.7－0.35×0.25)×53.78×2
42.1	定额1	台帽	m³	54.59	(0.85×0.7－0.35×0.25)×53.78×2
42.2	定额2	混凝土搅拌机拌和 容量（250 L以内）	m³	55.41	54.59×1.015
42.3	定额3	机动翻斗车运输混凝土（沥青）混合料（运距300 m以内）	m³	55.41	
43	040303005001	C20片石混凝土涵台	m³	96.00	0.85×1.05×53.78×2
43.1	定额1	轻型桥台	m³	96.00	0.85×1.05×53.78×2
43.2	定额2	混凝土搅拌机拌和 容量（250 L以内）	m³	82.56	96.00×0.863
43.3	定额3	机动翻斗车运输混凝土（沥青）混合料（运距300 m以内）	m³	82.56	
44	040304003001	预制C30混凝土盖板	m³	42.75	
44.1	定额1	C30混凝土盖板	m³	42.75	3.18×0.25×3×16＋3.18×0.25×(2.70＋3.07)
44.2	定额2	预制场内运输(100 m)	m³	42.75	
44.3	定额3	构件运输	m³	42.75	
44.4	定额4	起重机安装	m³	42.75	
44.5	定额5	混凝土搅拌机拌和 容量（250 L以内）	m³	43.39	42.75×1.015
45	040304005001	预制混凝土帽石	m³	0.50	
45.1	定额1	小型构件缘石、人行道板、锚定板	m³	0.50	3.55×0.35×0.2×2
45.2	定额2	小型构件缘石	m³	0.50	

续表

序号	编号	项目名称	单位	数量	计算式
45.3	定额3	汽车运输小型构件 人力装卸 运距1 km	m³	0.50	
45.4	定额4	混凝土搅拌机拌和 容量（250 L以内）	m³	0.51	0.5×1.015
46	040305003001	浆砌片石八字墙基础	m³	6.69	
46.1	定额1	浆砌片石八字墙基础护底	m²	6.69	(1.01+1.38+1.14+1.56)×2.21÷2×0.6+(1.01+1.38+1.15+1.56)×2.17÷2×0.6
46.2	定额2	勾缝浆砌片石石面勾缝	m²	15.00	
47	040305003002	浆砌片石八字墙截水墙	m³	3.87	
47.1	定额1	浆砌片石八字墙基础护底	m³	3.87	(2.5+1.64+0.95)×0.4×1+(2.5+1.61+0.93)×0.4×1−0.23×0.4×1×2
47.2	定额2	勾缝浆砌片石石面勾缝	m²	9.81	
48	040305003003	浆砌片石八字墙墙身	m³	7.72	
48.1	定额1	浆砌片石墩台身	m³	7.72	1.82+2.06+1.80+2.04（详见实训一）
48.2	定额2	勾缝浆砌片石石面勾缝	m²	26.18	
49	040305003004	浆砌片石八字墙铺砌	m³	4.99	
49.1	定额1	浆砌片石八字墙基础护底	m³	4.99	(2.5+1.64+2.5+0.95)×2.22÷2×0.3+(2.5+1.61+2.5+0.93)×2.18÷2×0.3
50	040601029001	沉降缝	m	92.00	(1.75×2+3.2+4.8)×8
50.1	定额1	沥青麻絮沉降缝	m	92.00	
51	040901001001	现浇构件钢筋	t	1.127	
51.1	定额1	现浇混凝土圆钢筋（φ10以内）	t	1.127	(4.9597×8+2.4707×26)×2×53.77÷5×0.3950+1.9687×26×53.77÷5×2×0.222
52	040901002001	预制矩形板钢筋	t	3.860	
52.1	定额1	预制混凝土螺纹钢筋（φ10以外）	t	3.860	(3.49×25×16+3.4974×24×2)×2.0+(3.52×13×16+3.5276×13×2)×0.8880
53	040901002002	预制矩形板钢筋	t	0.961	
53.1	定额1	预制混凝土圆钢筋（φ10以内）	t	0.961	(6.36×21×16+6.0746×21×2+1.3528×8×2+1.2217×8×2)×0.395

注1：
1. 土(石)方工程的定额工程量计算
(1)雨水管道
①已知 DN300 管道基槽宽度为 1160 mm,管槽挖深 1.13 m,基槽长度为 253.00 m。
$V_{w.雨水口连接管DN300沟槽土方} = 1.16 \times 1.13 \times 253.00 \times (1+2.5\%) = 339.923$ m³
注：管槽开挖深度(m)详见清单工程量计算部分内容,其余类同。
②已知 DN400 管道基槽宽度为 1280 mm,$Y_{1-11~13}$ 管道长度为 68.34 m,管槽挖深 1.738 m；$Y_{r-11~13}$ 管道长度为 68.34 m,管槽挖深 1.743 m。
$V_{w.Y1-11~13DN400沟槽土方} = (1.28+0.75 \times 1.738) \times 1.738 \times 68.34 \times (1+2.5\%) = 314.526$ m³
$V_{w.Yr-11~13DN400沟槽土方} = (1.28+0.75 \times 1.743) \times 1.743 \times 68.34 \times (1+2.5\%) = 315.889$ m³
③已知 DN500 管道基槽宽度为 1400 mm,$Y_{1-3,6,7}$支管 管道长度为 30.00 m,管槽挖深 0.793 m；$Y_{r-6,9,11}$支管 管道长度为 30.00 m,管槽挖深 1.467 m；$Y_{1-7~11}$ 管道长度为 153.47 m,管槽挖深 1.438 m。
$V_{w.Y1-3,6,9支管DN500沟槽土方} = 1.40 \times 0.793 \times 30.00 \times (1+2.5\%) = 34.139$ m³
$V_{w.Yr-6,9,11支管DN500沟槽土方} = 1.40 \times 1.467 \times 30.00 \times (1+2.5\%) = 63.154$ m³
$V_{w.Yr-11~13DN400沟槽土方} = 1.40 \times 1.438 \times 153.47 \times (1+2.5\%) = 316.690$ m³
④已知 DN600 管道基槽宽度为 1820 mm,$Y_{1-1(K6+037.40)~7}$ 管道长度为 178.92 m,管槽挖深 1.133 m；$Y_{r-6~11}$ 管道长度为 191.06 m,管槽挖深 1.553 m。
$V_{w.Y1-1~7DN600沟槽土方} = 1.82 \times 1.133 \times 178.92 \times (1+2.5\%) = 378.167$ m³
$V_{w.Yr-6~11DN600沟槽土方} = (1.82+0.75 \times 1.553) \times 1.553 \times 191.06 \times (1+2.5\%) = 907.764$ m³
⑤已知 DN800 管道基槽宽度为 2200 mm,$Y_{1-14~15}$ 管道长度为 26.36 m,管槽挖深 2.945 m；$Y_{1-15(K6+488)~K6+500}$ 管道长度为 12.00 m,管槽挖深 2.325 m；$Y_{r-1(K6+037.4)~2}$ 管道长度为 10.38 m,管槽挖深 0.140 m；$Y_{r-2~6}$ 管道长度为 115.77 m,管槽挖深 1.207 m。
$V_{w.Y1-14~15DN800沟槽土方} = (2.20+0.75 \times 2.945) \times 2.945 \times 26.36 \times (1+2.5\%) = 350.808$ m³
$V_{w.Y1-15~K6+500DN800沟槽土方} = (2.20+0.75 \times 2.325) \times 2.325 \times 12.00 \times (1+2.5\%) = 112.781$ m³
$V_{w.Yr-1~2DN800沟槽土方} = 2.20 \times 0.140 \times 10.38 \times (1+2.5\%) = 3.277$ m³
$V_{w.Yr-2~6DN800沟槽土方} = 2.20 \times 1.207 \times 115.77 \times (1+2.5\%) = 315.101$ m³
⑥已知 DN1000 管道基槽宽度为 2700 mm,$Y_{r-14~15}$ 管道长度为 25.32 m,管槽挖深 2.410 m；$Y_{r-15(K6+488)~K6+500}$ 管道长度为 12.00 m,管槽挖深 2.345 m。
$V_{w.Yr-14~15DN1000沟槽土方} = (2.70+0.75 \times 2.410) \times 2.410 \times 25.32 \times (1+2.5\%) = 281.929$ m³
$V_{w.Yr-15~K6+500DN1000沟槽土方} = (2.70+0.75 \times 2.345) \times 2.345 \times 12.00 \times (1+2.5\%) = 128.606$ m³
⑦汇总
$V_{总挖沟槽土方(挖2米以内)} = V_{w.雨水口连接管DN300沟槽土方} + V_{w.Y1-11~13DN400沟槽土方} + V_{w.Yr-11~13DN400沟槽土方} + V_{w.Y1-3,6,7支管DN500沟槽土方} + V_{w.Yr-6,9,11支管DN500沟槽土方} + V_{w.Yr-11~13DN400沟槽土方} + V_{w.Y1-1~7DN600沟槽土方} + V_{w.Yr-6~11DN600沟槽土方} + V_{w.Yr-1~2DN800沟槽土方} + V_{w.Yr-2~6DN800沟槽土方} = 339.923 + 314.526 + 315.889 + 34.139 + 63.154 + 316.690 + 378.167 + 907.764 + 3.277 + 315.101 = 2988.63$ m³
$V_{总挖沟槽土方(挖4米以内)} = V_{w.Y1-14~15DN800沟槽土方} + V_{w.Y1-15~K6+500DN800沟槽土方} + V_{w.Yr-14~15DN1000沟槽土方} + V_{w.Yr-15~K6+500DN1000沟槽土方} = 350.808 + 112.781 + 281.929 + 128.606 = 874.12$ m³
$V_{总挖沟槽土方} = 2988.63 + 874.12 = 3862.75$ m³
⑧ $V_{回填土} = \sum V_{挖沟槽土方} - (\sum V_{垫层} + \sum V_{回填砂} + \sum V_{管道}) = 3862.75 - (129.64 + 238.23 + 126.85 + 3168.02 + 409.26) = -209.25$
计算结果出现负数,说明沟槽无须回填土,即无此项目)
⑨余方弃置 $= \sum V_{挖沟槽土方} - V_{回填土} \times 折算系数 = 3862.75 - 0 \times 1.15 = 3862.75$ m³

(2)污水管道

①已知 $W_{7A\sim7B}$ 井段 DN300 管道基槽宽度为 1160 mm,管槽挖深 1.72 m,基槽长度为 57.00 m。

$V_{w.W7A\sim7B沟槽土方} = (1.16+0.75\times1.72)\times1.72\times57.00\times(1+2.5\%) = 246.203$ m³

②已知 $W_{13A\sim13}$ 井段 DN300 管道基槽宽度为 1160 mm,管槽挖深 2.77 m,基槽长度为 10.00 m。

$V_{w.W13\sim13A沟槽土方} = (1.16+0.75\times2.77)\times2.77\times10.00\times(1+2.5\%) = 91.921$ m³

③已知 $W_{1\sim15}$ 井段 DN400 管道基槽宽度为 1280 mm,管槽挖深 2.81 m,基槽长度为 486.63 m。

$V_{w.W1\sim15沟槽土方} = (1.28+0.75\times2.81)\times2.81\times486.63\times(1+2.5\%) = 4747.974$ m³

④已知 $W_{13\sim13A}$ 井段 DN400 管道基槽宽度为 1280 mm,管槽挖深 3.00 m,基槽长度为 6.00 m。

$V_{w.W13\sim13A沟槽土方} = (1.28+0.75\times3.00)\times3.00\times6.00\times(1+2.5\%) = 65.129$ m³

$V_{总挖沟槽土方(挖深2米以内)} = V_{w.W7A\sim7B沟槽土方} = 246.203$ m³

$V_{总挖沟槽土方(挖深4米以内)} = V_{w.W13\sim13A沟槽土方} + V_{w.W1\sim15沟槽土方} + V_{w.W13\sim13A沟槽土方}$
$= 91.921+4747.974+65.129 = 4905.024$ m³

$V_{总挖沟槽土方} = 246.203+4905.024 = 5151.227$ m³

⑤$V_{回填土} = \sum V_{挖沟槽土方} - (\sum V_{垫层} + \sum V_{回填砂} + \sum V_{管道}) = 5151.227-(155.09+1103.78+93.93) = 3798.43$ m³

⑥$V_{余方弃置} = \sum V_{挖沟槽土方} - V_{回填土}\times折算系数 = 5151.227-3798.427\times1.15 = 783.04$ m³

⑦定额工程量:

a. 人工挖沟槽土方三类槽深(2米以内)定额工程量:

$V_{人工挖沟槽土方(挖深2米以内)} = V_{总挖沟槽土方(挖深2米以内)}\times5\% = 2988.63\times5\%+246.203\times5\% = 161.74$ m³

b. 小型挖掘机挖槽坑土方(装车三类土)定额工程量:

$V_{机械挖沟槽土方(挖深2米以内)} = V_{总挖沟槽土方(挖深2米以内)}\times95\% = 2988.63\times95\%+246.203\times95\% = 3073.09$ m³

c. 人工挖沟槽土方三类槽深(4米以内)定额工程量:

$V_{人工挖沟槽土方(挖深4米以内)} = V_{总挖沟槽土方(挖深4米以内)}\times5\% = 874.12\times5\%+4905.024\times5\% = 288.96$ m³

d. 小型挖掘机挖槽坑土方(装车三类土)定额工程量:

$V_{机械挖沟槽土方(挖深4米以内)} = V_{总挖沟槽土方(挖深4米以内)}\times95\% = 874.12\times95\%+4905.024\times95\% = 5490.19$ m³

管槽开挖深度(m)详见污水管道挖沟槽土方清单工程量计算部分内容。

$V_{回填土} = 0+3798.427 = 3798.43$ m³

$V_{余方弃置} = 3862.75+783.04 = 4645.79$ m³

(3)涵洞:按 1:0.75 放坡

$V_{洞身土方} = (4.8+0.3+0.3+1.8\times0.75)\times53.78\times1.8 = 653.43$ m³

$V_{八字墙土方(出口)} = (6.78+0.30+4.98+0.30)\times2.21\div2\times2.4+1.8\times2.4\times2.21+0.4\times(1.64+0.95+2.50+1.64+0.95+2.50-0.4\times2\times\tan30°+0.3)\times(0.4+0.3)\div2 = 43.77$ m³

$V_{八字墙土方(进口)} = (6.74+0.30+4.98+0.30)\times2.17\div2\times1.7+1.7\times1.7\times0.75\times2.17+0.4\times(1.61+0.93+2.50+1.61+0.93+2.50-0.4\times2\times\tan30°+0.3)\times(0.4+0.3)\div2 = 28.82$ m³

$V_{土方2 m} = 653.43+28.83 = 682.25$ m³

$V_{土方4 m} = 43.77$ m³

$V_{回填砂砾} = 653.43+28.83+43.77-519.04+38.30 = 245.29$ m³

注2:

1. 已知雨水口连接管 DN300(HDPE 缠绕管)的管道中心线长度累计为 253.00 m(详见清单工程量计算部分)。

$L_{gDN300管道} = \overset{L_{zDN300管道}}{253.00} - (\overset{Y_{1-1\sim15}}{0.70} + \overset{Y_{r-1\sim15}}{0.38})\div2\times30 = 236.80$ m

注:$L_{gDN300管道}$——DN300 管道铺设长度;$L_{zDN300管道}$——DN300 管道中心线长度;$Y_{1-1\sim15}$——Y_{1-1} 至 Y_{1-15} 井段;

其余类同。

2. 已知雨水管道 DN400（HDPE 缠绕管）的管道中心线长度累计为 136.25 m。

$$L_{gDN400\text{管道}} = \underset{L_{zDN400\text{管道}}}{136.25} - 0.7 \times \underset{Y1\text{-}11\sim13\quad Yr\text{-}11\sim13}{4} = 133.45 \text{ m}$$

3. 已知雨水管道 DN500（HDPE 缠绕管）的管道中心线长度累计为 213.47 m。

$$L_{gDN500\text{管道}} = \underset{L_{zDN500\text{管道}}}{213.47} - \underset{Y1\text{-}3,6,7\text{支管}\ Yr\text{-}6,9,11\text{支管}\ Y1\text{-}7\sim11}{0.7 \times 10} = 206.47 \text{ m}$$

4. 已知雨水管道 DN600（承插式钢筋砼管）的管道中心线长度累计为 369.98 m。

$$L_{gDN600\text{管道}} = \underset{L_{zDN600\text{管道}}}{367.98} - 0.7 \times \underset{Y1\text{-}1(K6+037.40)\sim7\ Yr\text{-}6\sim11}{11} = 360.28 \text{ m}$$

5. 已知雨水管道 DN800（承插式钢筋砼管）的管道中心线长度累计为 164.51 m。

$$L_{gDN800\text{管道}} = \underset{L_{zDN800\text{管道}}}{164.51} - 0.7 \times \underset{Y1\text{-}14\sim15\quad Y1\text{-}15(K6+488)\sim K6+500\quad Yr\text{-}1(K6+037.4)\sim2\ Yr\text{-}2\sim6}{7} = 159.61 \text{ m}$$

6. 已知雨水管道 DN1000（承插式钢筋砼管）的管道中心线长度累计为 37.32 m。

$$L_{gDN1000\text{管道}} = \underset{L_{zDN1000\text{管道}}}{37.32} - 0.7 \times \underset{Yr\text{-}14\sim15\quad Yr\text{-}15(K6+488)\sim K6+500}{2} = 35.92 \text{ m}$$

三、练习

请同学们根据所给的工程量清单及相关的图纸等资料完成路基土石方工程、防护工程的工程量计算，及涵洞工程（K6+461.80）定额工程量计算。

工作任务 2-2　定额套用计算综合单价

> 学习目标

　　◇ 熟悉定额说明；
　　◇ 能正确套用定额，并进行定额调整；
　　◇ 能正确计算综合单价。

> 任务描述

根据施工图设计文件、工程量清单、《市政工程工程量计算规范》（GB 50857-2013）、工程量计算表完成定额套用与调整，计算综合单价。

一、相关知识

（一）定额套用

定额套用应当依据工程量清单及其项目特征、《市政工程工程量计算规范》（GB 50857-2013）及其福建省实施细则提出的工程内容、合理的施工方案、设计图纸的要求。特别要提到的是工程施工组织设计与定额套用有着密切关系，直接影响着工程造价。如：土方开挖有人工、机械开挖两种方式，它们的比例即所占的比重如何；道路工程的混凝土半成品运输距离与道路的长度、施工组织设置的搅拌地点有关；桥梁工程的预制构件安装方式；顶管工程的管道顶进方式有人工、机械，这些都与定额的套用相关联。所以在套用定额前除了通常所说的熟悉图纸、熟悉定额规定、工程招标文件以外，还应当熟悉工程施工组织设计。一个工程量清单可能套用多个定额项目。一般情况下定额的工程量等于清单工程量，但是出现套用有消耗量定额的计量单位、工程量计算规则与清单所列的分部分项工程项目的计量单位、工程量计算规则不一致时，应计算定额所需的工程量。

根据套用定额的是否调整换算，定额套用一般有以下几种情况：

①直接套用。直接采用定额项目的人工、材料、机械台班消耗量，不作任何调整、换算。

②定额换算。当分部分项工程的工作内容与定额项目的工作内容不完全一致时，按定额规定对部分人工、材料或机械台班的定额消耗量进行调整。当分项工程采用的材料类型、规格、品种等与定额项目取定不同时，按定额规定以工程所用的材料替换定额中取定的材料，材料的替换有的需调整消耗量，有的不调整，如外墙面砖规格大小不同，就需调整其消耗量；混凝土强度不同，就无须调整消耗量。此时一般不对定额的人工、机械消耗量进行调整（除定额另有规定外）。

③定额合并。当工程量清单所包括的工作内容是几个定额项目工作内容之和时，就必须将几个相关的定额项目进行合并。

④定额补充。随着建设工程中新技术、新材料、新工艺的不断推广应用，实际中有些分部分项工程在定额中没有相同、相近的项目可以套用，这种情况下，就需要编制补充定额。

(二) 定额说明

1. 总说明

(1)《福建省市政工程预算定额》(FJYD-401～409-2017)（以下简称本定额），依据住建部发布的《市政工程消耗量定额》(ZYA 1-31-2015)，结合福建省实际编制，共分9册，包括：第一册通用项目；第二册道路工程；第三册桥涵工程；第四册隧道工程；第五册排水管道工程；第六册水处理工程；第七册生活垃圾处理工程；第八册给水、燃气工程；第九册路灯工程。

(2)本定额是福建省完成规定计量单位市政分项工程所需的人工费以及材料、施工机具台班消耗量标准；是编制和确定国有资金投资的市政工程施工图预算、工程量清单、招标控制价（最高投标限价）、调解处理工程造价纠纷、鉴定工程造价的依据；是编制设计概算、投资估算的基础；是编制投标报价、企业定额以及其他投资性质工程计价的参考。

(3)本定额适用于福建省城镇范围内新建、扩建和改建的市政工程。

(4)本定额按照正常的施工条件、常用的施工方法和工艺、合理的施工工期以及合格工程进行编制。

(5)本定额按照国家和省现行有关设计规范和施工验收规范、质量评定标准、产品标准、安全与技术操作规程、标准图集进行编制，并参考了有代表性的工程设计、施工资料和其他资料。

(6)本定额的人工费包括应由企业支付的劳保费用。

(7)本定额的材料消耗量：

①材料包括施工中消耗的主要材料、辅助材料、周转材料和其他材料。定额消耗量已考虑施工现场堆放、场内运输以及施工操作等损耗。

②砂浆均按现场拌制编制。水泥混凝土混合料、沥青混合料，均按运至施工现场的预拌混合料编制，定额包含了施工损耗。混凝土的养护除另有说明外均按自然养护编制。

③材料、成品、半成品的规格型号、强度等级、配合比等与设计不同的,应作调整,但其消耗量不变。

④施工工具用具性材料消耗,未列出定额消耗量,在企业管理费中考虑。

⑤用量少、占材料费比重小的材料合并为其他材料费,以占材料费(不包括带括号材料)的百分数或"元"表示。

(8)本定额的施工机具台班消耗量:

①机械按常用施工机械及仪器仪表,合理配备,并结合工程实际综合确定。

②单位原值2000元以内、使用年限在一年以内的小型施工机具,作为工具用具列入企业管理费,其消耗的燃料动力等已列入材料内。

③台班消耗量已考虑施工的合理间歇,以及按不同机械类型、功能及作业对象确定的机械幅度差。

④未列出消耗量的施工机具台班合并为其他机械费,以占机具费的百分数或"元"表示。

(9)本定额基价及使用注意事项

①基价指以金额形式体现的费用,包括工料机基价、人工费、材料费、施工机具使用费、材料单价、施工机具台班单价、按"元"计算的其他材料费及其他机械费等。

②基价均按含税价格编制。

③使用本定额进行计价的,材料费、施工机具使用费应按配套费用定额及其他有关规定,根据工程实际,以报告期的不含税价格计算。其中:按"元"计算的其他材料费、其他机械费的不含税金额,按基期金额乘以0.92计算。

(10)本定额中的混凝土定额项目均已综合考虑相应模板制作安装、拆除及模板摊销费用,除另有说明外,均不作调整。

(11)本定额中的水泥混凝土混合料、沥青混合料,均按预拌混合料编制,其单价按常规型号取定,仅作为形成定额基价使用。实际计价中,以上混合料应根据设计规定调整换算,并根据需要另行套用相应定额计算混合料的制作及运输费用。

(12)本定额的工作内容已说明了主要的施工工序,次要工序虽未说明,但均已包括在内。

(13)实际使用干混砂浆的,水泥砂浆定额子目中每立方米水泥砂浆人工费扣减56.79元,同时将定额中的灰浆搅拌机200 L调换为干混罐式搅拌机,台班含量不变。

(14)本定额未包含施工与生产同时进行、在有害身体健康的环境中施工时的降效增加费,发生时另行计算。

(15)本定额未编列的项目,可套用福建省现行其他专业相应定额。

(16)本定额中注有"××以内"或"××以下"者均包括××本身,"××以外"或"××以上"者,则不包括××本身。

2. 土石方工程定额说明

(1)应根据合理的施工方案,选择合理的施工方式、机械配备,套用相应定额项目;一般情况下,应优先选用机械施工方式定额项目。本定额已根据实际综合考虑了合理的机械型号,实际使用中,不因机械型号不同而调整。

(2)土方开挖地点处于交通管制区域白天无法外弃土方的,应考虑场内盘土或夜间挖土施工;编制施工图预算、招标工程控制价时,可以按相应挖土定额乘以系数1.2计算费用。

因交通管制产生土石方外运增加费用的,由各地根据实际情况发布相关规定另行计算。建设项目是否处于交通管制区域,按各地有关行政管理部门规定确定。

(3)土壤依据现行国家标准《岩土工程勘察规范》(GB 50021—2001),分为一、二类土和三类土、四类土,其具体分类见表 2-8。

表 2-8 土壤分类表

土壤分类	土壤名称	开挖方法
一、二类土	粉土、砂土(粉砂、细砂、中砂、粗砂、砾砂)、粉质黏土、弱中盐渍土、软土(淤泥质土、泥炭、泥炭质土)、软塑红黏土、冲填土	用锹,少许用镐、条锄开挖。机械能全部直接铲挖满载者
三类土	黏土、碎石土(圆砾、角砾)混合土、可塑红黏土、硬塑红黏土、强盐渍土、素填土、压实填土	主要用镐、条锄,少许用锹开挖。机械需部分刨松方能铲挖满载者或可直接铲挖但不能满载者
四类土	碎石土(卵石、碎石、漂石、块石)、坚硬红黏土、超盐渍土、杂填土	全部用镐、条锄挖掘,少许用撬棍挖掘。机械需普遍刨松方能铲挖满载者

(4)岩石依据现行国家标准《工程岩体分级标准》(GB 50218—1994)和《岩土工程勘察规范》(GB 50021—2001),分为极软岩、软岩、较软岩、较硬岩、坚硬岩,其具体分类表略。

(5)沟槽、基坑、平整场地和一般土石方的划分:底宽≤7 m,且底长>3 倍以上底宽为沟槽;底长≤3 倍底宽,且底面积≤150 m² 为基坑;厚度在 30 cm 以内的就地挖、填土为平整场地;超出上述范围的土石方为一般土石方。

(6)干土、湿土、淤泥的划分:首先以地质勘查资料为准,土壤含水率<25%的为干土;土壤含水率≥25%、不超过液限的为湿土;含水率超过液限的为淤泥。若无地质勘查资料,以地下常水位(采用降水方式的,以降水后的水位)为准,常水位(采用降水方式的,降水后的水位)以上为干土,以下为湿土;土和水的混合物呈流动状态的为淤泥。在同一沟槽、基坑内既有干土又有湿土时,干、湿土的工程量应分别计算,并按槽、坑的全深套用相应定额项目。

(7)本定额均按干土考虑。人工挖、运湿土时,相应定额乘以系数 1.18;机械挖、运湿土时,相应定额人工、机械乘以系数 1.15。

(8)人工挖一般土方定额已综合考虑了不同开挖深度的作业因素,以及人工提升土方高度在 1.5 m 以内的工作内容。人工垂直提升土方高度超过 1.5 m 的,超出部分工程量应计算垂直运输费用。垂直运输费用按垂直深度全深,以每米折合水平距离 7 m,套用人工运土的每增运定额项目。人工挖淤泥流砂定额也适用本条规定,计算增加的垂直运输费用时,应执行淤泥流砂的相应定额。

(9)定额未考虑挖湿土、淤泥时发生的湿土排水费用,应另行计算。

(10)人工挖沟槽、基坑土方,沟槽、基坑深度超过 8 m 的,套用深度 8 m 以内相应定额乘以系数 1.56;沟槽、基坑基底开挖宽度在 1 m 以内的,相应定额乘以系数 1.5。

(11)人工开挖碎、砾石含量在 30%以上密实性土壤的,套用四类土相应定额乘以系数 1.43。

(12)人工夯实土堤、机械夯实土堤分别套用人工填土夯实平地、机械填土碾压相应定额。

(13) 单个工程的单项机械土石方项目工程量在 2000 m³ 以内的,相应定额机械乘以系数 1.1。

(14) 开挖沟槽、基坑,执行相应机械挖土方或淤泥流砂定额时,应当合理考虑人工辅助开挖(包括清底、切边、修整底边和修整沟槽底坡度)内容。人工辅助开挖比例按经批准的施工组织设计确定。编制施工图预算、招标控制价时,人工辅助开挖比例按总挖方量的 5% 计算,机械开挖比例按总挖方量的 95% 计算。人工辅助开挖比例≤5%的,人工挖土方或淤泥流砂定额乘以系数 1.5;人工辅助开挖比例>5%的,定额不作调整。大型支撑土方开挖相应定额不适用本条规定。

(15) 在横撑间距≤3 m 的支撑下挖土的,套用相应定额人工乘以系数 1.43,机械乘以系数 1.2;在横撑间距>3 m 的支撑下挖土和先开挖后支撑的,定额不作调整。大型支撑土方开挖相应定额不适用本条规定。

(16) 挖掘机下铺设垫板的、汽车运输道路上铺设材料的,其费用另行计算。

(17) 机械挖土需转运开挖基坑、沟槽土方的,套用相应机械挖土定额,并根据挖土深度乘以表 2-9 系数进行调整;若采用修建施工便道以替代转运土方施工的,则不再调整,施工便道费用另行计算。在编制施工图预算、招标控制价时采用转运或修建施工便道应根据设计文件或施工组织设计确定。施工时开挖方式不同是否调整该土方造价应当在招标文件或施工合同中明确。执行大型支撑土方开挖、长臂挖掘机挖土定额的,不适用本条规定。

表 2-9 挖土深度调整系数

挖土深度(基坑、沟槽开挖面至基底的高度)	调整系数
6 m 以内	1.0
9 m 以内	1.1
12 m 以内	1.2
12 m 以上	1.4

(18) 小型挖掘机是指斗容量≤0.6 m³ 的挖掘机。底宽≤1.20 m 的沟槽或底面积≤8 m² 的基坑土方开挖时,执行小型挖掘机相应定额。

(19) 挖掘机修整边坡定额适用于路堑、路堤等处永久性边坡的修整。

(20) 大型支撑土方开挖定额适用于有专项设计的地下连续墙、混凝土板桩、钢板桩等具有围护结构的深基础开挖。定额已考虑湿土排水内容,实际需采用抽水、井点降水的,其费用另行计算。大型支撑土方开挖由于场地狭小只能单面施工的,起重机械按表 2-10 调整。

表 2-10 起重机械调整表

宽度	两边停机施工	单边停机施工
开挖宽度 15 m 内	15 t	25 t
开挖宽度 15 m 外	25 t	40 t

(21)土方发生二次翻挖的,三、四类土壤分别按降低一级类别套用相应定额。

(22)开挖同一沟槽、基坑内不同类别的土方,工程量应分开计算,并按沟槽、基坑深度的全深套用相应定额。

(23)淤泥未晒干直接外运的,执行相应运土定额,自卸汽车台班数量乘以系数1.5;淤泥晒干后外运的,执行相应运土定额不作调整。

(24)路基填土碾压施工采用平地机的,套用振动压路机填土碾压定额,履带式推土机(功率75 kW)替换为平地机(功率180 kW),消耗量不变。

(25)回填砂性土套用回填土相应定额,砂性土材料的消耗量按1.2 m³计取。

(26)台背回填砂套用槽坑回填砂定额,人工、机械乘以系数0.9。

(27)夯实机夯实定额仅适用于无法采用振动压路机施工的土方压实。

(28)液压锤破碎基坑、沟槽石方的,套用液压锤破碎石方相应定额乘以系数1.3。

(29)切割机切割石方定额未包含切割后的石方清理及外弃,实际发生时应另行计算。

(30)定额未考虑现场障碍物清除、施工前原有地表水的排除以及地下常水位以下的施工降水,实际发生时另行计算;弃土、石方的场地占用等处置费用,按各地的有关规定执行。

(31)自卸汽车运土定额,不包括取土内运时的外购土源费以及余土弃置时的废弃土方堆放费,实际发生时应另行计算。编制工程预算或招标工程控制价时,编制单位应当根据工程所在地实际情况,合理确定外购土源费及废弃土方堆放费,并入分部分项工程综合单价计算。弃土运距应当根据明确的弃土堆放点确定;没有明确弃土堆放点的,应当根据工程实际合理确定。

3. 支撑工程定额说明

(1)本定额适用于沟槽、基坑、工作坑及检查井的支撑及大型支撑工程。

(2)定额所指"密挡土板"即满铺挡板,"疏挡土板"即间隔铺挡板。疏挡土板定额已综合考虑了挡土板的间距,实际间距不同的,不作调整。

(3)除钢桩挡土板项目外,均按横板计算,采用竖板的,相应定额人工数量乘以系数1.20。

(4)挡土板定额按槽坑两侧同时支撑挡土板考虑,槽坑一侧支撑挡土板的,相应定额人工数量乘以系数1.33,除挡土板外的材料乘以系数1.33;槽坑宽度超过4.1 m时,其两侧均按一侧支挡土板计算。

(5)放坡开挖不得计算挡土板工程量,如上层放坡下层支撑则按实际支撑面积计算。

(6)钢桩挡土板定额仅考虑挡土板的安装拆除,打拔槽钢工程量应套用打拔工具桩的相应定额项目。

(7)采用井字支撑的,套用相应疏撑定额乘以系数0.61。

(8)大型支撑安拆定额中支撑的损耗率按2.5%考虑,定额未考虑支撑的使用费,其使用费另行计算。

4. 护坡、挡土墙定额说明

(1)碎(砾)石滤层定额按碎石考虑,使用砾石时材料类型换算,其他不变。

(2)片石利用旧料需冲洗的,套用相应定额,每立方米片石体积增加人工冲洗费16.2元、水0.5 m³。

(3)定额中片石、砾石、碎石数量为收方的虚体积,整毛石、方整石数量为实体积。

(4)护坡、挡土墙使用块石材料的,套用相应定额并换算材料,其他不变。

(5)挡土墙定额中已包括安放泄水管的人工,泄水管材料费用根据设计规定另行计算。

(6)现浇混凝土挡土墙及现浇混凝土压顶定额已包含模板的制作、安装及拆除,实际不同时不作调整。

(7)执行生态砖挡墙、护坡、护底定额时,设计生态砌块尺寸与定额取定不同的,调整相应材料,消耗量不变。

(8)勾缝定额按勾凸缝编制。勾平缝的,定额乘以系数 0.55;勾凹缝的,定额乘以系数 0.85。

5. 施工技术措施定额说明

(1)脚手架定额除仓面脚手架定额外,均已包括斜道及拐弯平台的搭设;仓面斜道脚手架另行计算,但采用井字架或吊扒杆转运施工材料的,不计算斜道费用。

(2)设计配置双层钢筋的底板浇捣混凝土需计算仓面脚手架费用,无筋或单层布筋的基础和垫层项目不得计算仓面脚手架费用。

(3)仓面脚手架斜道、满堂脚手架执行福建省现行房建工程相应定额。

(4)井深大于 1.5 m 的各种检查井,另行计算井字脚手架费用。井字架定额的井深指从井盖顶面到井基础或底板顶面的距离,没有基础或底板的,算至垫层顶面。

(5)围堰定额适用于人工筑、拆的围堰项目;采用机械筑、拆的,执行《土石方工程》相应定额。

(6)围堰定额未包括施工期内发生潮汛冲刷后所需的养护费用,实际发生时另行计算。如遇特大潮汛造成人力所不能抗拒的损失的,根据实行情况另行处理。

(7)围堰定额已考虑 50 m 范围以内取土、砂、砂砾费用;取土、砂、砂砾距离超过 50 m 的,应另行计算土、砂、砂砾材料的取料费用。定额中所列黏土数量为自然方数量,可按取土的实际情况调整。

(8)土草围堰定额按装黏土考虑,实际采用装砂的,定额材料由黏土改为砂,消耗量不变。

(9)围堰定额中的各种木桩、钢桩、钢板桩的打、拔均执行《打拔工具桩》相应定额,数量按需要打设的数量计算,定额中所列打拔工具桩的数量仅供参考。

(10)围堰施工中若未使用驳船,而是搭设了栈桥,则应扣除定额中驳船费用,并增加栈桥费用。

(11)围堰的尺寸按设计计算,设计未明确的按下列规定计算。按下列规定计算时,堰内坡脚至堰内基坑边缘距离根据河床土质及基坑深度确定,并不得小于 1 m。

①土草围堰的堰顶宽为 1~2 m,堰高为 4 m 以内。

②土石混合围堰的堰顶宽为 2 m,堰高为 6 m 以内。

③圆木桩围堰的堰顶宽为 2~2.5 m,堰高为 5 m 以内。

④钢桩围堰的堰顶宽为 2.5~3 m,堰高为 6 m 以内。

⑤钢板桩围堰的堰顶宽为 2.5~3 m,堰高为 6 m 以内。

⑥竹笼围堰竹笼间黏土填心的宽度为 2~2.5 m,堰高为 5 m 以内。

(12)筑岛填心定额是指在围堰围成的区域内填土、砂及砂砾石。

(13)双层竹笼围堰竹笼间黏土填心的宽度超过 2.5 m 的,超出的部分工程量套用筑岛填心定额项目。

(14)施工现场围挡定额适用于未发布围挡单价的地区计价,设计规格与本定额取定不同的,套用相近规格定额进行换算,人工、机械不变。

(15)现场签证点工定额的人工工日单价暂按 81 元/工日编制,实际应按施工合同约定的点工单价进行计价;机械台班定额的消耗量按出口直径 $\phi 100$ 潜水泵考虑,施工现场发生其他机械台班签证的,按实际使用的机械规格、类型进行换算,消耗量不变。

(16)定额中未编制井点降水项目,发生时套用福建省现行房建工程相应定额计算。

(17)混凝土搅拌站(楼)、水泥稳定层厂拌设备生产能力应根据工程规模、工期情况合理选择。

(18)混凝土搅拌站(楼)及水泥稳定层厂拌设备安装、拆除定额未包括拌和厂的场地清理、平整、垫层、碾压、围栏等内容,需要时按有关定额另行计算。

(19)大型机械设备进出场只编制了沥青混凝土摊铺机、路面铣刨机的相应定额,其余机械设备进出场及安拆仍执行福建省现行房建工程相应定额;如仍遇缺项的,按需进出场的大型机械设备停滞台班(0.5 台班)、相应装载质量平板拖车组台班(0.5 台班)、适当的辅助人工、辅助材料及合理吨位的起重机械数量,自行补充。

6. 道路基层定额说明

(1)路床整形碾压、人行道整形碾压定额的工作内容,均已包括平均厚度 10 cm 以内的人工就地挖高填低、平整底面,使之形成设计要求的纵横坡度,并碾压密实。路床碾压检验、人行道整形碾压项目,不论新建还是旧路改造项目,均需计算。

(2)边沟成型定额项目的内容,综合考虑了边沟挖土的土类和边沟两侧边坡培整面积所需的挖土、培土、修整边坡、余土抛出沟外并弃运至路基 50 m 以外的全过程所需的人工。

(3)多合土项目按现场拌和或厂拌考虑。

(4)水泥稳定层、水泥混凝土路面、沥青混凝土路面定额未包括的水泥稳定混合料、水泥混凝土、沥青混合料的场内运输(拌和地点至施工浇捣或铺筑现场),应按批准的施工组织设计确定的运输距离套用《通用项目》相应定额项目。

(5)设计道路基层混合料配合比与定额取定不同时,材料换算,人工、机械不变。

(6)多合土基层分层铺筑时,其顶层需进行养生,养生期按 7 天考虑,用水量已综合在顶层多合土养生定额内,不得重复计算。

(7)多合土基层定额按常用配合比编制,设计配合比与定额取定不同的,材料进行换算,人工、机械不变。

(8)级配碎石底层定额按拌制好的级配碎石混合料现场铺设考虑。计价时,应在普通碎石单价基础上增加考虑级配碎石的拌和费用。

(9)水泥稳定层定额的压实厚度按 15 cm 考虑。设计压实厚度小于 15 cm 的,换算混合料材料消耗量,人工、机械不变;设计压实厚度大于 15 cm 的,按分层摊铺考虑。采用商品水泥稳定粒料的,直接替换定额中混合料材料。

7. 道路面层定额说明

(1)使用黑色碎石、沥青混凝土路面定额时,沥青混合料市场价格未包括运输的,另计运输费用。

实训二 市政工程工程量清单计价

(2)水泥混凝土路面定额按抗折 4.5 MPa 碎石混凝土编制,设计标号与定额取定不同的,进行换算。水泥混凝土路面定额的纵缝按平口考虑,如设计为企口时,人工乘以系数 1.01,其他不作调整。

(3)水泥混凝土路面定额已综合考虑模板、养生、缩缝锯缝、缩缝灌缝等工作内容,实际套用时不得重复计算。定额中缩缝灌缝材料按照聚氨酯考虑,设计为沥青玛蹄脂的,定额中其他材料费改按 4% 计算;设计无缩缝的,定额中其他材料费改按 2% 计算。

(4)设计水泥混凝土路面有伸缝、钢筋、传力杆、真空吸水的,根据设计和现场实际要求另行计算。

(5)伸缝定额的宽度按 2.5 cm 考虑,设计缝宽与定额取定不同的,按宽度比例调整材料使用量,人工、机械不变。伸缝定额中的"人工切缝"指人工灌缝。

(6)设计透层、黏层、封层喷洒的沥青种类、用量与定额取定不同的,按设计调整;设计要求铺洒石屑的,另行增加石屑材料费用。

8. 人行道侧缘石及其他定额说明

(1)人行道板铺设定额按密缝考虑,设计为宽缝的,按设计人行道板面积调整定额数量,砂浆用量按体积换算,其他材料、人工、机械不变。非镶嵌型人行道板铺设定额按不拼花考虑,设计为拼花的,人工乘以系数 1.1。

(2)人行道板铺设定额按混凝土预制块考虑,设计为石质的,按相应定额人工乘以系数 1.05。设计人行道板规格与定额取定不同的,按相近规格定额换算人行道板材料,其他不变。设计垫层、黏接层厚度与定额取定不同的,换算材料消耗量。

(3)花岗岩人行道板铺设定额按 3 cm 厚花岗岩板考虑。设计花岗岩板为 5 cm 厚的,定额人工乘以系数 1.1,切割机械台班数量乘以系数 1.3;设计花岗岩板为 8 cm 厚的,定额人工乘以系数 1.2,切割机械台班数量乘以系数 1.5。花岗岩人行道板铺设定额已综合考虑伸缩缝制作的工作内容,实际套用时不得重复计算。设计无伸缩缝的,定额中其他材料费改按 0.5% 计算。

(4)人行道混凝土垫层、混凝土人行道定额均按以路缘石为侧模考虑,不考虑模板费用。

(5)混凝土人行道定额已综合考虑养生、缩缝锯缝、缩缝灌缝等工作内容,实际套用时不得重复计算。定额中缩缝灌缝材料按照聚氨酯考虑,设计为沥青玛蹄脂的,定额中其他材料费改按 3.5% 计算;设计无缩缝的,定额中其他材料费改按 1.5% 计算。

(6)混凝土人行道的伸缝、钢筋、传力杆、真空吸水等项目应根据设计和现场实际要求另行计算。

(7)路缘石(立缘石)、路平石定额均按石质材料考虑,按石料设计横断面的半周长尺寸套用相应定额项目,石料有倒角的均按直角计算半周长。设计采用混凝土材质的,换算路缘石、立缘石、路平石材料,其他不作调整。

9. 砌筑工程定额说明

(1)砌筑子目中未包括垫层、拱背和台背的填充项目,如发生上述项目,可套用《通用项目》相应项目。

(2)拱圈底模子目中不包括拱盔和支架,可套用相应项目。

10. 钢筋工程定额说明

(1)钢筋定额按 $\phi10$ 以内、$\phi10$ 以外分列项目,定额区分不同项目分别取定的钢材种类及规格,设计与定额取定不同的,材料进行调整。

(2)钢筋挤压套筒定额按成品编制。如实际为现场加工时,挤压套筒按加工铁件进行换算;套筒重量按设计要求计算,设计未明确的,参考表 2-11 计算。

表 2-11 套筒重量

规格	$\phi22$	$\phi25$	$\phi28$	$\phi32$
重量(kg/个)	0.62	0.78	1.00	1.21

注:表内套筒内径按钢筋规格加 2 mm、壁厚 8 mm、长 300 mm 计算重量。如不同时,重量予以调整。

(3)定额中已包括锚具安装的人工费,锚具材料费另行计算。

(4)预应力钢筋的张拉定额,均已综合考虑智能张拉设备及智能灌浆设备,实际使用不再调整。

(5)先张法预应力筋制作、安装定额中未考虑张拉台座,发生时另行计算。

(6)压浆管道定额均已包括铁皮管、波纹管的套管、三通管、压浆嘴及排气管的安装费用,但未包括套管及三通管材料费,实际发生时应另行计算。

(7)钢绞线定额按 $\phi15.24$ 考虑,束长为一次张拉长度考虑。束长大于 40 m 的钢绞线设计每吨钢丝的束数与定额取定不同时,进行换算。

(8)后张法预应力钢筋、钢丝束及束长 40 m 内的钢绞线张拉定额均未包括张拉脚手架,实际发生时可另计。但束长大于 40 m 的钢绞线张拉定额已包括临时脚手架及操作平台,不得重复计算。

(9)钢绞线不同型号的锚具,使用定额时按表 2-12 规定计算:

表 2-12 不同型号的锚具

设计采用锚具型号(孔)	1	4	5	6	8	9	10	14	15	16	17	24
套用定额的锚具型号(孔)	3			7				12			19	22

(10)拆除临时预应力钢丝束定额的拆除材料回收按设计要求计算。

(11)植筋增加费工作内容包括钻孔和装胶。定额中的钢筋埋深按以下规定:

①钢筋直径规格为 20 mm 以下的,按钢筋直径的 15 倍计算,并≥100 mm;

②钢筋直径规格为 20 mm 以上的,按钢筋直径的 20 倍计算。

③当设计埋深长度与定额取定不同时,定额中的人工和材料可以调整。

④植筋用钢筋的制作、安装,按钢筋质量执行普通钢筋相应子目。

11. 现浇混凝土工程定额说明

(1)适用于桥涵工程各种现浇混凝土构筑物。

(2)定额未包括的预埋铁件项目,按设计用量套用《钢筋工程》相应定额项目。

(3)定额中均不包括扒杆、提升模架、拐脚门架、悬浇挂篮等金属设备。

(4)片石混凝土基础定额中的片石含量为 15%,设计片石含量与定额取定不同时可以换算,但人工及机械消耗量不变。

(5)承台按不同的施工方法,分别执行有底模或无底模子目。

(6)支撑梁定额适用于为防止因填土推力造成桥台向内位移而设置在基础上方、两桥台

(墩)之间的纵向梁体。

(7)设计钢纤维混凝土中的钢纤维含量与定额不同的,可以换算。

(8)墩台高度为基础顶、承台顶到盖梁、墩台帽底或0号块件底的高度。

(9)索塔、横梁、顶梁、腹系杆高度和安装垫板、束道、锚固箱的高度均为桥面顶到索塔顶的高度。当塔墩固结时,工程量应为基础顶面或承台顶面以上至塔顶的全部数量。当塔墩分离时,工程量应为桥面顶面以上至塔顶的数量,桥面顶部以下部分的数量套用墩台定额项目。

(10)高度20 m以上空心墩、索塔定额,按提升模架配合施工考虑。定额已考虑提升模架上升和下降的费用,但提升模架的费用应另行计算。

(11)高20 m内非泵送、泵送Y形墩套用高度10 m内的相应定额分别乘以系数1.22、1.08,但混凝土用量不变。

(12)高20 m内非泵送、泵送薄壁墩套用高度10 m内的相应定额分别乘以系数1.21、1.035,但混凝土用量不变。

(13)对于高度大于40 m的高墩、索塔,使用本定额时应考虑设置必要的施工电梯和塔式起重机配合施工。

(14)采用沥青混合料铺装桥面时,套用《道路工程》应定额项目,铺装面积在800 m² 以内的,人工、机械乘以系数1.2。

12. 预制混凝土工程定额说明

(1)适用于桥涵工程现场制作的预制构件。

(2)定额均未包括预埋铁件内容,如设计要求预埋铁件的,按设计用量套用相应定额项目。

(3)预制构件定额均未包括胎、地模,胎、地模执行福建省现行房建工程定额相关项目。

(4)预制构件定额安装均未考虑脚手架内容,脚手架套用《通用项目》相应定额项目。

(5)预制空心板(梁)定额已综合考虑堵头混凝土内容,不得重复计算。空心板梁定额均采用橡胶囊施工考虑,橡胶囊的摊销已包括在定额内。

13. 安装工程定额说明

(1)适用于桥涵工程预制混凝土构件及其他部件的安装。

(2)预制构件的安装,应根据施工方案或施工组织设计采用合理的施工方法,执行相应定额项目。

(3)安装指从架设孔起吊至安装就位、整体化完成的全部施工工序。

(4)除安装梁分陆上、水上安装外,其他构件安装均未考虑船上吊装,发生时增加的船只费用另行计算。

(5)定额中未编制安装矩形板、空心板及连续板的后浇混凝土项目,发生时,执行现浇混凝土工程的桥面铺装定额。

(6)安装金属支座定额的质量是指半成品钢板的重量(包括座板、齿板、垫板、辊轴等),锚栓、梁上的钢筋网、铁件等均考虑在定额内。

(7)悬拼预应力箱梁临时支座体积指支座中混凝土及硫磺砂浆体积之和。

(8)与四氟板式橡胶支座配套的上下钢板、不锈钢板、锚固螺栓等费用摊入制作价格中计列。

(9)梳型钢板、钢板、板式橡胶及毛勒伸缩缝定额均按成品安装考虑。

(10)桥梁截水管定额,适用于立体交叉桥梁通过截水管收集泄水孔的落水,再由落水管外引的施工处理。

(11)设计沉降缝采用沥青木丝板的,套用沥青甘蔗板定额,替换定额中的甘蔗板材料,其他不变。

(12)桥上钢板防落网定额适应于混凝土护栏上打设膨胀螺栓固定连接板并焊接型钢立柱的安装形式。定额按立柱间距 2 m、网高 1.2 m 编制,并已考虑钢材的镀锌镀塑处理费用。定额中钢板网按镀锌镀塑的成品件考虑。

(13)桥上装饰防落网分列为 ZSH 装饰网和不锈钢丝加强型 ZSH 装饰网两个定额,定额均按 1 节段长 2 m、高 1.8 m 的防落网编制。

(14)中央带防眩板定额适应于混凝土护栏上打设膨胀螺栓固定支撑架的安装形式。定额按防眩板间距 1.0 m、高 1.0 m 编制。定额中已考虑钢材的镀锌镀塑等处理费用,防眩板按成品件考虑。

14. 排水井渠、管道基础及砌筑定额说明

(1)定额均不包括脚手架内容。井深超过 1.5 m 的,计算井字脚手架费用;砌墙高度超过 1.2 m 或抹灰高度超过 1.5 m 的,其搭设脚手架的费用套用《通用项目》的相应定额项目计算。

(2)小型构件指单件体积在 0.03 m³ 以内的构件。

(3)收水井的混凝土过梁制作、安装套用相应小型构件定额项目。

(4)跌水井跌水部分的抹灰,套用流槽抹灰定额项目。

(5)混凝土枕基和管座不分角度套用相应定额项目。

(6)石砌体定额均按块石考虑,如采用片石时,材料进行替换,原块石与砂浆用量分别乘以系数 1.09 和 1.19,其他不变。

(7)模块式检查井定额未考虑检查井井身根据设计要求设置的钢筋以及井身、井筒抹灰内容,发生时另行计算。

(8)井筒定额适用于检查井的砖砌或混凝土井筒,井筒采用模块砌筑的,执行模块式检查井井壁厚 180 mm 定额。

(9)渠、管道垫层已考虑找坡,设计要求找坡的,定额不作调整;设计不需要找坡的,人工费乘以系数 0.87,其他不变。

(10)排水井混凝土底板,套用给排水构筑物中的现浇钢筋混凝土池底定额,人工、机械乘以系数 1.05,其他不变。

(11)现浇混凝土方沟底板,套用渠(管)道基础中的平基定额。

(12)拱(弧)型混凝土盖板的安装,套用相应体积的矩形板定额,人工、机械乘以系数 1.15。

(13)预制混凝土井盖井座、雨水井箅、小型混凝土构件、混凝土预制枕基、预制混凝土盖板、预制混凝土过梁安装损耗为 1%。

15. 管道铺设定额说明

(1)定额中的管道铺设工作内容除另有说明外,均包括沿沟排管、清沟底、外观检查及清扫管材。

(2)定额中的管道的管节长度为综合取定。

(3)定额中的管道铺设采用胶圈接口时,胶圈接口形式、规格尺寸不同时允许换算;管材为成套购置时如管材单价中已包括了胶圈价格,胶圈价值不再计取。

(4)如必须在横撑间距≤3 m 的支撑下串管铺设的,人工、机械数量乘以系数 1.33。

(5)塑料排水管是指由高分子材料或高分子材料与金属材料复合制成以埋地方式输送的管道总称,本塑料排水管适用于除玻璃钢管以外的各类塑料排水管。

(6)无筋混凝土管的损耗率为 2.5%,钢筋混凝土管的损耗率为 1%,设计混凝土管材质与定额取定不同时,应调整损耗率。

(7)在沟槽土基上直接铺设混凝土管道时,人工、机械乘以系数 1.18。

(8)混凝土管道需满包混凝土加固时,满包混凝土加固执行现浇混凝土枕基项目,人工、机械乘以系数 1.2。

(9)水泥砂浆接口均不包括内抹口,如设计要求内抹口,按抹口周长每 100 m 增加水泥砂浆 0.042 m³、人工 750 元计算。

(10)闭水试验

①闭水试验水源是按自来水考虑的,如试验介质有特殊要求,介质可按实调整。

②试验水如需加温,热源费用及排水设施另行计算。

(三)综合单价的计算

综合单价包含人工费、材料费、施工机具使用费、企业管理费、利润、规费、税金,计算程序见表 2-13。

表 2-13 综合单价计算程序表

序号	项目名称	计算办法
1	人工费	人工费基价×人工费调整系数
2	材料费	$\sum$(材料消耗量×材料单价+工程设备数量×工程设备单价)
3	施工机具使用费	$\sum$(施工机械台班消耗量×台班单价)+仪器仪表使用费
4	企业管理费	(1+2−工程设备费+3)×企业管理费费率
5	利润	(1+2−工程设备费+3+4)×利润率
6	规费	(1+2−工程设备费+3+4+5)×规费费率
7	税金	(1+2+3+4+5+6)×增值税适用税率
8	综合单价	1+2+3+4+5+6+7

1. 人工费

按定额人工费基价乘以人工费调整系数计算。

2. 材料费

按材料消耗量乘以材料单价加上工程设备数量乘以工程设备单价之和计算

材料单价计算公式:

$$材料单价=(原价+运杂费)×(1+运输损耗率)$$

工程设备单价计算公式：

$$工程设备单价＝原价＋运杂费$$

表 2-14　材料运输损耗率表

序号	材料类别	运输损耗率(%)
1	瓦、空心砖	3
2	砌块	1.5
3	砖、砂、石子、水泥、陶粒、耐火土、饰面砖、玻璃、卫生洁具、玻璃灯具、商品混凝土	1
4	金属材料	一般不计取
5	其他材料	0.5

3．施工机具使用费

包括施工机械使用费和仪器仪表使用费，施工机械使用费按照施工机械台班消耗量乘以施工机械台班单价计算。

4．企业管理费

按人工费、材料费(不含工程设备费)、施工机具使用费之和乘以企业管理费费率计算。市政工程企业管理费费率取定为 7.6%。

5．利润

按人工费、材料费(不含工程设备费)、施工机具使用费、企业管理费之和乘以利润率计算。现行利润率取定为 6%。

6．规费

按人工费、材料费(不含工程设备费)、施工机具使用费、企业管理费、利润之和乘以规费费率计算。目前本定额的规费费率为 0%。

7．税金

按不含税工程造价乘以适用税率计算。不含税工程造价为人工费、材料费、施工机具使用费、企业管理费、利润、规费之和。现行适用税率为 11%。

二、示例

根据工程量计算表(表 2-7)，选套路面工程、排水工程、涵洞工程定额，计算综合单价，编制工程量清单综合单价分析表、分部分项工程量清单计价表。

(一)选套定额、编制工程量清单综合单价分析表

下面以 16 cm 级配碎石基层为例分析综合单价的计算：

1．查定额 40202040 级配碎石底层(厚度 10 cm)，及 40202041 级配碎石底层(厚度每增减 1 cm)，各工料机的消耗量如下：

定额人工费：$2.25×1+0.14×6=3.09$ 元

碎石：$0.09887×1+0.00989×6=0.15821$ m^3

石屑：$0.0529×1+0.00529×6=0.08464$ m^3

其他材料费:0.5%

平地机(90 kW):0.00084×1+0.00008×6=0.00132 台班

钢轮内燃压路机(8 t):0.00027 台班

钢轮内燃压路机(15 t):0.0015×1+0.00003×6=0.00168

人工费＝定额人工费＝3.09 元

材料费＝(0.15821×114.66+0.08464×49.03)×1.005＝22.4018 元

施工机具使用费＝0.00132×639.32+0.00027×325.03+0.00168×518.83
　　　　　　　＝(0.8439+0.0878+0.8716)＝1.803 元

企业管理费＝(3.090+22.4018+1.803)×7.6%＝2.0744 元

利润＝(3.090+22.4018+1.803+2.0744)×6%＝1.7622 元

规费＝0 元

税金＝(3.090+22.4018+1.803+2.0744+1.7622+0)×11%＝3.4245 元

综合单价＝3.090+22.4018+1.803+2.0744+1.7622+3.4245＝34.5562 元

因此取综合单价＝34.56 元(保留两位小数)

(其余综合单价的计算过程略)

分部分项工程量清单综合单价分析表

工程名称：××××市政道路　单项工程　　　　　　　　　　　　　　　　　　　　　　　　　　　　第 1 页　共 19 页

序号	项目编码	项目名称及特征描述	单位	工程量	综合单价组成（元）							综合单价（元）
					人工费	材料费	其中：设备费	施工机具使用费	企业管理费	利润	规费	税金	
		市政工程											
		道路工程											
1	040202015001	1. 主路机动车道 32 cm 水泥稳定碎（砾）石层 1）水泥含量:5% 2）厚度:32 cm 3）材料规格:水泥稳定碎石	m²	13940.000	5.65	88.12		12.72	8.09	6.88		13.36	134.83
1.1	40202056T	水泥稳定层（摊铺机摊铺 厚度 15 cm）	m²	13940.000	4.98	88.12		7.36	7.64	6.49		12.60	127.19
1.2	40105017T	机动翻斗车运输混凝土（沥青）混合料（运距 300 m 以内）	m³	4527.710	1.37			14.39	1.20	1.02		1.98	19.96
1.3	40202001	路床（槽）整形路床碾压检验	m²	14260.000	0.22			0.67	0.07	0.06		0.11	1.13
2	040202011001	16 cm 级配碎石基层 1）厚度:16 cm 2）石料规格:水泥稳定碎石	m²	13160.000	3.09	22.40		1.80	2.07	1.76		3.42	34.56
2.1	40202040T	级配碎石底层（厚度 16 cm）	m²	13160.000	3.09	22.40		1.80	2.07	1.76		3.42	34.56
3	040203003001	透层 1）石油沥青 2）0.7～1.5 L/m²	m²	26940.000	0.14	2.36		0.10	0.20	0.17		0.33	3.30
3.1	40203055	透层	m²	26940.000	0.14	2.36		0.08	0.20	0.17		0.32	3.28
3.2	40105025T	沥青运输（运距 15 km 以内）	t	25.050	0.18			20.77	1.59	1.35		2.63	26.52

实训二 市政工程工程量清单计价

分部分项工程量清单综合单价分析表

工程名称：××××市政道路　　单项工程

第 2 页　共 19 页

序号	项目编码	项目名称及特征描述	单位	工程量	人工费	材料费	其中:设备费	施工机具使用费	企业管理费	利润	规费	税金	综合单价(元)
4	040203003002	粘层 1)材料品种:石油沥青 2)喷油量:0.3~0.6 kg/m²	m²	37000.000	0.08	1.32		0.06	0.11	0.09		0.18	1.84
4.1	40203056	粘层	m²	37000.000	0.08	1.32		0.05	0.11	0.09		0.18	1.83
4.2	40105025T	沥青运输(运距15 km以内)	t	19.240	0.18			20.77	1.59	1.35		2.63	26.52
5	040203004001	下封层	m²	13940.000	0.66	0.41		0.27	0.10	0.09		0.17	1.69
5.1	40203058T	下封层	m²	13940.000	0.66	0.41		0.24	0.10	0.08		0.16	1.65
5.2	40105025T	沥青运输(运距15 km以内)	t	20.910	0.18			20.77	1.59	1.35		2.63	26.52
6	040203005001	17 cm ATB-25 密级配沥青碎石 1)厚度:17 cm 2)沥青品种:改性沥青 3)石料最大粒径:25 cm 4)商品沥青混凝土	m²	12000.000	6.04	124.93		10.65	10.76	9.14		17.77	179.29
6.1	40203027T	黑色碎石路面(机械摊铺 厚度17 cm)	m²	12000.000	6.01	124.93		3.68	10.23	8.69		16.89	170.43
6.2	40105019T	混凝土(沥青)混合料运输 自卸汽车(运距15 km以内)	m³	2060.400	0.15			40.62	3.10	2.63		5.11	51.61
7	040203005002	5 cm ATB-25 密级配沥青碎石 1)厚度:5 cm 2)沥青品种:改性沥青 3)石料最大粒径:25 cm 4)商品沥青混凝土	m²	650.000	1.82	36.75		3.12	3.17	2.69		5.23	52.78
7.1	40203027T	黑色碎石路面(机械摊铺 厚度5 cm)	m²	650.000	1.81	36.75		1.07	3.01	2.56		4.97	50.17

分部分项工程量清单综合单价分析表

工程名称：××××市政道路　单项工程　　　　　　　　　　　　　　　　　　　　　　　　第 3 页　共 19 页

序号	项目编码	项目名称及特征描述	单位	工程量	综合单价组成（元）							综合单价（元）
					人工费	材料费	其中：设备费	施工机具使用费	企业管理费	利润	规费	税金	
7.2	40105019T	混凝土（沥青）混合料运输 自卸汽车（运距 15 km 以内）	m³	32.830	0.15			40.62	3.10	2.63		5.11	51.61
8	040203006001	6 cm AC-20 沥青混凝土 1）厚度：6 cm 2）沥青品种：改性沥青 3）石料最大粒径：20 cm 4）商品沥青混凝土	m²	12000.000	2.83	45.65		4.43	4.02	3.42		6.64	66.99
8.1	40203035T	中粒式沥青混凝土（机械摊铺 厚度 6 cm）	m²	12000.000	2.82	45.65		1.97	3.83	3.26		6.33	63.86
8.2	40105019T	混凝土（沥青）混合料运输 自卸汽车（运距 15 km 以内）	m³	727.200	0.15			40.62	3.10	2.63		5.11	51.61
9	040203006002	4 cm AC-13 沥青混凝土 1）厚度：4 cm 2）沥青品种：改性沥青 3）石料最大粒径：13 cm 4）商品沥青混凝土	m²	12000.000	2.60	32.76		3.23	2.93	2.49		4.84	48.85
9.1	40203039T	细粒式沥青混凝土（机械摊铺 厚度 4 cm）	m²	12000.000	2.59	32.76		1.59	2.81	2.38		4.63	46.76
9.2	40105019T	混凝土（沥青）混合料运输 自卸汽车（运距 15 km 以内）	m³	484.800	0.15			40.62	3.10	2.63		5.11	51.61
		2. 辅路机动车道											

分部分项工程量清单综合单价分析表

工程名称：××××市政道路　单项工程　　　　　　　　　　　　　　　　　　　　　　　　　　　　　　第 4 页　共 19 页

序号	项目编码	项目名称及特征描述	单位	工程量	综合单价组成（元）							综合单价（元）
					人工费	材料费	其中：设备费	施工机具使用费	企业管理费	利润	规费	税金	
10	040203006004	4 cm AC-13 沥青混凝土 1）厚度：4 cm 2）沥青品种：改性沥青 3）石料最大粒径：13 cm 4）商品沥青混凝土	m²	7102.880	2.60	32.76		3.23	2.93	2.49		4.84	48.85
10.1	40203039T	细粒式沥青混凝土（机械摊铺 厚度 4 cm）	m²	7102.880	2.59	32.76		1.59	2.81	2.38		4.63	46.76
10.2	40105019T	混凝土（沥青）混合料运输 自卸汽车（运距 15 km 以内）	m³	286.960	0.15			40.62	3.10	2.63		5.11	51.61
11	040203006005	6 cm AC-20 沥青混凝土 1）厚度：6 cm 2）沥青品种：改性沥青 3）石料最大粒径：20 cm 4）商品沥青混凝土	m²	7102.880	2.83	45.65		4.43	4.02	3.42		6.64	66.99
11.1	40203035T	中粒式沥青混凝土（机械摊铺 厚度 6 cm）	m²	7102.880	2.82	45.65		1.97	3.83	3.26		6.33	63.86
11.2	40105019T	混凝土（沥青）混合料运输 自卸汽车（运距 15 km 以内）	m³	430.430	0.15			40.62	3.10	2.63		5.11	51.61
12	040203005003	10 cm ATB-25 密级配沥青碎石 1）厚度：10 cm 2）沥青品种：改性沥青 3）石料最大粒径：25 cm 4）商品沥青混凝土	m²	7102.880	3.58	73.49		6.26	6.33	5.38		10.45	105.49
12.1	40203027T	黑色碎石路面（机械摊铺 厚度 10 cm）	m²	7102.880	3.56	73.49		2.16	6.02	5.11		9.94	100.28

分部分项工程量清单综合单价分析表

工程名称：××××市政道路　单项工程　　　　　　　　　　　　　　　　　　　　　　　　　　　　第 5 页　共 19 页

序号	项目编码	项目名称及特征描述	单位	工程量	综合单价组成（元）							综合单价（元）
					人工费	材料费	其中：设备费	施工机具使用费	企业管理费	利润	规费	税金	
12.2	40105019T	混凝土（沥青）混合料运输 自卸汽车（运距 15 km 以内）	m³	717.400	0.15			40.62	3.10	2.63		5.11	51.61
13	04202011002	16 cm 级配碎石基层 1）厚度：16 cm 2）石料规格：级配碎石	m²	7102.880	3.09	22.40		1.80	2.07	1.76		3.42	34.56
13.1	40202040T	级配碎石底层（厚度 16 cm）	m²	7102.880	3.09	22.40		1.80	2.07	1.76		3.42	34.56
14	04202011003	14 cm 级配碎石基层 1）厚度：14 cm 2）石料规格：级配碎石	m²	736.400	2.25	14.00		1.40	1.34	1.14		2.21	22.35
14.1	40202040	级配碎石底层（厚度 10 cm）	m²	736.400	2.25	14.00		1.40	1.34	1.14		2.21	22.35
15	04202030003	透层 1）石油沥青 2）0.7～1.5 L/m²	m²	15380.020	0.14	2.36		0.10	0.20	0.17		0.33	3.30
15.1	40203055	透层	m²	15380.020	0.14	2.36		0.08	0.20	0.17		0.32	3.28
15.2	40105025T	沥青运输（运距 15 km 以内）	t	14.300	0.18			20.77	1.59	1.35		2.63	26.52
16	04203003004	粘层 1）材料品种：石油沥青 2）喷油量：0.3～0.6 kg/m²	m²	21308.640	0.08	1.32		0.06	0.11	0.09		0.18	1.84
16.1	40203056	粘层	m²	21308.640	0.08	1.32		0.05	0.11	0.09		0.18	1.83
16.2	40105025T	沥青运输（运距 15 km 以内）	t	11.080	0.18			20.77	1.59	1.35		2.63	26.52

分部分项工程量清单综合单价分析表

工程名称：××××市政道路　单项工程

序号	项目编码	项目名称及特征描述	单位	工程量	人工费	材料费	其中：设备费	施工机具使用费	企业管理费	利润	规费	税金	综合单价（元）
17	040203004002	下封层 1）材料品种：改性乳化沥青 2）喷油量：1.5 kg/m² 3）厚度：1 cm	m²	8277.140									
17.1	40203058T	下封层	m²	8277.140	0.66	0.41		0.27	0.10	0.09		0.17	1.69
17.2	40105025T	沥青运输（运距15 km以内）	t	12.420	0.66	0.41		0.24	0.10	0.08		0.16	1.65
18	040202015002	20 cm水泥稳定碎（砾）石层 1）水泥含量：5% 2）厚度：20 cm 3）材料规格：水泥稳定碎石	m²	8423.320	0.18			20.77	1.59	1.35		2.63	26.52
18.1	40202056T	水泥稳定层（摊铺机摊铺　厚度15 cm）	m²	8423.320	4.62	69.09		3.61	5.88	4.99		9.70	97.90
18.2	40105017T	机动翻斗车运输混凝土（沥青）混合料（运距300 m以内）	m³	1709.930	4.12	69.09		14.39	5.56	4.73		9.19	92.69
18.3	40202001	路床（槽）整形 路床碾压检验	m²	8614.700	1.37			0.67	1.20	1.02		1.98	19.96
19	040204004001	3. 路缘石 安砌侧（平、缘）石A型 1）详见附录—SⅡ-2-22	m	1000.000	0.22			0.53	0.07	0.06		0.11	1.13
19.1	40204029	路缘石立缘石安砌 截面半周长50 cm以外 有基座	m	1000.000	13.03	83.06			7.34	6.24		12.12	122.32
19.2	40204025	侧缘石混凝土基座	m³	23.000	10.29	76.46		1.76	6.59	5.60		10.88	109.82
					102.29	287.13		29.73	25.25		49.08	495.24

第 6 页　共 19 页

分部分项工程量清单综合单价分析表

工程名称：××××市政道路　单项工程　　　　　　　　　　　　　　　　　　　　　　　　　　　第 7 页　共 19 页

序号	项目编码	项目名称及特征描述	单位	工程量	综合单价组成（元）						综合单价（元）
					人工费	材料费	其中：设备费	施工机具使用费	企业管理费	利润	规费	税金	

序号	项目编码	项目名称及特征描述	单位	工程量	人工费	材料费	施工机具使用费	企业管理费	利润	规费	税金	综合单价（元）
19.3	40105017T	机动翻斗车运输混凝土（沥青）混合料（运距 300 m 以内）	m³	23.350	1.37		14.39	1.20	1.02		1.98	19.96
19.4	40107048	混凝土搅拌机拌和 容量（250 L 以内）	m³	23.350	15.01		6.67	1.65	1.40		2.72	27.45
20	040204004002	安砌侧（平、缘）石 B 型 1）详见附录一 S Ⅱ-2-22	m	1887.430	13.02	83.06	0.53	7.34	6.24		12.12	122.32
20.1	40204029	路沿石立缘石安砌 截面半周长 50 cm 以外 有基座	m	1887.430	10.29	76.46		6.59	5.60		10.88	109.82
20.2	40204025	侧缘石混凝土基座	m³	43.410	102.29	287.13	1.76	29.73	25.25		49.08	495.24
20.3	40105017T	机动翻斗车运输混凝土（沥青）混合料（运距 300 m 以内）	m³	44.060	1.37		14.39	1.20	1.02		1.98	19.96
20.4	40107048	混凝土搅拌机拌和 容量（250 L 以内）	m³	44.060	15.01		6.67	1.65	1.40		2.72	27.45
21	040204004003	安砌侧（平、缘）石 C 型 1）详见附录一 S Ⅱ-2-22	m	1000.840	12.54	66.27	0.53	6.03	5.12		9.95	100.45
21.1	40204027	路沿石立缘石安砌 截面半周长 50 cm 以内 有基座	m	1000.840	9.80	59.67		5.28	4.49		8.72	87.95
21.2	40204025	侧缘石混凝土基座	m³	23.020	102.29	287.13	1.76	29.73	25.25		49.08	495.24
21.3	40105017T	机动翻斗车运输混凝土（沥青）混合料（运距 300 m 以内）	m³	23.360	1.37		14.39	1.20	1.02		1.98	19.96

分部分项工程量清单综合单价分析表

工程名称：××××市政道路　单项工程　　　　　　　　　　　　　　　　　　　　　　　　第 8 页　共 19 页

序号	项目编码	项目名称及特征描述	单位	工程量	综合单价组成（元）							综合单价（元）
					人工费	材料费	其中：设备费	施工机具使用费	企业管理费	利润	规费	税金	
21.4	40107048	混凝土搅拌机拌和 容量（250 L以内）	m³	23.360	15.01			6.67	1.65	1.40		2.72	27.45
22	040204004004	安砌侧（平、缘）石 D 型 1）详见附录—SⅡ-2-22	m	1664.420	10.89	61.99			5.54	4.71		9.14	92.27
22.1	40204026	路沿石立缘石安砌 截面半周长 50 cm 以内 无基座	m	1664.420	10.89	61.99			5.54	4.71		9.14	92.27
		4. 人行道 1）详见附录—SⅡ-2-22											
23	040204002001	人行道块料铺设	m²	2923.860	18.32	49.93		2.31	5.36	4.56		8.85	89.33
23.1	40204001	人行道垫层 混凝土垫层 厚度 10 cm	m²	2923.860	3.22	26.62			2.27	1.93		3.74	37.78
23.2	40105017T	机动翻斗车运输混凝土（沥青）混合料（运距 300 m 以内）	m³	296.770	1.37			14.39	1.20	1.02		1.98	19.96
23.3	40204012	砂浆铺砌人行道板	m²	2923.860	12.37	23.31		0.07	2.72	2.31		4.49	45.26
23.4	40202002	路床（槽）整形 人行道整形碾压	m²	2923.860	1.07			0.10	0.09	0.08		0.15	1.48
23.5	40107048	混凝土搅拌机拌和 容量（250 L以内）	m³	296.770	15.01			6.67	1.65	1.40		2.72	27.45
		排水工程											
24	040101002001	挖沟槽土方 1）土壤类别 三类土 2）挖土深度：2 m 以内	m³	2373.330	2.46			3.76	0.47	0.40		0.78	7.88

分部分项工程量清单综合单价分析表

工程名称：××××市政道路 单项工程　　　　　　　　　　　　　　　　　　　　　　　第 9 页 共 19 页

序号	项目编码	项目名称及特征描述	单位	工程量	综合单价组成（元）							综合单价（元）
					人工费	材料费	其中：设备费	施工机具使用费	企业管理费	利润	规费	税金	
24.1	40101008	人工挖沟槽土方 三类土 槽深（2 m 以内）	m³	161.740	29.69				2.26	1.92		3.73	37.59
24.2	40101064	小型挖掘机挖槽坑土方（装车三类土）	m³	3073.090	0.34			2.90	0.25	0.21		0.41	4.11
25	040101002002	挖沟槽土方 1) 土壤类别：三类土 2) 挖土深度：4 m 以内	m³	2276.920	4.59			7.00	0.88	0.75		1.45	14.68
25.1	40101008	人工挖沟槽土方 三类土 槽深（4 m 以内）	m³	288.960	29.69				2.26	1.92		3.73	37.59
25.2	40101064	小型挖掘机挖槽坑土方（装车三类土）	m³	5490.190	0.34			2.90	0.25	0.21		0.41	4.11
26	040103001001	填方（回填土） 1) 填方材料品种：中粗砂 2) 密实度：管侧及管顶以上 0.5 m 范围≥92% 管道两侧≥95%	m³	4271.800	5.21	173.11			13.55	11.51		22.37	225.76
26.1	40101107	槽、坑回填砂（人工摊铺夯实）	m³	4271.800	5.21	173.11			13.55	11.51		22.37	225.76
27	040103001002	填方（回填土） 1) 填方材料品种：三类土 2) 密实度：95%以上	m³	564.950	33.82			17.44	3.90	3.31		6.43	64.88
27.1	40101105	槽、坑回填土（夯实机夯实）	m³	3798.430	5.03			2.59	0.58	0.49		0.96	9.65
28	040103002001	余方弃置 1) 废弃料品种：雨水污水管道沟槽土方 2) 运距：1 km 以内	m³	4000.560	0.24			8.60	0.67	0.57		1.11	11.19

实训二 市政工程工程量清单计价

分部分项工程量清单综合单价分析表

工程名称：××××市政道路 单项工程

第 10 页 共 19 页

序号	项目编码	项目名称及特征描述	单位	工程量	综合单价组成（元）							综合单价（元）
					人工费	材料费	其中：设备费	施工机具使用费	企业管理费	利润	规费	税金	
28.1	40101084	装载机装土方	m³	901.390	0.30			1.61	0.15	0.12		0.24	2.42
28.2	40101089	自卸汽车运土（载重10 t以内）运距1 km以内)	m³	4645.790	0.15			7.09	0.55	0.47		0.91	9.17
		2. 雨水管道											
29	040501004001	塑料管道铺设（DN300 mm） 1）管道材料名称：HDPE 缠绕管 2）管材规格：DN300 3）埋设深度：见设计图纸 4）接口形式：电熔管件熔接 5）垫层厚度，材料品种，温度：中粗砂 20 cm 厚	m	253.000	9.55	99.40		0.24	8.30	7.05		13.70	138.23
29.1	40502072	塑料管道铺设管径（300 mm以内）	m	236.800	5.17	83.76			6.76	5.74		11.16	112.58
29.2	40501056	垫层 砂	m³	27.469	43.35	193.49		2.17	18.17	15.43		29.99	302.60
30	040501004002	塑料管道铺设（DN400 mm） 1）管道材料名称：HDPE 缠绕管 2）管材规格：DN400 3）埋设深度：见设计图纸 4）接口形式：电熔管件熔接 5）垫层厚度，材料品种，温度：中粗砂 20 cm 厚	m	136.250	18.64	177.24		0.61	14.93	12.69		24.65	248.76
30.1	40502073	塑料管铺设管径（400 mm以内）	m	133.450	6.63	125.62			10.05	8.54		16.59	167.44
30.2	40501056	垫层 砂	m³	38.167	43.35	193.49		2.17	18.17	15.43		29.99	302.60

分部分项工程量清单综合单价分析表

工程名称：××××市政道路　　单项工程　　　　　　　　　　　　　　　第 11 页　共 19 页

序号	项目编码	项目名称及特征描述	单位	工程量	综合单价组成（元）						综合单价（元）
					人工费	材料费	其中：设备费	施工机具使用费	企业管理费	利润	规费	税金	
31	040501004003	塑料管道铺设（DN500 mm） 1）管道材料名称：HDPE 缠绕管 2）管道材料规格：DN500 3）埋设深度：见设计图纸 4）接口形式：电熔管件熔接 5）垫层厚度、材料品种：中粗砂 20 cm 厚	m	213.470	21.05	246.77		0.65	20.40	17.33		33.68	339.88
31.1	40502074	塑料管铺设管径（500 mm 以内）	m	206.470	8.32	195.15			15.46	13.14		25.53	257.60
31.2	40501056	垫层 砂	m³	64.006	43.35	193.49		2.17	18.17	15.43		29.99	302.60
32	040501001001	混凝土管铺设（DN600） 1）管道有筋无筋：承插式 II 级钢筋混凝土排水管 2）规格：d600 3）埋设深度：见设计图纸 4）接口形式：1：2 水泥砂浆接口，详见 04S516-21 5）垫层厚度、材料品种、强度：砾石 200 mm 厚 6）基础断面形式、混凝土强度等级：120° C15 砼管基管座	m	369.980	72.19	262.10		1.63	25.53	21.69		42.14	425.28
32.1	40502050	承插式钢筋混凝土管人工下管管径（600 mm 以内）	m	360.280	15.87	149.52		2.54	12.57	10.68		20.75	209.38
32.2	40502050	垫层 砾石	m³	142.738	55.92	147.61			15.66	13.30		25.85	260.89
32.3	40501064	渠（管）道基础 混凝土平基混凝土	m³	64.155	184.10	337.25		3.78	39.91	33.90		65.88	664.83
32.4	40502166	水泥砂浆接口 管径（600 mm 以内）	口	180.000	6.65	2.20			0.67	0.57		1.11	11.21

分部分项工程量清单综合单价分析表

工程名称:××××市政道路　单项工程　　　　　　　　　　　　　　　　　　　　第 12 页　共 19 页

序号	项目编码	项目名称及特征描述	单位	工程量	人工费	材料费	其中:设备费	施工机具使用费	企业管理费	利润	规费	税金	综合单价(元)
33	040501001002	混凝土管铺设(DN800) 1)管有筋无筋:承插式Ⅱ级钢筋混凝土排水管 2)规格:d800 3)埋设深度:见设计图纸 4)接口形式:1:2水泥砂浆接口,详见04S516-21 5)垫层厚度、材料品种、强度:碎砾石200 mm厚 6)基础断面形式,混凝土强度等级:120°C15砼管基管座	m	164.510	94.84	406.93		7.34	38.69	32.87		63.87	644.55
33.1	40502056	承插式钢筋混凝土管 人机配合下管(800 mm以内)	m	159.610	14.03	249.82		5.28	20.45	17.38		33.77	340.73
33.2	40501057	垫层 砾石	m³	75.017	55.92	147.61		2.54	15.66	13.30		25.85	260.89
33.3	40501064	渠(管)道基础 混凝土平基混凝土	m³	46.385	184.10	337.25		3.78	39.91	33.90		65.88	664.83
33.4	40502168	水泥砂浆接口 管径(800 mm以内)	口	80.000	7.86	4.41		0.93	0.79			1.54	15.53
34	040501001003	混凝土管铺设(DN1000) 1)管有筋无筋:承插式Ⅱ级钢筋混凝土排水管 2)规格:d1000 3)埋设深度:见设计图纸 4)接口形式:1:2水泥砂浆接口,详见04S516-21 5)垫层厚度、材料品种、强度:碎砾石200 mm厚 6)基础断面形式,混凝土强度等级:120°C15砼管基管座	m	37.320	129.62	373.35		3.04	38.46	32.67		63.49	640.63

分部分项工程量清单综合单价分析表

工程名称:××××市政道路　单项工程　　　　　　　　　　　　　　　　　　　　　　　　　　　　　　　第13页　共19页

序号	项目编码	项目名称及特征描述	单位	工程量	人工费	材料费	其中:设备费	施工机具使用费	企业管理费	利润	规费	税金	综合单价(元)
34.1	40502050	承插式钢筋混凝土管 人工下管 管径(600 mm 以内)	m	35.920	15.87	149.52		2.54	12.57	10.68		20.75	209.38
34.2	40501057	垫层 砾石	m³	20.474	55.92	147.61			15.66	13.30		25.85	260.89
34.3	40501064	渠(管)道基础 混凝土平基 混凝土	m³	16.311	184.10	337.25		3.78	39.91	33.90		65.88	664.83
34.4	40502166	水泥砂浆接口 管径(600 mm 以内)	口	18.000	6.65	2.20			0.67	0.57		1.11	11.21
		3. 污水管道											
35	040501004004	塑料管道铺设 1)管道材料名称:HDPE 缠绕管 2)管道材规格:DN300 3)埋设深度:见设计图纸 4)接口形式:电熔管件熔接 5)垫层厚度,材料品种,强度:中粗砂 20 cm 厚	m	67.000	17.55	131.38		0.55	11.36	9.65		18.75	189.25
35.1	40502072	塑料管铺设管径(300 mm 以内)	m	64.900	5.17	83.76			6.76	5.74		11.16	112.58
35.2	40501056	垫层 砂	m³	17.004	43.35	193.49		2.17	18.17	15.43		29.99	302.60
35.3	40502281	管道闭水试验(φ400 mm 以内)	km	0.067	1544.74	1142.63			204.24	173.50		337.16	3402.26
36	040501004006	塑料管道铺设 1)管道材料名称:HDPE 缠绕管 2)管道材规格:DN400 3)埋设深度:见设计图纸 4)接口形式:电熔管件熔接 5)垫层厚度,材料品种,强度:中粗砂 20 cm 厚	m	492.630	20.19	178.33		0.61	15.13	12.86		24.98	252.10

分部分项工程量清单综合单价分析表

工程名称:××××市政道路　单项工程

第 14 页　共 19 页

序号	项目编码	项目名称及特征描述	单位	工程量	综合单价组成(元)							综合单价(元)
					人工费	材料费	其中:设备费	施工机具使用费	企业管理费	利润	规费	税金	
36.1	40502073	塑料管铺设管径(400 mm 以内)	m	482.130	6.63	125.62			10.05	8.54		16.59	167.44
36.2	40501056	垫层 砂	m³	138.089	43.35	193.49		2.17	18.17	15.43		29.99	302.60
36.3	40502281	管道闭水试验(φ400 mm 以内)	km	0.493	1544.74	1142.63			204.24	173.50		337.16	3402.26
		桥涵工程											
37		1. 涵洞工程(K6+037.40)											
37.1	04010100 2003	挖沟槽土方 1)土壤类别:一、二类土 2)挖土深度:2 m 以内 3)涵洞基础	m³	487.050	1.69				3.43	0.33		0.64	6.49
37.1	40101004	人工挖沟槽土方 一、二类土 槽深(2 m 以内)	m³	34.110	17.64				1.34	1.14		2.21	22.33
37.2	40101063	小型挖掘机挖槽坑土方(装车 一、二类土)	m³	648.140	0.34			2.58	0.22	0.19		0.37	3.70
38	04010100 2004	挖沟槽土方 1)土壤类别:一、二类土 2)挖土深度:4 m 以内 3)涵洞基础	m³	31.990	1.78				3.35	0.33		0.64	6.51
38.1	40101005	人工挖沟槽土方 一、二类土 槽深(4 m 以内)	m³	2.190	19.59				1.49	1.26		2.46	24.80
38.2	40101063	小型挖掘机挖槽坑土方(装车 一、二类土)	m³	41.580	0.34			2.58	0.22	0.19		0.37	3.70

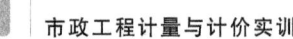

分部分项工程量清单综合单价分析表

工程名称：××××市政道路　　单项工程　　　　　　　　　　　　　　　　　　第 15 页　共 19 页

序号	项目编码	项目名称及特征描述	单位	工程量	综合单价组成（元）							综合单价（元）
					人工费	材料费	其中：设备费	施工机具使用费	企业管理费	利润	规费	税金	
39	040103001003	回填砂碎 1）台背回填砂碎 2）密实度：按设计图纸要求	m³	38.300	64.49	989.66		11.66	81.00	68.81		133.72	1349.35
39.1	40101110	台背回填（碎石灌砂）	m³	245.290	10.07	154.53		1.82	12.65	10.74		20.88	210.69
40	040103002002	余方弃置 1）废弃料品种：一、二类土 2）运距：1 km以内	m³	519.040	0.63			12.26	0.98	0.83		1.62	16.32
40.1	40101089	自卸汽车运土（载重10 t以内运距1 km以内）	m³	730.790	0.15			7.09	0.55	0.47		0.91	9.17
40.2	40101084	装载机装土方	m³	730.790	0.30			1.61	0.15	0.12		0.24	2.42
41	040303002001	C20片石混凝土基础 1）部位：砼盖板基础 2）掺料（片石）比例：15% 3）混凝土强度等级、石料最大粒径：C20粒径5～40 4）碎石灌砂垫层厚度：10 cm	m³	154.890	98.17	326.48		18.18	33.65	28.59		55.56	560.63
41.1	40305003T	基础（毛石混凝土）	m³	154.890	76.10	302.89			28.80	24.47		47.55	479.81
41.2	40305001	垫层（碎石）	m³	25.810	47.59	141.55			14.38	12.21		23.73	239.46
41.3	40107048	混凝土搅拌机拌和 容量（250 L以内）	m³	133.670	15.01			6.67	1.65	1.40		2.72	27.45
41.4	40105017T	机动翻斗车运输混凝土（沥青）混合料（运距300 m以内）	m³	133.670	1.37			14.39	1.20	1.02		1.98	19.96

分部分项工程量清单综合单价分析表

工程名称：××××市政道路 单项工程 第16页 共19页

序号	项目编码	项目名称及特征描述	单位	工程量	综合单价组成（元）							综合单价（元）
					人工费	材料费	其中：设备费	施工机具使用费	企业管理费	利润	规费	税金	
42	040303004001	C25混凝土涵台帽 1)混凝土强度等级、石料最大粒径：C25 粒径5~40 2)部位：涵台帽	m³	54.590	161.82	476.01		61.75	53.17	45.16		87.77	885.67
42.1	40305028T	台帽	m³	54.590	145.19	476.01		40.37	50.28	42.71		83.00	837.55
42.2	40107048	混凝土搅拌机拌和 容量（250 L以内）	m³	55.410	15.01			6.67	1.65	1.40		2.72	27.45
42.3	40105017T	机动翻斗车运输混凝土（沥青）混合料（运距300 m以内）	m³	55.410	1.37			14.39	1.20	1.02		1.98	19.96
43	040303005001	C20片石混凝土涵台身 1)部位：涵台台身 2)嵌料（片石）比例：15% 3)混凝土强度等级、石料最大粒径：C20 粒径5~40	m³	96.000	150.42	431.54		47.65	47.85	40.65		78.99	797.10
43.1	40305009T	轻型桥台	m³	96.000	140.97	431.54		35.49	46.21	39.25		76.28	769.74
43.2	40107048	混凝土搅拌机拌和 容量（250 L以内）	m³	55.410	15.01			6.67	1.65	1.40		2.72	27.45
43.3	40105017T	机动翻斗车运输混凝土（沥青）混合料（运距300 m以内）	m³	55.410	1.37			14.39	1.20	1.02		1.98	19.96
44	040304003001	预制混凝土板 1)预应力、非预应力：非预应力 2)混凝土强度等级、石料最大粒径：C30 粒径5~40 3)部位：砼盖板 4)形状：矩形	m³	42.750	188.14	417.56		50.07	49.84	42.34		82.28	830.23

分部分项工程量清单综合单价分析表

工程名称：××××市政道路 单项工程 第17页 共19页

序号	项目编码	项目名称特征描述	单位	工程量	综合单价组成（元）							综合单价（元）
					人工费	材料费	其中：设备费	施工机具使用费	企业管理费	利润	规费	税金	
44.1	40306004	矩形板、连续板	m³	42.750	113.85	387.47		0.52	38.14	32.40		62.96	635.33
44.2	40308001	垫滚子纹运混凝土板、梁构件 轮电动卷扬机 构件重10 t以内 100 m	m³	42.750	29.03	17.11		1.07	3.59	3.05		5.92	59.77
44.3	40308011	载重汽车运输 第一个1 km 汽车式起重汽车装卸 载重汽车装载 质量8 t以内	m³	42.750	4.21	3.67			2.29	1.95		3.79	38.20
44.4	40307005	矩形板 起重机安装	m³	42.750	25.82	9.31		22.30	4.15	3.52		6.84	69.07
44.5	40107048	混凝土搅拌机拌和 容量（250 L以内）	m³	43.390	15.01			19.42	1.65	1.40		2.72	27.45
45	04030400500 1	预制混凝土帽石 1)混凝土强度等级、粒径5~20 径:C25 粒径5~20 2)部位:帽石	m³	0.500	318.76	390.28		47.04	57.46	48.80		94.88	957.20
45.1	40306034	小型构件 缘石、人行道板、锚定板	m³	0.500	155.04	390.27		5.73	41.88	35.58		69.14	697.64
45.2	40307085	小型构件 缘石	m³	0.500	115.34				8.77	7.45		14.47	146.02
45.3	40105005	汽车运输小型构件 人力装卸 距1 km	m³	0.500	33.06			34.50	5.13	4.36		8.48	85.54
45.4	40107048	混凝土搅拌机拌和 容量（250 L以内）	m³	0.510	15.01			6.67	1.65	1.40		2.72	27.45
46	04030500300 1	浆砌片石八字墙基础 1)砂浆强度等级:M10 2)部位:八字墙基础 3)材料品种:片石	m³	6.690	111.75	241.71		0.97	26.94	22.88		44.47	448.73

实训二 市政工程工程量清单计价

分部分项工程量清单综合单价分析表

工程名称：××××市政道路　　单项工程　　　　　　　　　　　　　　　　　　　　　　　　　　　　　　　　　　　第18页　共19页

序号	项目编码	项目名称及特征描述	单位	工程量	综合单价组成（元）							综合单价（元）
					人工费	材料费	其中：设备费	施工机具使用费	企业管理费	利润	规费	税金	
46.1	40303003T	浆砌片石 基础护底	m³	6.690	91.30	235.35		0.97	24.90	21.15		41.10	414.78
46.2	40106030	勾缝 浆砌片石 石面勾缝	m²	15.000	9.12	2.84			0.91	0.77		1.50	15.14
47	04030500300

2 | 浆砌片石八字墙截水墙 1）砂浆强度等级：M10 2）部位：八字墙截水墙 3）材料品种：片石 | m³ | 3.870 | 114.42 | 232.43 | | 0.97 | 26.43 | 22.45 | | 43.64 | 440.36 |
| 47.1 | 40303003T | 浆砌片石 基础护底 | m³ | 3.870 | 91.30 | 225.24 | | 0.97 | 24.13 | 20.50 | | 39.84 | 401.98 |
| 47.2 | 40106030 | 勾缝 浆砌片石 石面勾缝 | m² | 9.810 | 9.12 | 2.84 | | | 0.91 | 0.77 | | 1.50 | 15.14 |
| 48 | 04030500300

3 | 浆砌片石八字墙墙身 1）砂浆强度等级：M10 2）部位：八字墙墙身 3）材料品种：片石 | m³ | 7.720 | 270.69 | 244.57 | | 20.12 | 40.69 | 34.56 | | 67.17 | 677.81 |
| 48.1 | 40303001 | 浆砌片石 墩台身 | m³ | 7.720 | 239.76 | 234.95 | | 20.12 | 37.61 | 31.95 | | 62.08 | 626.47 |
| 48.2 | 40106030 | 勾缝 浆砌片石 石面勾缝 | m² | 26.180 | 9.12 | 2.84 | | | 0.91 | 0.77 | | 1.50 | 15.14 |
| 49 | 04030500300

4 | 浆砌片石八字墙铺砌 1）砂浆强度等级：M10 2）部位：八字墙铺砌 3）材料品种：片石 | m³ | 4.990 | 91.30 | 235.35 | | 0.97 | 24.90 | 21.15 | | 41.10 | 414.78 |
| 49.1 | 40303003T | 浆砌片石 基础护底 | m³ | 4.990 | 91.30 | 235.35 | | 0.97 | 24.90 | 21.15 | | 41.10 | 414.78 |
| 50 | 04060102900

1 | 沉降缝 1）沉降缝部位：洞身 2）材料品种：沥青 3）降缝规格：1 cm | m | 92.000 | 2.38 | 5.95 | | | 0.63 | 0.54 | | 1.05 | 10.55 |

分部分项工程量清单综合单价分析表

工程名称：××××市政道路 单项工程 第 19 页 共 19 页

序号	项目编码	项目名称及特征描述	单位	工程量	综合单价组成（元）						综合单价（元）
					人工费	材料费	其中：设备费	施工机具使用费	企业管理费	利润	规费	税金	

序号	项目编码	项目名称及特征描述	单位	工程量	人工费	材料费	其中：设备费	施工机具使用费	企业管理费	利润	规费	税金	综合单价（元）
50.1	40307118	安装沉降缝 油毡—油	m²	92.000	2.38	5.95			0.63	0.54		1.05	10.55
51	040901001001	现浇构件钢筋 1）材质：HPB235 2）部位：台帽 3）光圆钢筋，直径φ10以内	t	1.127	1157.10	2267.30		65.29	265.22	225.30		437.83	4418.03
51.1	40304005	现浇混凝土 圆钢筋（φ10以内）	t	1.127	1157.10	2267.30		65.29	265.22	225.29		437.82	4418.03
52	040901002001	预制矩形板钢筋 1）材质：HRB335 2）部位：盖板 3）螺纹钢筋，直径φ20以内	t	3.860	494.79	2097.89		66.59	202.10	171.68		333.64	3366.70
52.1	40304003	预制混凝土 螺纹钢筋（φ10以外）	t	3.860	494.79	2097.89		66.59	202.10	171.68		333.64	3366.70
53	040901002002	预制矩形板钢筋 1）材质：HPB235 2）部位：盖板 3）光圆钢筋，直径φ10以内	t	0.961	894.95	2269.69		66.40	245.56	208.60		405.37	4090.57
53.1	40304001	预制混凝土 圆钢筋（φ10以内）	t	0.961	894.95	2269.69		66.40	245.56	208.60		405.37	4090.57

（二）编制分部分项工程量清单计价表（含定额表）

分部分项工程量清单与计价表

工程名称：××××市政道路　单项工程　　　　　　　　　　　　　第1页　共5页

序号	项目编码	项目名称	项目特征描述	计量单位	工程量	金额（元）	
						综合单价	合价
		市政工程					
		道路工程					
		1. 主路机动车道					
1	040202015001	32 cm 水泥稳定碎（砾）石层	1)水泥含量：5% 2)厚度：32 cm 3)材料规格：水泥稳定碎石	m²	13940.000	134.83	1879530.20
2	040202011001	16 cm 级配碎石基层	1)厚度：16 cm 2)石料规格：水泥稳定碎石	m²	13160.000	34.56	454809.60
3	040203003001	透层	1)石油沥青 2)0.7~1.5 L/m²	m²	26940.000	3.30	88902.00
4	040203003002	黏层	1)材料品种：石油沥青 2)喷油量：0.3~0.6 kg/m²	m²	37000.000	1.84	68080.00
5	040203004001	下封层		m²	13940.000	1.69	23558.60
6	040203005001	17 cm ATB-25 密级配沥青碎石	1)厚度：17 cm 2)沥青品种：改性沥青 3)石料最大粒径：25 cm 4)商品沥青混凝土	m²	12000.000	179.29	2151480.00
7	040203005002	5 cm ATB-25 密级配沥青碎石	1)厚度：5 cm 2)沥青品种：改性沥青 3)石料最大粒径：25 cm 4)商品沥青混凝土	m²	650.000	52.78	34307.00
8	040203006001	6 cm AC-20 沥青混凝土	1)厚度：6 cm 2)沥青品种：改性沥青 3)石料最大粒径：20 cm 4)商品沥青混凝土	m²	12000.000	66.99	803880.00
9	040203006002	4 cm AC-13 沥青混凝土	1)厚度：4 cm 2)沥青品种：改性沥青 3)石料最大粒径：13 cm 4)商品沥青混凝土	m²	12000.000	48.85	586200.00
		2. 辅路机动车道					
10	040203006004	4 cm AC-13 沥青混凝土	1)厚度：4 cm 2)沥青品种：改性沥青 3)石料最大粒径：13 cm 4)商品沥青混凝土	m²	7102.880	48.85	346975.69
11	040203006005	6 cm AC-20 沥青混凝土	1)厚度：6 cm 2)沥青品种：改性沥青 3)石料最大粒径：20 cm 4)商品沥青混凝土	m²	7102.880	66.99	475821.93
12	040203005003	10 cm ATB-25 密级配沥青碎石	1)厚度：10 cm 2)沥青品种：改性沥青 3)石料最大粒径：25 cm 4)商品沥青混凝土	m²	7102.880	105.49	749282.81
13	040202011002	16 cm 级配碎石基层	1)厚度：16 cm 2)石料规格：级配碎石	m²	7102.880	34.56	245475.53
			本页小计				7908303.36

分部分项工程量清单与计价表

工程名称：××××市政道路 单项工程　　　　　　　　　　　　　　　　　　第 2 页　共 5 页

序号	项目编码	项目名称	项目特征描述	计量单位	工程量	金额(元)	
						综合单价	合价
14	040202011003	14 cm 级配碎石基层	1)厚度:14 cm 2)石料规格:级配碎石	m²	736.400	22.35	16458.54
15	040203003003	透层	1)石油沥青 2)0.7~1.5 L/m²	m²	15380.020	3.30	50754.07
16	040203003004	黏层	1)材料品种:石油沥青 2)喷油量:0.3~0.6 kg/m²	m²	21308.640	1.84	39207.90
17	040203004002	下封层	1)材料品种:改性乳化沥青 2)喷油量:1.5 kg/m² 3)厚度:1 cm	m²	8277.140	1.69	13988.37
18	040202015002	20 cm 水泥稳定碎(砾)石层	1)水泥含量:5% 2)厚度:20 cm 3)材料规格:水泥稳定碎石	m²	8423.320	97.90	824643.03
		3. 路缘石					
19	040204004001	安砌侧(平、缘)石 A 型	1)详见附录一 SⅡ-2-22	m	1000.000	122.32	122320.00
20	040204004002	安砌侧(平、缘)石 B 型	1)详见附录一 SⅡ-2-22	m	1887.430	122.32	230870.44
21	040204004003	安砌侧(平、缘)石 C 型	1)详见附录一 SⅡ-2-22	m	1000.840	100.45	100534.38
22	040204004004	安砌侧(平、缘)石 D 型	1)详见附录一 SⅡ-2-22	m	1664.420	92.27	153576.03
		4. 人行道	1)详见附录一 SⅡ-2-22				
23	040204002001	人行道块料铺设		m²	2923.860	89.33	261188.41
		分部小计					9721844.53
		排水工程					
		1. 土方					
24	040101002001	挖沟槽土方	1)土壤类别:三类土 2)挖土深度:2 m 以内	m³	2373.330	7.88	18701.84
25	040101002002	挖沟槽土方	1)土壤类别:三类土 2)挖土深度:4 m 以内	m³	2276.920	14.68	33425.19
26	040103001001	填方(回填土)	1)填方材料品种:中粗砂 2)密实度:管侧及管顶以上 0.5 m 范围≥92% 管道两侧≥95%	m³	4271.800	225.76	964401.57
27	040103001002	填方(回填土)	1)填方材料品种:三类土 2)密实度:95%以上	m³	564.950	64.88	36653.96
28	040103002001	余方弃置	1)废弃料品种:雨水污水管道沟槽土方 2)运距:1 km 以内	m³	4000.560	11.19	44766.27
		2. 雨水管道					
		本页小计					2911490.00

分部分项工程量清单与计价表

工程名称：××××市政道路　单项工程　　　　　　　　　　　　　　　　第3页　共5页

序号	项目编码	项目名称	项目特征描述	计量单位	工程量	综合单价	合价
29	040501004001	塑料管道铺设(DN300 mm)	1)管道材料名称:HDPE缠绕管 2)管材规格:DN300 3)埋设深度:见设计图纸 4)接口形式:电熔管件熔接 5)垫层厚度、材料品种、强度:中粗砂20 cm厚	m	253.000	138.23	34972.19
30	04050100402	塑料管道铺设(DN400 mm)	1)管道材料名称:HDPE缠绕管 2)管材规格:DN400 3)埋设深度:见设计图纸 4)接口形式:电熔管件熔接 5)垫层厚度、材料品种、强度:中粗砂20 cm厚	m	136.250	248.76	33893.55
31	040501004003	塑料管道铺设(DN500 mm)	1)管道材料名称:HDPE缠绕管 2)管材规格:DN500 3)埋设深度:见设计图纸 4)接口形式:电熔管件熔接 5)垫层厚度、材料品种、强度:中粗砂20 cm厚	m	213.470	339.88	72554.18
32	040501001001	混凝土管铺设(DN600)	1)管有筋无筋:承插式Ⅱ级钢筋混凝土排水管 2)规格:d600 3)埋设深度:见设计图纸 4)接口形式:1∶2水泥砂浆接口,详见04S516-21 5)垫层厚度、材料品种、强度:碎砾石200 mm厚 6)基础断面形式、混凝土强度等级:120°C15砼管基管座	m	369.980	425.28	157345.09
33	040501001002	混凝土管铺设(DN800)	1)管有筋无筋:承插式Ⅱ级钢筋混凝土排水管 2)规格:d800 3)埋设深度:见设计图纸 4)接口形式:1∶2水泥砂浆接口,详见04S516-21 5)垫层厚度、材料品种、强度:碎砾石200 mm厚 6)基础断面形式、混凝土强度等级:120°C15砼管基管座	m	164.510	644.55	106034.92
34	040501001003	混凝土管铺设(DN1000)	1)管有筋无筋:承插式Ⅱ级钢筋混凝土排水管 2)规格:d1000 3)埋设深度:见设计图纸 4)接口形式:1∶2水泥砂浆接口,详见04S516-21 5)垫层厚度、材料品种、强度:碎砾石200 mm厚 6)基础断面形式、混凝土强度等级:120°C15砼管基管座	m	37.320	640.63	23908.31
		3.污水管道					
35	040501004004	塑料管道铺设	1)管道材料名称:HDPE缠绕管 2)管材规格:DN300 3)埋设深度:见设计图纸 4)接口形式:电熔管件熔接 5)垫层厚度、材料品种、强度:中粗砂20 cm厚	m	67.000	189.25	12679.75
			本页小计				441387.99

分部分项工程量清单与计价表

工程名称：××××市政道路　单项工程　　　　　　　　　　　第 4 页　共 5 页

序号	项目编码	项目名称	项目特征描述	计量单位	工程量	金额（元）	
						综合单价	合价
36	040501004006	塑料管道铺设	1)管道材料名称：HDPE 缠绕管 2)管材规格：DN400 3)埋设深度：见设计图纸 4)接口形式：电熔管件熔接 5)垫层厚度、材料品种、强度：中粗砂 20 cm 厚	m	492.630	252.10	124192.02
			分部小计				1663528.84
			桥涵工程				
			1. 涵洞工程（K6+037.40）				
37	040101002003	挖沟槽土方	1)土壤类别：一、二类土 2)挖土深度：2 m 以内 3)涵洞基础	m³	487.050	6.49	3160.95
38	040101002004	挖沟槽土方	1)土壤类别：一、二类土 2)挖土深度：4 m 以内 3)涵洞基础	m³	31.990	6.51	208.25
39	040103001003	回填砂碎	1)台背回填砂碎 2)密实度：按设计图纸要求	m³	38.300	1349.35	51680.11
40	040103002002	余方弃置	1)废弃料品种：一、二类土 2)运距：1 km 以内	m³	519.040	16.32	8470.73
41	040303002001	C20 片石混凝土基础	1)部位：砼盖板基础 2)嵌料（片石）比例：15% 3)混凝土强度等级、石料最大粒径：C20 粒径 5～40 4)碎石灌砂垫层厚度：10 cm	m³	154.890	560.63	86835.98
42	040303004001	C25 混凝土涵台帽	1)混凝土强度等级、石料最大粒径：C25 粒径 5～40 2)部位：涵台帽	m³	54.590	885.67	48348.73
43	040303005001	C20 片石混凝土涵台	1)部位：涵台台身 2)嵌料（片石）比例：15% 3)混凝土强度等级、石料最大粒径：C20 粒径 5～40	m³	96.000	797.10	76521.60
44	040304003001	预制混凝土板	1)预应力、非应力：非应力 2)混凝土强度等级、石料最大粒径：C30 粒径 5～40 3)部位：砼盖板 4)形状：矩形	m³	42.750	830.23	35492.33
45	040304005001	预制混凝土帽石	1)混凝土强度等级、石料最大粒径：C25 粒径 5～20 2)部位：帽石	m³	0.500	957.20	478.60
46	040305003001	浆砌片石八字墙基础	1)砂浆强度等级：M10 2)部位：八字墙基础 3)材料品种：片石	m³	6.690	448.73	3002.00
47	040305003002	浆砌片石八字墙截水墙	1)砂浆强度等级：M10 2)部位：八字墙截水墙 3)材料品种：片石	m³	3.870	440.36	1704.19
			本页小计				440095.49

分部分项工程量清单与计价表

工程名称：××××市政道路　单项工程　　　　　　　　　　　　　　　第5页　共5页

序号	项目编码	项目名称	项目特征描述	计量单位	工程量	金额（元）	
						综合单价	合价
48	040305003003	浆砌片石八字墙墙身	1）砂浆强度等级：M10 2）部位：八字墙身 3）材料品种：片石	m^3	7.720	677.81	5232.69
49	040305003004	浆砌片石八字墙铺砌	1）砂浆强度等级：M10 2）部位：八字墙铺砌 3）材料品种：片石	m^3	4.990	414.78	2069.75
50	040601029001	沉降缝	1）沉降缝部位：洞身 2）材料品种：沥青 3）降缝规格：1 cm	m	92.000	10.55	970.60
51	040901001001	现浇构件钢筋	1）材质：HPB235 2）部位：台帽 3）光圆钢筋，直径 ϕ10 以内	t	1.127	4418.03	4979.12
52	040901002001	预制矩形板钢筋	1）材质：HRB335 2）部位：盖板 3）螺纹钢筋，直径 ϕ20 以内	t	3.860	3366.70	12995.46
53	040901002002	预制矩形板钢筋	1）材质：HPB235 2）部位：盖板 3）光圆钢筋，直径 ϕ10 以内	t	0.961	4090.57	3931.04
			分部小计				346082.13
			本页小计				30178.66
			合　　计				11731455.50

三、练习

请同学们根据所给的工程量清单及相关的图纸等资料完成路基土石方工程、防护工程、涵洞工程（K6+461.80）的工程量计算、定额选套及工程量清单综合单价分析表、分部分项工程量清单计价表的编制。

工作任务 2-3　其他相关费用的计算、成果形成

▶学习目标

◇ 能正确计算总价措施项目费、单价措施项目费；

◇ 能正确编制总价措施项目清单与计价表、单价措施项目清单与计价表；

◇ 能编制单位工程汇总表、单项工程汇总表。

▶任务描述

根据施工图设计文件、分部分项工程量清单计价表计算总价措施项目费和单价措施项目费并计算单项工程造价。

一、相关知识

(一)建筑安装工程造价的计算

建筑安装工程造价包括分部分项工程费、措施项目费、其他项目费。

1. 分部分项工程费

分部分项工程费是指为完成构成工程实体及设计规定的分部分项工程的费用,按照分部分项工程量乘以综合单价计算。

2. 措施项目费用

措施项目费用是指为完成建设工程施工,发生于该工程施工前和施工过程中的技术、生活、安全、环境保护等方面的费用,包含以下十项费用,并将其分为总价措施项目费和单价措施项目费,其中,总价措施项目费包括安全文明施工费(文明施工、安全施工、临时设施、环境保护)和其他总价措施费(夜间施工增加费、已完工程及设备保护费、风雨季施工增加费、冬季施工增加费、工程定位复测费),单价措施项目费包括二次搬运费、大型机械设备进出场及安拆等相关费用、脚手架工程费、现行国家各专业工程工程量清单计算规范及福建省规定的其他各项措施费。

3. 其他项目费

表 2-15　建筑安装工程造价计算程序表

序号	项目名称	计算办法
1	分部分项工程费	$\sum$(工程量×综合单价)
2	措施项目费	$\sum$(总价措施项目费+单价措施项目费)
3	其他项目费	编制施工图预算、工程量清单、招标控制价(最高投标限价)、投标报价时:其他项目费=$\sum$(暂列金额+专业工程暂估价+总承包服务费) 编制结算时:其他项目费=$\sum$(总承包服务费+优质工程增加费+缩短定额工期增加费+远程监控系统租赁费+发包人检测费+工程噪声超标排污费+渣土收纳费)
4	总造价	1+2+3

二、示例

根据图纸、施工组织设计、定额工程量计算表、分部分项工程清单计价表,K6+000~K6+500 路面工程、排水工程及盖板涵(K6+037.04)总价措施项目费和单价措施项目费计算如下:

1. 总价措施项目费计算

已知分部分项工程费为 11734801 元,安全文明施工费费率取 2.12%,其他总价措施项目费费率 0.490%,则

安全文明施工费=分部分项工程费×2.12%=11734801×2.12%=248778 元

其他总价措施项目费=分部分项工程费×0.490%=11734801×0.490%=57500 元

总价措施项目费=安全文明施工费+其他总价措施项目费=306278 元

将计算结果填入表 2-16。

表 2-16　总价措施项目清单与计价表

工程名称:×××市政道路　　　　　　　　　　　　　　　　　　　　第 1 页　共 1 页

序号	项目名称	计算基础(元)	费率(%)	金额(元)
1	安全文明施工费	11734801	2.12	248778
2	其他总价措施项目费	11734801	0.490	57500
	合计			306278

2. 单价措施项目费计算

单价措施项目费综合单价计算同分部分项工程综合单价的计算。

单价措施项目清单与计价表见表 2-17、表 2-18。

单价措施项目清单综合单价分析表见表 2-19。

表 2-17　单价措施项目清单与计价表(含定额)

工程名称:××××市政道路　单项工程　　　　　　　　　　　　　　　第 1 页　共 1 页

序号	项目编码	项目名称	项目特征描述	计量单位	工程量	金额(元)	
						综合单价	合价
		道路工程					
1	041106001001	大型机械设备进出场及安拆		项	1.000	3344.54	3344.54
	40107062	大型机械设备进出场 沥青混凝土摊铺机		台次	1.000	3344.54	3344.54
		本页小计					3344.54
		合　　计					3344.54

表 2-18　单价措施项目清单与计价表

工程名称:×××市政道路　　　　　　　　　　　　　　　　　　　　第 1 页　共 1 页

序号	项目编码	项目名称	项目特征描述	计量单位	工程量	金额(元)	
						综合单价	合价
		道路工程					
1	041106001001	大型机械设备进出场及安拆		项	1	3344.54	3344.54
		本页小计					3344.54
		合　　计					3344.54

表 2-19　单价措施项目清单综合单价分析表

工程名称：×××× 市政道路　单项工程　　　　　　　　　　　　　　　　　　　　　　　第 1 页　共 1 页

序号	项目编码	项目名称及特征描述	单位	工程量	综合单价组成（元）						综合单价（元）
					人工费	材料费	施工机具使用费	企业管理费	利润	规费	税金	

序号	项目编码	项目名称及特征描述	单位	工程量	人工费	材料费	施工机具使用费	企业管理费	利润	规费	税金	综合单价（元）
		道路工程										
1	041106001001	大型机械设备进出场及安拆	项	1.000	648.00	503.41	1490.37	200.77	170.55		331.44	3344.54
1.1	40107062	大型机械设备进出场 沥青混凝土摊铺机	台次	1.000	648.00	503.41	1490.37	200.77	170.55		331.44	3344.54

实训二 市政工程工程量清单计价

4. 建筑安装工程造价的计算

建筑安装工程造价＝分部分项工程费＋措施项目费＋其他项目费
　　　　　　　　＝分部分项工程费＋总价措施项目费＋单价措施项目费＋其他项目费
　　　　　　　　＝11731456＋306278＋3345＋0＝12041079 元

填写单位工程造价汇总表(见表 2-20)、单项工程造价汇总表(见表 2-21)、工程项目造价汇总表(见表 2-22)。

表 2-20 单位工程造价汇总表

工程名称：×××市政道路　单项工程　　　　　　　　　　　　　　第 1 页　共 1 页

序号	汇总内容	金额(元)
1	分部分项工程费	11731456
1.1	通用项目	
1.2	道路工程	9721845.00
1.3	排水工程	1663529.00
1.4	桥涵工程	346082.00
1.5	隧道工程	
1.6	给水工程	
1.7	燃气工程	
1.8	路灯工程	
2	措施项目费	309623.00
2.1	总价措施项目费	306278
2.1.1	安全文明施工费	248778.00
2.1.2	其他总价措施费	57500.00
2.2	单价措施项目费	3345.00
3	其他项目费	
3.1	暂列金额	
3.2	专业工程暂估价	
3.3	总承包服务费	
	合计＝1＋2＋3－甲供设备费	12041079.00
	总计	12041079

表 2-21 单项工程造价汇总表

工程名称：×××市政道路　单项工程　　　　　　　　　　　　　　第 1 页　共 1 页

序号	单位工程名称	金额(元)	其中:安全文明施工费(元)
1	市政工程	12041079.00	248778.00
	合计	12041079.00	248778.00

表 2-22　工程项目造价汇总表

工程名称：×××市政道路　　　　　　　　　　　　　　　　　　　　　第 1 页　共 1 页

序号	单项工程名称	金额(元)	其中：安全文明施工费(元)
1	单项工程	12041079.00	248778.00
	合　　计	12041079.00	248778.00

5. 编制总说明及封面

略。

三、练习

请同学们根据所给的工程量清单及相关的图纸等资料完成路基土石方工程、防护工程、涵洞工程(K6+461.80)措施项目费、规费、税金的计算，并计算工程造价，形成成果文件。

实训三 市政工程工程量清单计价编制(晨曦工程计价系统 2017)

实训三

市政工程工程量清单计价编制
(晨曦工程计价系统 2017)

➤学习目标
　　◇ 能用软件进行市政工程工程清单计价编制,并输出报表。
➤项目导入
　　◇ 同实训一。
➤任务描述
　　根据提供的图纸,用软件完成信息价下载、费率选择、分部分项清单输入及定额调用,并根据需要进行定额的调整与材料的替换、单价措施项目清单输入及定额调用等,导出报表。

一、相关知识

(一)晨曦工程计价系统 2017 软件的功能特点

　　晨曦工程计价系统 2017 根据《建设工程工程量清单计价规范》(GB 50500-2013)及《福建省房屋建筑与装饰工程预算定额》(FJYD-101-2017)、《福建省构筑物工程预算定额》(FJYD-102-2017)、《福建省装配式建筑工程预算定额》(FJYD-103-2017)、《福建省通用安装工程预算定额》(FJYD-301-2017～FJYD-311-2017)、《福建省市政工程预算定额》(FJYD-401-2017～FJYD-409-2017)、《福建省园林绿化工程预算定额》(FJYD-501-2017)、《福建省建设工程混凝土、砂浆等半成品配合比》(2017 版)、《福建省建筑安装工程费用定额》(2017 版)等相关配套文件编制完成。晨曦工程计价系统 2017 在继承晨曦计价系列软件优点的基础上,界面更加简洁合理,功能更加实用灵活,数据计算更加准确快速。

　　1. 兼容多种格式
　　兼容晨曦算量格式(.XML)、福建通用导则格式(.xml)、Excel 文件格式等常用算量和计价数据。
　　2. 多级目录管理
　　保留晨曦计价系统多级目录管理特色功能。各级节点数据可以跨工程自由复制、粘贴,使工程数据管理更加方便灵活。
　　3. 调价灵活准确
　　(1)系统内置多种造价模板,且工程模板可自由编辑,可对其扩展属性,满足调价要求;

(2)简单设置取费条件,一步完成所有费用的取费工作;
(3)新增撤销功能,调价更无后顾之忧,堪称完美;
(4)更强大的一键检查功能,是调价的安全卫士;

4. 报表多样输出

(1)系统内置福建省建设工程工程量清单计价表格(2017版)及工程需求常见报表;
(2)根据工程需求设计个性报表并输出。

(二)窗口简介

晨曦软件窗口包括工程台账界面及计价依据窗口、取费设置窗口、分部分项窗口、单价措施费窗口、总价措施费窗口、其他费窗口、材料汇总窗口、造价汇总窗口等。

1. 工程台账界面(图3-1)

(1)打开工程:选择需要打开的工程,点击【打开】按钮,或者双击需要打开的工程。
(2)新建工程:点击【新建】按钮,弹出"新建工程"信息设置窗口,在窗口左边选择需要新建的工程专业,在右边工程信息中输入相应的信息,点击【确定】即可完成新建工程操作。
(3)删除工程:选择需要删除的工程,点击右侧的【删除工程】按钮,在弹出的"删除工程"提示框中点击【是】即可。
(4)导入工程:点击【导入】,在弹出的"导入工程"窗口中选中将要导入的工程文件,单击【打开】即可。
(5)导出工程:选择需要导出的工程,点击【导出】,弹出【导出工程】对话框,点击【浏览】,选择工程的导出路径,然后点击【保存】。
(6)复制工程:选中需要复制的工程,点击【复制工程】即可创建该工程的复件,复制后的工程名前会默认加入"复件"字样。

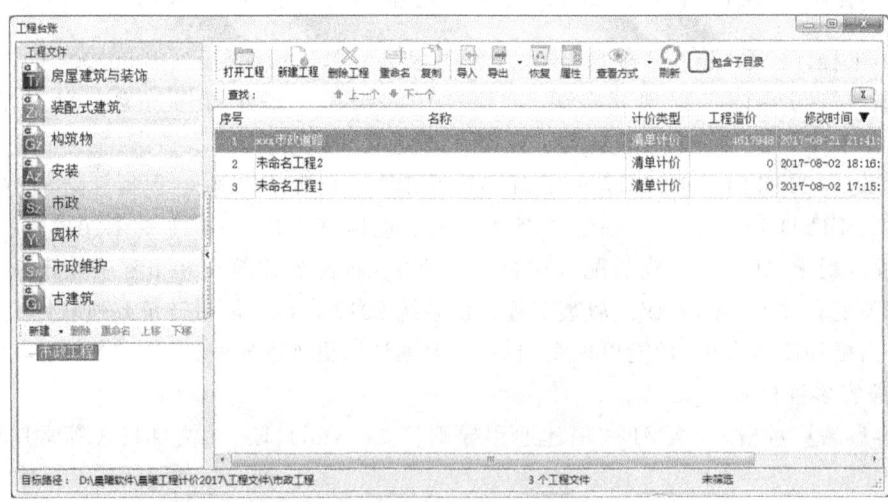

图3-1 工程项目管理界面

2. 计价依据窗口(图3-2)

可进行信息价下载、更换。

实训三 市政工程工程量清单计价编制(晨曦工程计价系统 2017)

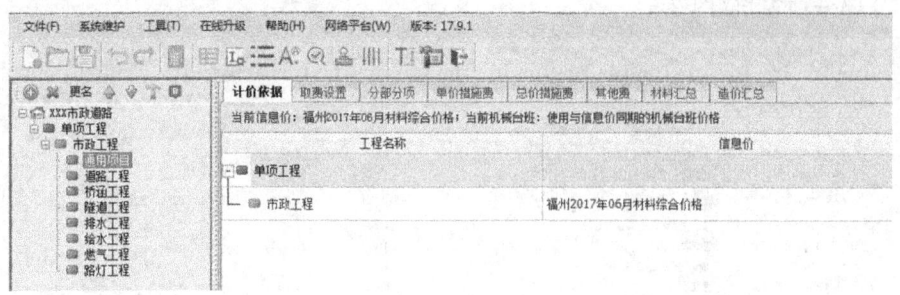

图 3-2 计价依据窗口

3. 取费设置窗口(图 3-3)

取费设置窗口可进行费率调整、费用条件设置、修改综合单价程序等操作。

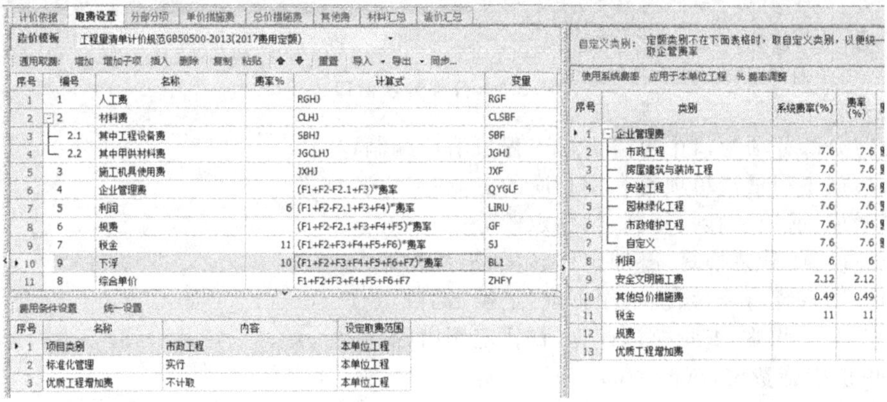

图 3-3 取费设置窗口

(1)造价模板选择

可以根据工程的实际情况选择适合的造价模板。

(2)综合单价计算程序修改

当默认的综合单价计算程序不能满足实际需要时,可以自行修改综合单价程序来实现(图 3-4)。

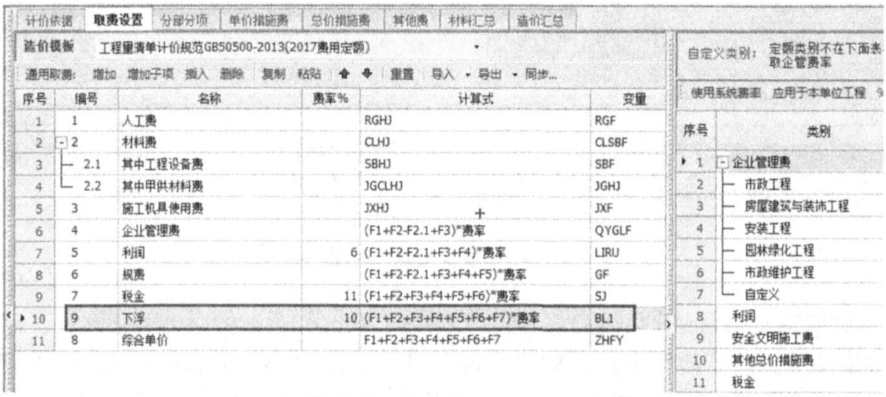

图 3-4 修改综合单价程序

4. 分部分项窗口(图 3-5)

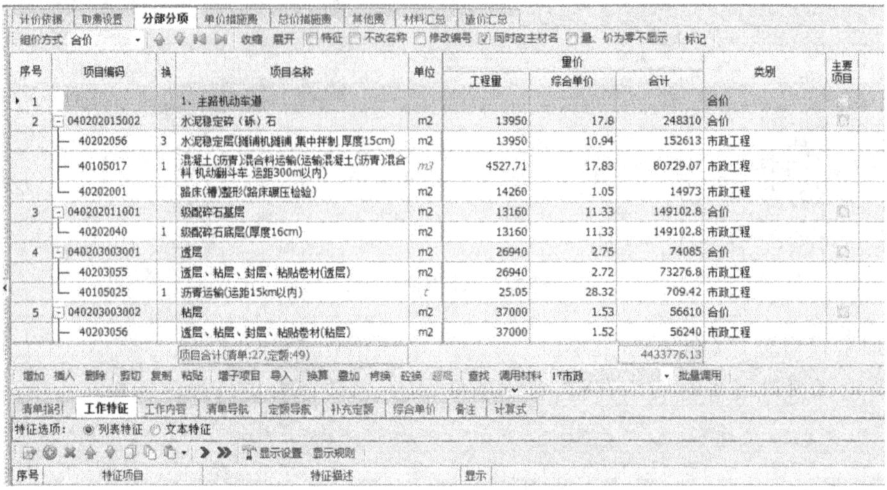

图 3-5 分部分项窗口

(1)在分部分项窗口中可以进行工程量清单编制；
(2)根据工程量清单项目套用相应的定额；
(3)增加、剪切、删除、复制、粘贴定额等；
(4)砼换算、砂浆换算、叠加定额、定额乘系数等；
(5)提供系统清单、系统定额查询、定额指引；
(6)工料机调整,查看换算计算,查看定额内容。

5. 单价措施费窗口(图 3-6)

在单价措施费窗口可以编制单价措施项目清单,套用相应的定额等。

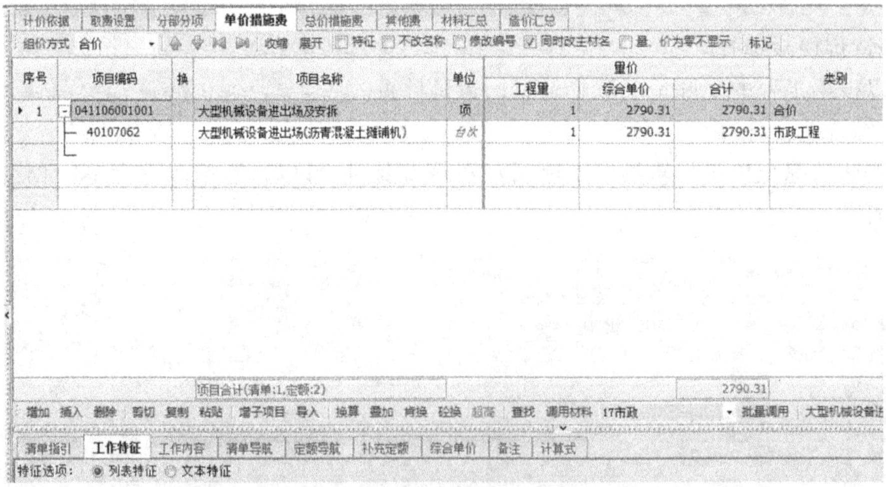

图 3-6 单价措施费窗口

6. 总价措施费窗口(图 3-7)

总价措施项目的费率根据工程的取费情况自动获取,可以通过改变取费设置中的费用条件来影响措施项目的费率,也可以直接输入所需要的费率。费率被修改后会以黄底红字加以区别显示。

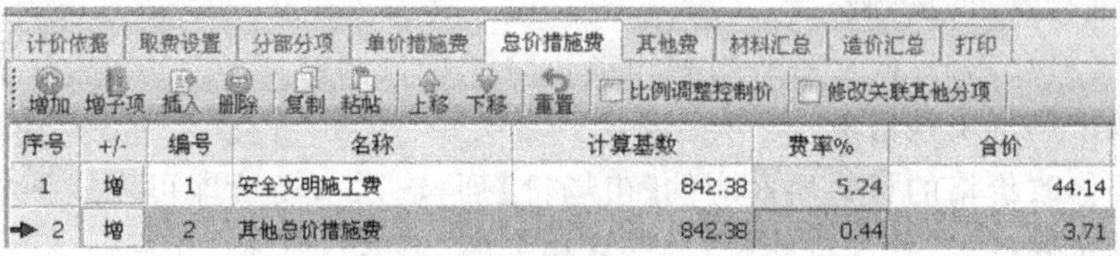

实训三 市政工程工程量清单计价编制(晨曦工程计价系统 2017)

图 3-7 总价措施费窗口

7. 其他费窗口(图 3-8)

其他费界面输入其他项目的金额。【增加默认费用】中为具体项目的明细费用,也可以点击【增加】按钮,增加工程需要费用,修改其计算式进行计算。

图 3-8 其他费窗口

8. 材料汇总窗口

(1)材料排序

在材料汇总界面点击右键,选择【排序】,根据需求进行材料排序,也可以在材料汇总界面最下方工具栏进行选择排序,以便对材料价格进行调整(图 3-9)。

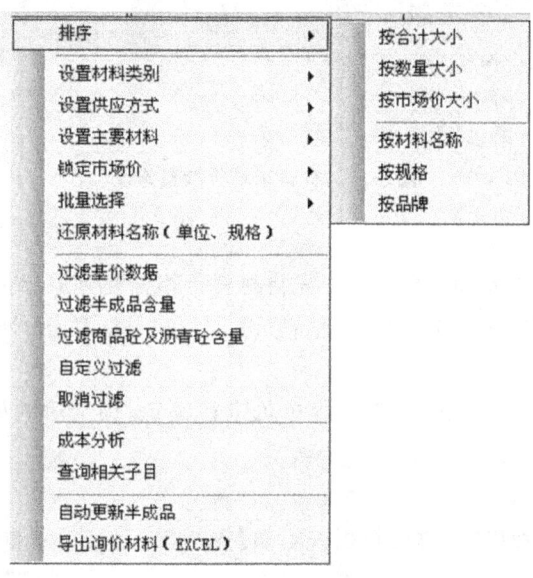

图 3-9 材料排序

(2)市场价修改、批量调整

可以在【材料汇总】界面对各种材料市场价金额进行调整：

①对材料市场价单条修改

点击需要修改价格的材料所对应的【市场价】列，输入市场价即可完成该材料的市场价格调整。市场价修改后，软件自动更新、计算相关的工程数据（图3-10）。

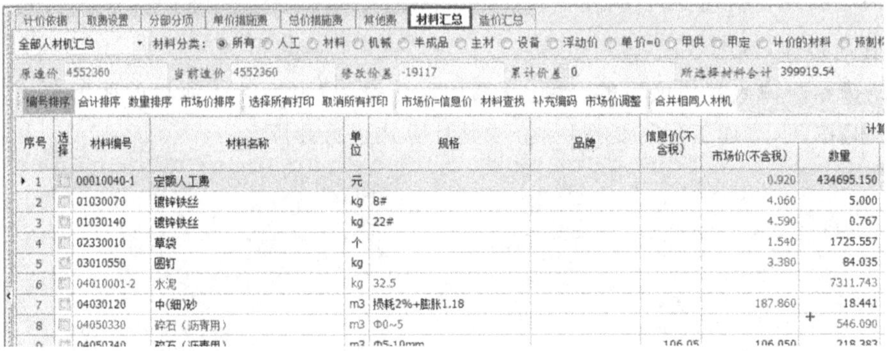

图 3-10　材料市场价修改

②对材料市场价批量修改

如果要对多条材料市场价进行系数调整，可以点击【市场价调整】来完成（图3-11）。

图 3-11　材料市场价批量修改

(3)市场价恢复

如果需要对材料价格重新调整。可以先将材料价格恢复到原始价格后重新调整，选择需要恢复的材料，点击工具栏中的【市场价＝信息价】，可以将材料市场价恢复成信息价（图3-12）。

(4)锁定市场价

可以通过勾选【锁定市场价】列对材料单价进行锁定，锁定后的材料市场价将不进行系数调整与修改。

(5)查找相关子目

可以双击材料，会弹出【汇总材料相关定额】提示框，双击提示框中的定额，系统将指引

实训三 市政工程工程量清单计价编制(晨曦工程计价系统 2017)

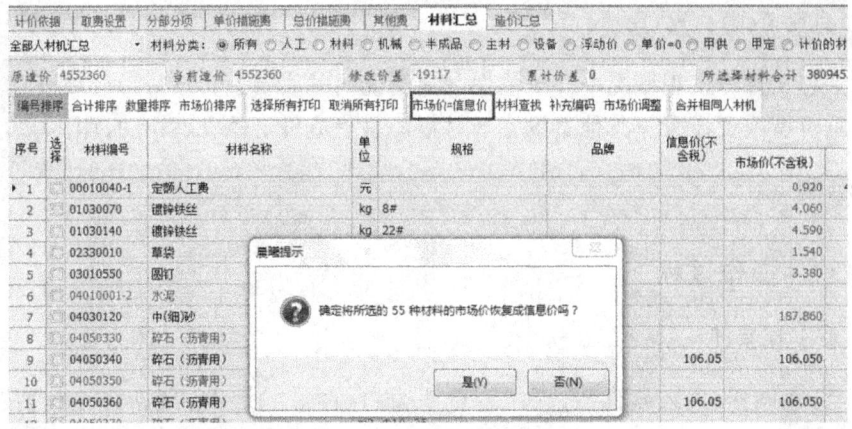

图 3-12 材料市场价恢复成信息价

到相关子项的消耗量界面,方便查找对应(图 3-13)。

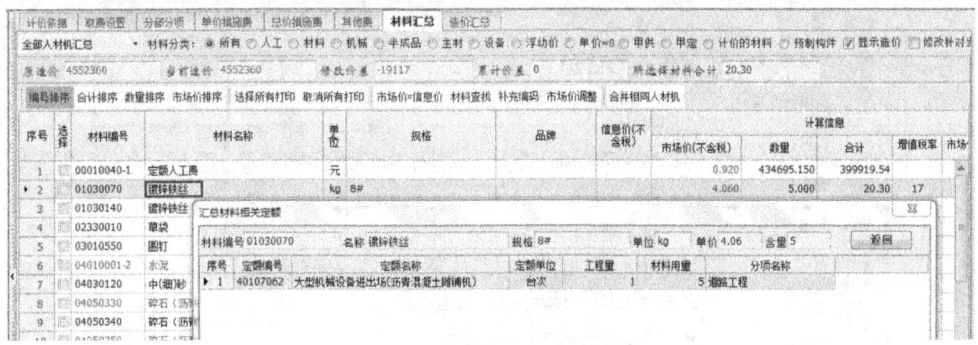

图 3-13 汇总材料相关定额

9. 造价汇总窗口(图 3-14)

在造价汇总中可以查看到构成工程造价的各种费用。如果工程有需要,也可以对造价汇总的计算程序进行修改。

图 3-14 造价汇总窗口

(三)编制步骤

新建工程文件→工程概况→计价依据→编制说明→取费设置→分部分项设置→单价措施设置→总价措施费设置→其他费设置→材料汇总→造价汇总→输出、打印。

二、示例

(一)软件操作过程

1. 新建工程文件

双击 图标,进入软件,进入工程台账窗口(图 3-1)。点击【新建工程】按钮,弹出"新建工程"信息设置窗口(图 3-15),在窗口左边选择需要新建的工程专业,在右边工程信息中输入相应的信息,点击【确定新建】即可完成新建工程操作。

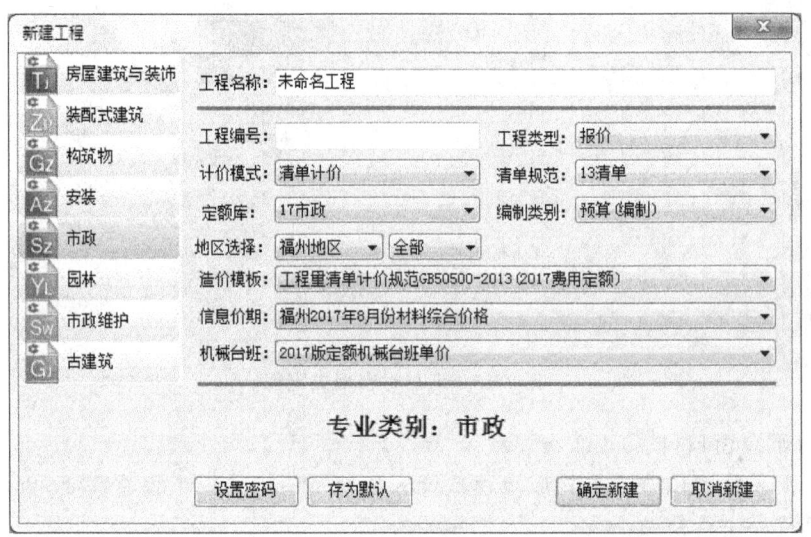

图 3-15 新建工程

2. 工程概况

点击【单项工程】,在工程概况中输入工程项目相关的信息(图 3-16)。

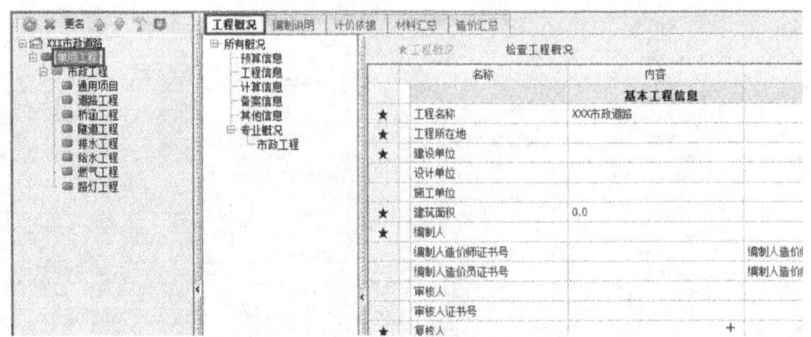

图 3-16 工程概况

实训三 市政工程工程量清单计价编制（晨曦工程计价系统 2017）

3. 编制说明

点击编制说明输入相关内容（图 3-17）。

图 3-17 编制说明

4. 计价依据设置

(1) 点击【在线升级】→【信息价升级】可选择需要的地区、时间的信息价，双击鼠标下载信息价（图 3-18、图 3-19）。

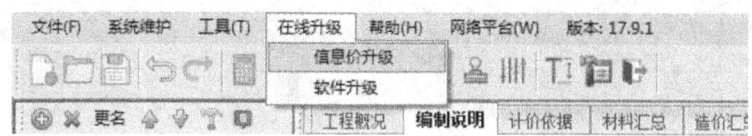

图 3-18 信息价升级

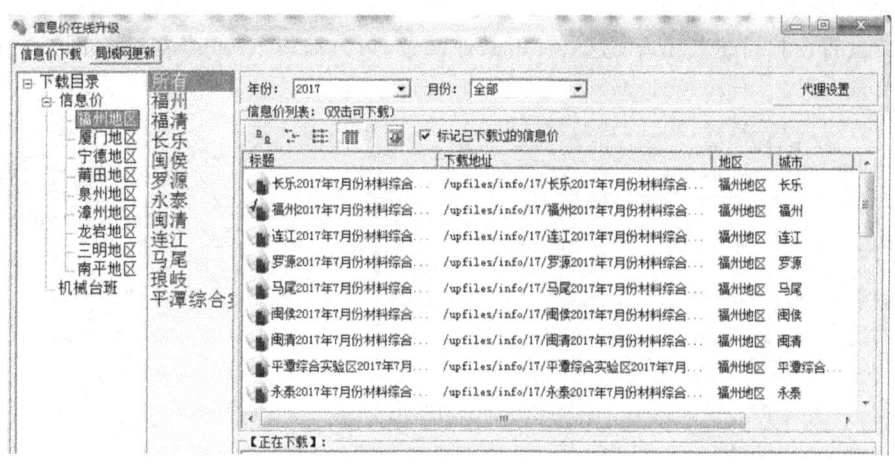

图 3-19 信息价升级

(2) 更换信息价

点击【更换信息价】选择需要的地区、时间的信息价进行更换（图 3-20）。

(3) 文件执行调整

造价管理部门会根据实际需要对消耗量定额、费用定额和信息价等行进调整，可以根据工程需要选择是否调整（图 3-21）。

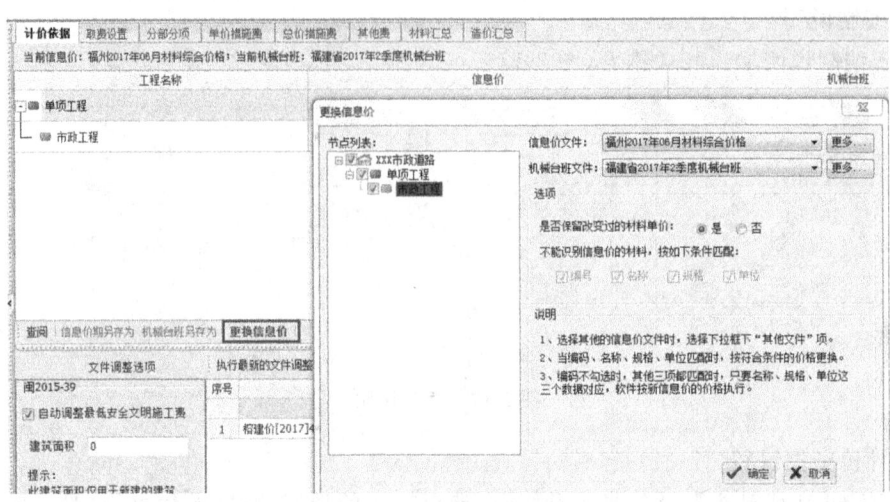

图 3-20 信息价更换

图 3-21 文件执行调整

5. 取费设置

取费设置窗口可进行费率调整、费用条件设置,可修改综合单价程序等(图 3-3、图 3-4、图 3-22)。

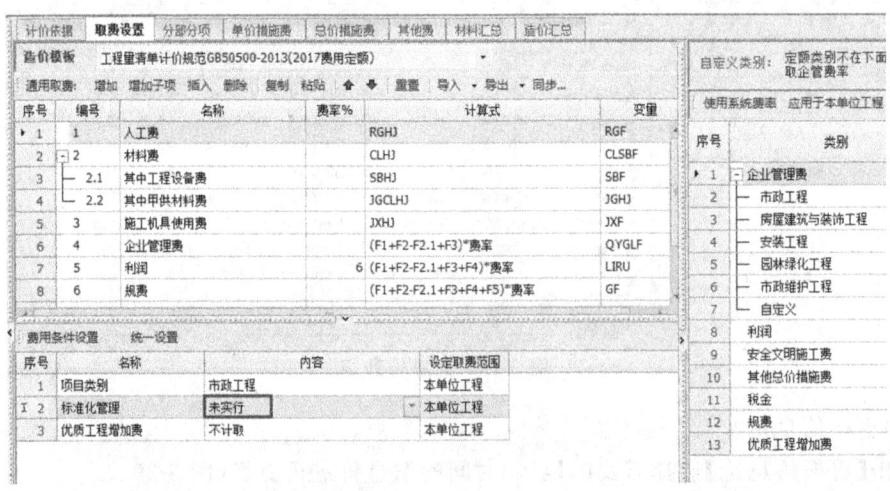

图 3-22 费率调整

6. 分部分项设置

(1)清单项目输入

①直接输入

在【项目编号】中直接输入清单编号,如 040202015,软件自动根据清单编码调用出该清单的相关信息(项目名称、单位)(图 3-23),在【工作特征】输入相应特征。

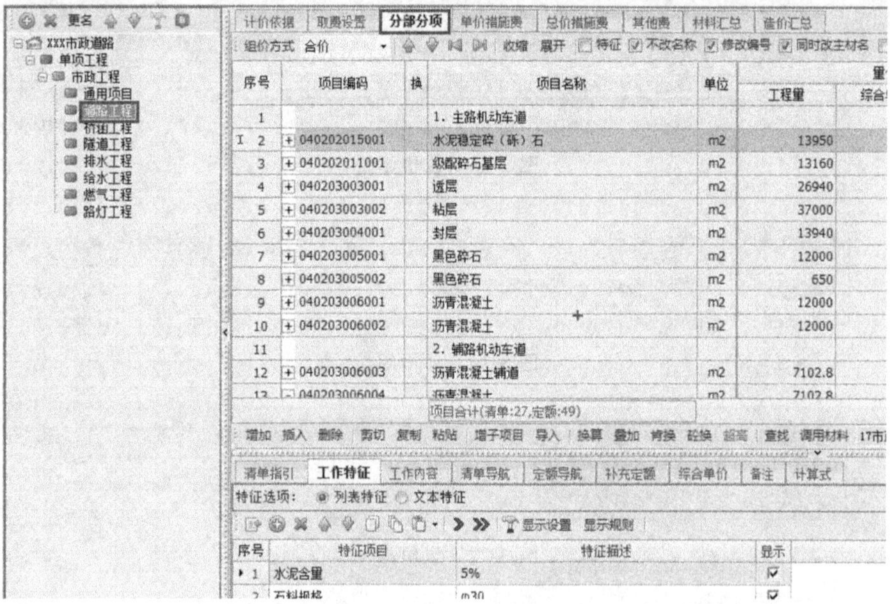

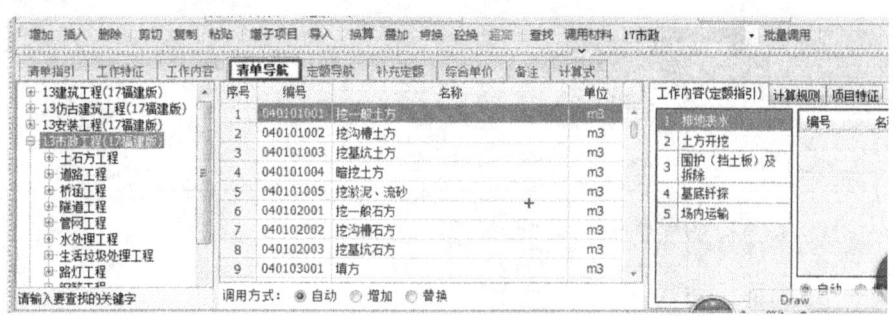

图 3-23 直接输入清单编号

②调用导航

在【属性编辑区】选择【清单导航】选项卡进入到图 3-24 的界面。

图 3-24 清单导航

在清单章节中选择需要的章节后,在清单列表中会显示出该章节所包含的清单项目,双击需要的清单项目即可完成清单项目的调用。

(2)清单项目单价

①组价方式

清单项目的组价方式分为合价、单价和议价三种方式。合价组价清单项目的合计等于定额项目合计的汇总,合价组价下定额的工程量为完成清单项目全部数量所需的工程量(图 3-25);单价组价清单项目的单价等于定额项目合计的汇总,单价组价下定额的工程量为完成清单项目 1 个单位所需的工程量(图 3-26);选择议价组价方式,清单的金额不由定额项目汇总得出,可以自行输入清单单价(图 3-27)。

序号	项目编码	换	项目名称	单位	工程量	综合单价	合计	类
			1. 主路机动车道					合价
2	040202015001		水泥稳定碎（砾）石	m2	13950	110.25	1537987.5	合价
	40202056	3	水泥稳定层(摊铺机摊铺 集中拌制 厚度15cm)	m2	13950	103.8	1448010	市政工程
	40105017	1	混凝土(沥青)混合料运输(运输混凝土(沥青)混合料 机动翻斗车 运距300m以内)	m3	4527.71	16.87	76382.47	市政工程
	40202001		路床(槽)整形(路床碾压检验)	m2	14260	0.95	13547	市政工程

图 3-25　合价组价

2	040202015001		水泥稳定碎（砾）石	m2	13950	110.25	1537987.5	单价
	40202056	3	水泥稳定层(摊铺机摊铺 集中拌制 厚度15cm)	m2	1	103.8	103.8	市政工程
	40105017	1	混凝土(沥青)混合料运输(运输混凝土(沥青)混合料 机动翻斗车 运距300m以内)	m3	0.325	16.87	5.48	市政工程
	40202001		路床(槽)整形(路床碾压检验)	m2	1.022	0.95	0.97	市政工程

图 3-26　单价组价

2	040202015001		水泥稳定碎（砾）石	m2	13950	110.25	1537987.5	议价
	~~40202056~~	3	水泥稳定层(摊铺机摊铺 集中拌制 厚度15cm)	m2	13950	103.8	1448010	市政工程
	~~40105017~~	1	混凝土(沥青)混合料运输(运输混凝土(沥青)混合料 机动翻斗车 运距300m以内)	m3	4533.75	16.87	76484.36	市政工程
	~~40202001~~		路床(槽)整形(路床碾压检验)	m2	14256.9	0.95	13544.05	市政工程

图 3-27　议价组价

② 定额调用

a. 通过【清单指引】来完成定额项目的调用：在分部分项界面中选择一条清单项目后，点击属性编辑区的【清单指引】，在左边选择【工作内容】，在右边会列出该工作内容所对应的定额项目，双击需要的定额项目即可完成该定额的调用（图 3-28）。

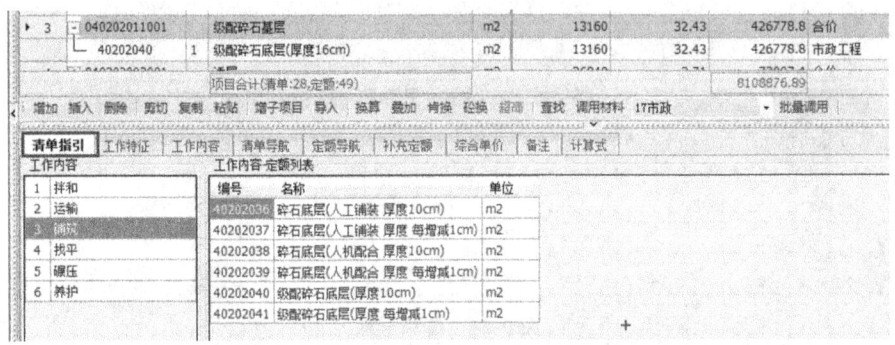

图 3-28　清单指引调用定额

b. 直接输入：在清单项目下一行输入定额编码，如 40202040，软件自动根据定额编码调用出定额名称、单位、消耗量、组成等定额信息，选择清单项目后点击【增子项目】或按下小键盘上面的"＋"都可以增加清单项目子项。

c. 定额导航调用：在【属性编辑区】选择【定额导航】选项卡进入到如图 3-28 的界面，选择需要的章节后，定额项目列表会显示出该章节所包含的定额项目，双击需要的定额项目即可完成定额项目的调用（图 3-29）。

d. 查找栏调用：通过【查找】快速完成项目调用。在查找编辑框输入需要查找的关键字，定额列表会显示出相关的项目。输入多个关键字可以大大提高项目查找速度，多个关键字间用半角逗号隔开。

实训三 市政工程工程量清单计价编制（晨曦工程计价系统2017）

图3-29 定额导航调用定额

e. 补充定额：当标准定额无法满足实际需要时，可以自行补充定额。在项目编号中输入补充定额的编号（非标准定额），系统自动弹出补充定额窗口，完成定额名称、单位等基本信息录入。

③定额消耗量管理

消耗量作为定额项目的重要组成部分，主要包含了构成定额单价的基本组成部分：人工、材料设备、施工机具使用费等详细信息。选择定额后，点击【属性编辑区】的消耗量选项卡即可进入【消耗量】界面（图3-30）。

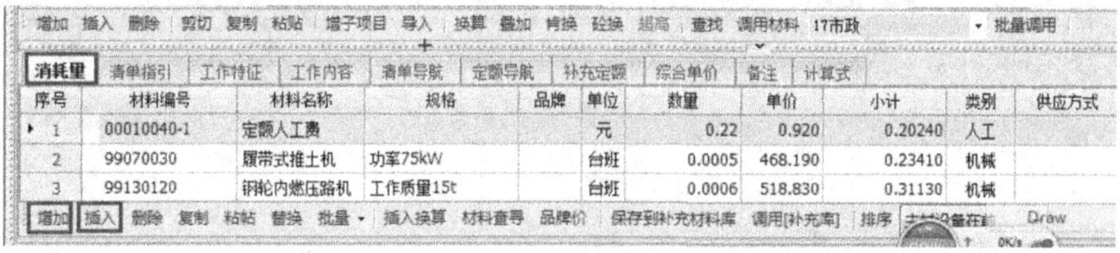

图3-30 消耗量界面

a. 增加工材机：点击【增加】或【插入】（图3-30），在【材料查询】查询选择需要的工材机后点击【确定】，即可调用到消耗量中（图3-31）。材料分类前有"＋"符号的表示该分类含有子分类，可以点击展开；也可以通过在查找框中输入关键字快速查找工材机。

图3-31 增加工材机

b. 修改单价：工材机的名称、规格、品牌、单位、数量及单价等都可以在该界面中修改，所有的修改信息将保存到换算记录中。

(3) 输入工程量

① 直接输入：在分部分项界面的"工程量"列可以直接输入需要的数值。

② 通过计算式输入：点击分部分项界面工具栏中的【计算式】输入工程量的详细计算式，系统自动将计算出来的结果更新到工程量中。计算式允许输入多段计算式，勾选是否累加，默认勾选的计算式将进行累加数值并更新至项目工程量中。

(4) 定额换算方法

① 定额乘系数：当需要对定额项目的工材机的系数进行调整时，可以选择定额后点击分部分项界面工具栏中的【换算】按钮，进入换算窗口，在换算表达式输入换算系数，系统自动重新计算工程造价（图 3-32）；也可以同时选择多条项目，然后点击【换算】进入块换算窗口，输入换算系数，系统自动重新计算工程造价（图 3-33）。

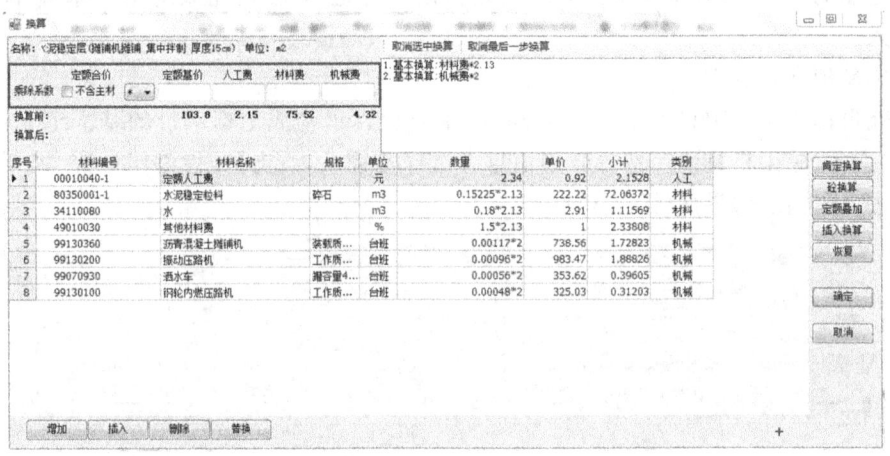

图 3-32　定额乘系数

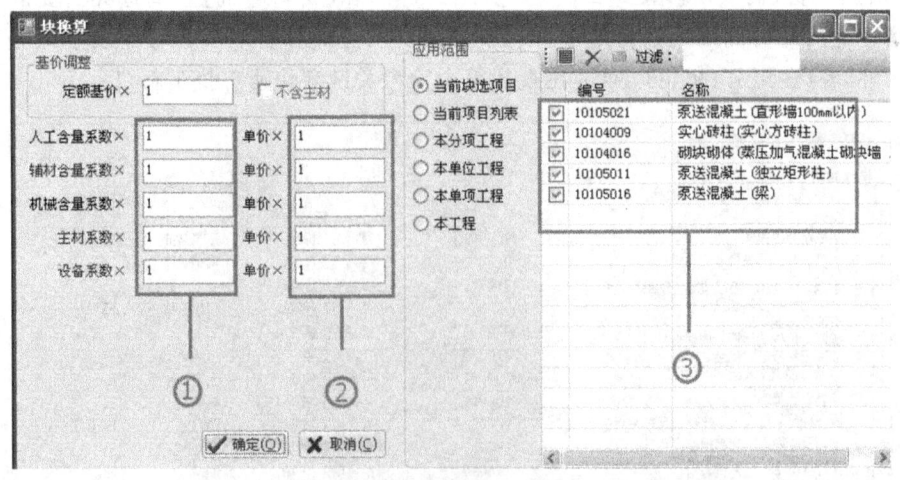

图 3-33　定额乘系数

② 定额叠加：通过叠加换算可以快速完成项目的运距、厚度和高度等换算。如沥青混合

料运输自卸汽车运距 5 km 以内需叠加定额 40105019 及 40105020,选择 40105019 定额后,系统会自动弹出修改运距窗口,输入实际运距点击【确定】即可,系统自动根据输入的数据完成定额叠加(图 3-34)。点击【换算】进入换算窗口,可以查看详细的换算信息或进行换算恢复。如 40105019 定额运距 1 km,实际运距 5 km,系统自动计算 40105019 * 1＋40105020 * 4(图 3-35)。也可点击换算窗口中的【定额叠加】进行定额叠加。

图 3-34 定额叠加

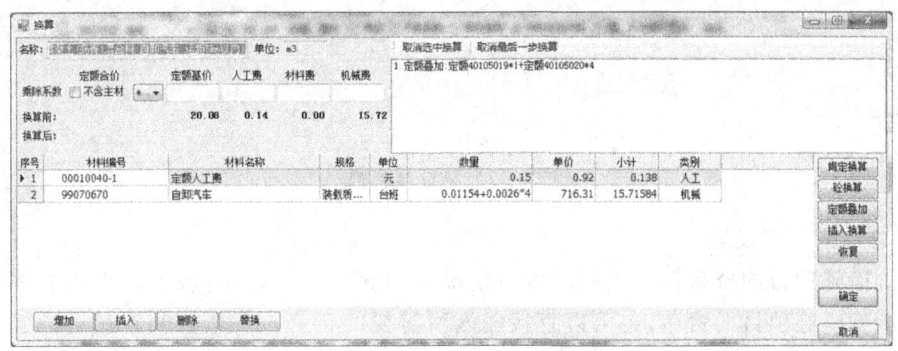

图 3-35 定额叠加查询

③砼、砂浆换算:当设计的混凝土各项指标与定额不一致的时候,如 C25 混凝土涵台帽,查定额 40305027 混凝土涵台帽 C30 预拌混凝土与设计不符,点击【砼换】打开砼换算窗口,在换算窗口中可以对砼类型、标号、水泥标号等进行修改,系统会根据选择配置匹配出对应的砼项目,点击【确定】即可完成换算(图 3-36)。

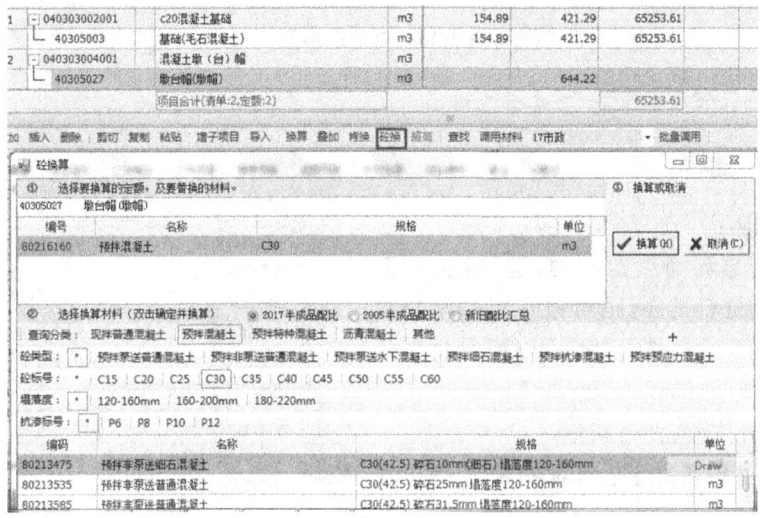

图 3-36 砼换算

7. 单价措施费设置

在单价措施费窗口,在对应的定额窗口中输入清单及定额,定额的输入方法与换算同分部分项清单一样。也可点击措施定额指引图标利用此功能,把按工程量计算的措施项目指引的定额调过来(图 3-37)。

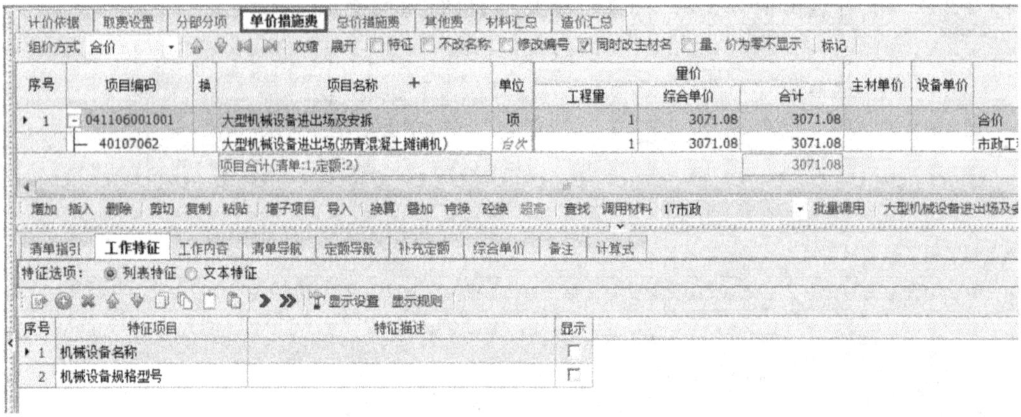

图 3-37 单价措施费

8. 总价措施费设置

总价措施项目的费率根据工程的取费情况自动获取,可以通过改变取费设置中的费用条件来影响措施项目的费率,也可以直接输入所需要的费率。费率被修改后会以黄底红字加以区别显示(图 3-38)。

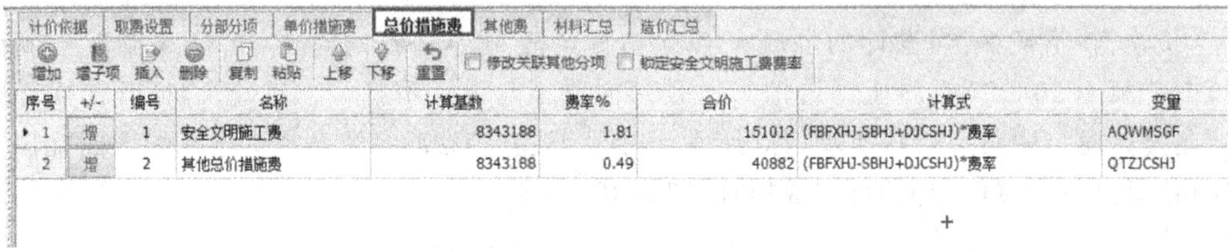

图 3-38 总价措施费

9. 其他费设置

见图 3-8。

10. 材料汇总

(1)材料排序

在材料汇总界面点击右键,选择【排序】,根据需求进行材料排序,也可以在材料汇总界面最下方工具栏进行选择排序,以便对材料价格进行调整(图 3-39)。

(2)市场价修改、批量调整

可以在【材料汇总】界面对各种材料市场价金额进行调整。

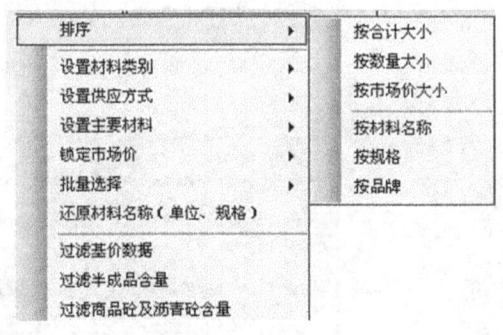

图 3-39 材料排序

① 对材料市场价单条修改

点击需要修改价格的材料所对应的【市场价】列，输入市场价即可完成该材料的市场价格调整。市场价修改后，软件自动更新、计算相关的工程数据（图3-40）。

图 3-40　材料市场价修改

② 对材料市场价批量修改

如果要对多条材料市场价进行系数调整，可以点击【市场价调整】来完成（见图3-41）。

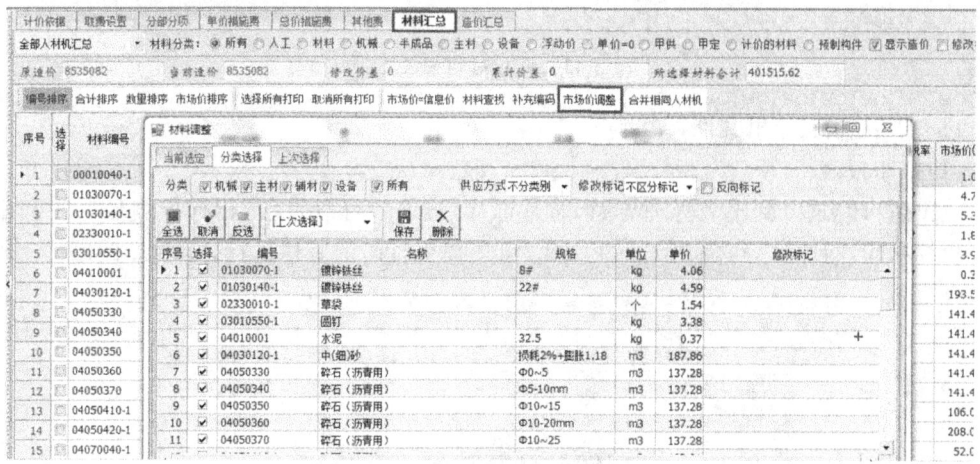

图 3-41　材料市场价批量修改

(3)市场价恢复

如果需要对材料价格重新调整，可以先将材料价格恢复到原始价格后重新调整，选择需要恢复的材料，点击工具栏中的【市场价=信息价】，可以将材料市场价恢复成信息价（图3-42）。

(4)锁定市场价

可以通过勾选【锁定市场价】列对材料单价进行锁定，锁定后的材料市场价将不进行系数调整与修改。

(5)查找相关子目

可以双击材料，会弹出【汇总材料相关定额】提示框，双击提示框中的定额，系统将指引到相关子项的消耗量界面,方便查找对应(图 3-43)。

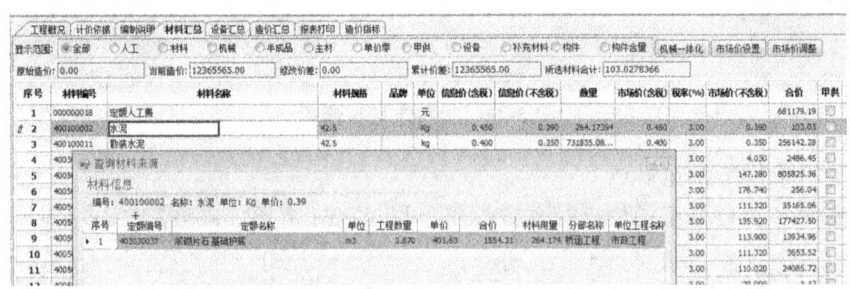

图 3-42　材料市场价恢复成信息价

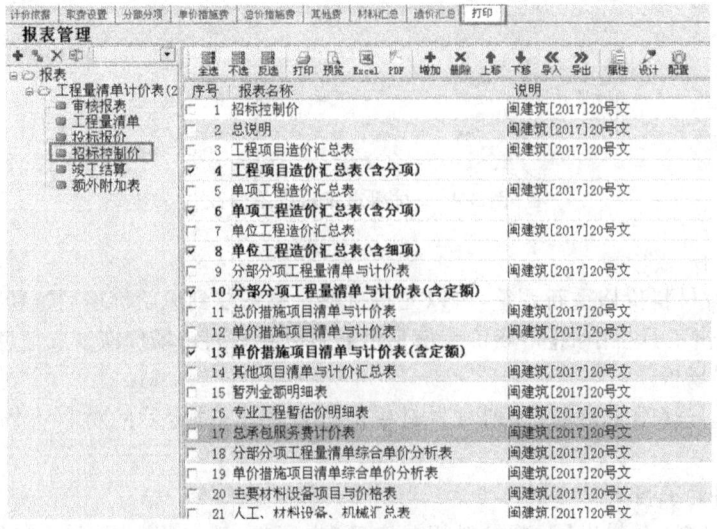

图 3-43　汇总材料相关定额

11. 打印报表、导出文件

(1)打印报表

点击【打印】进入到报表管理界面,通过选择"报表",可以打印"招标控制价""工程量清单""投标报价"等格式,可输出 Excel 格式,可选择要打印的表格进行打印(图 3-44)。

图 3-44　报表打印

实训三　市政工程工程量清单计价编制(晨曦工程计价系统 2017)

(2)导出文件

点击【文件】菜单下【导出工程造价电子数据交换导则 v2017】可以导出"投标报价""预算造价""招标控制价""招标清单"等文件(图 3-45)。

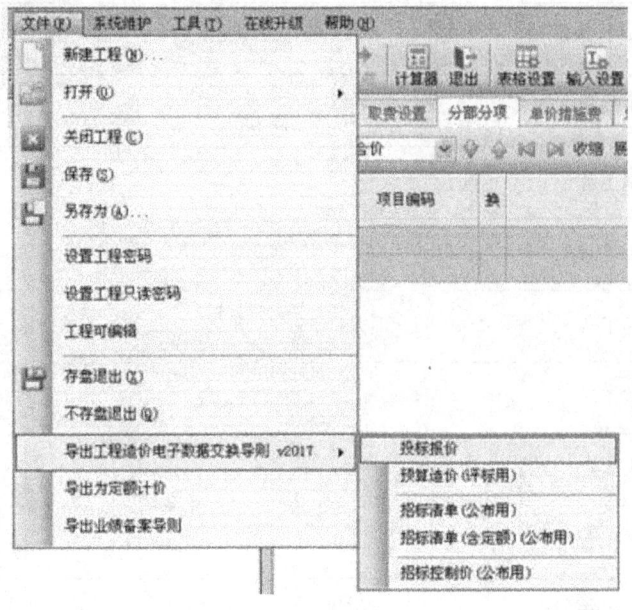

图 3-45　导出文件

(二)部分成果示例(分部分项工程清单部分只提供路面工程材料)

工程项目造价汇总表

工程名称:×××市政道路　　　　　　　　　　　　　　　　　　　第 1 页　共 1 页

序号	单项工程名称	金额(元)	其中:安全文明施工费(元)
1	单项工程	12041079.00	248778.00
	合　计	12041079.00	248778.00

单项工程造价汇总表

工程名称:×××市政道路　单项工程　　　　　　　　　　　　　　第 1 页　共 1 页

序号	单位工程名称	金额(元)	其中:安全文明施工费(元)
1	市政工程	12041079.00	248778.00
	合　计	12041079.00	248778.00

单位工程造价汇总表

工程名称：×××市政道路 单项工程　　　　　　　　　　　　　　　　第1页 共1页

序号	汇 总 内 容	金额(元)
1	分部分项工程费	11731456
1.1	通用项目	
1.2	道路工程	9721845.00
1.3	排水工程	1663529.00
1.4	桥涵工程	346082.00
1.5	隧道工程	
1.6	给水工程	
1.7	燃气工程	
1.8	路灯工程	
2	措施项目费	309623.00
2.1	总价措施项目费	306278
2.1.1	安全文明施工费	248778.00
2.1.2	其他总价措施费	57500.00
2.2	单价措施项目费	3345.00
3	其他项目费	
3.1	暂列金额	
3.2	专业工程暂估价	
3.3	总承包服务费	
合计＝1＋2＋3－甲供设备费		12041079.00
总计		12041079

实训三 市政工程工程量清单计价编制(晨曦工程计价系统 2017)

分部分项工程量清单与计价表

工程名称:××××市政道路 道路工程　　　　　　　　　　　　　　　　　　　　第1页 共2页

序号	项目编码	项目名称	项目特征描述	计量单位	工程量	金额(元) 综合单价	金额(元) 合价
		1. 主路机动车道					
1	040202015001	32 cm 水泥稳定碎(砾)石层	1)水泥含量:5% 2)厚度:32 cm 3)材料规格:水泥稳定碎石	m²	13940.000	134.83	1879530.20
2	040202011001	16 cm 级配碎石基层	1)厚度:16 cm 2)石料规格:水泥稳定碎石	m²	13160.000	34.56	454809.60
3	040203003001	透层	1)石油沥青 2)0.7~1.5 L/m²	m²	26940.000	3.30	88902.00
4	040203003002	黏层	1)材料品种:石油沥青 2)喷油量:0.3~0.6 kg/m²	m²	37000.000	1.84	68080.00
5	040203004001	下封层		m²	13940.000	1.69	23558.60
6	040203005001	17 cm ATB-25 密级配沥青碎石	1)厚度:17 cm 2)沥青品种:改性沥青 3)石料最大粒径:25 cm 4)商品沥青混凝土	m²	12000.000	179.29	2151480.00
7	040203005002	5 cm ATB-25 密级配沥青碎石	1)厚度:5 cm 2)沥青品种:改性沥青 3)石料最大粒径:25 cm 4)商品沥青混凝土	m²	650.000	52.78	34307.00
8	040203006001	6 cm AC-20 沥青混凝土	1)厚度:6 cm 2)沥青品种:改性沥青 3)石料最大粒径:20 cm 4)商品沥青混凝土	m²	12000.000	66.99	803880.00
9	040203006002	4 cm AC-13 沥青混凝土	1)厚度:4 cm 2)沥青品种:改性沥青 3)石料最大粒径:13 cm 4)商品沥青混凝土	m²	12000.000	48.85	586200.00
		2. 辅路机动车道					
10	040203006004	4 cm AC-13 沥青混凝土	1)厚度:4 cm 2)沥青品种:改性沥青 3)石料最大粒径:13 cm 4)商品沥青混凝土	m²	7102.880	48.85	346975.69
11	040203006005	6 cm AC-20 沥青混凝土	1)厚度:6 cm 2)沥青品种:改性沥青 3)石料最大粒径:20 cm 4)商品沥青混凝土	m²	7102.880	66.99	475821.93
12	040203005003	10 cm ATB-25 密级配沥青碎石	1)厚度:10 cm 2)沥青品种:改性沥青 3)石料最大粒径:25 cm 4)商品沥青混凝土	m²	7102.880	105.49	749282.81
13	040202011002	16 cm 级配碎石基层	1)厚度:16 cm 2)石料规格:级配碎石	m²	7102.880	34.56	245475.53
14	040202011003	14 cm 级配碎石基层	1)厚度:14 cm 2)石料规格:级配碎石	m²	736.400	22.35	16458.54
					本页小计		7924761.90

分部分项工程量清单与计价表

工程名称：××××市政道路 道路工程　　　　　　　　　　　　第 2 页　共 2 页

序号	项目编码	项目名称	项目特征描述	计量单位	工程量	金额(元)	
						综合单价	合价
15	040203003003	透层	1)石油沥青 2)0.7~1.5 L/m²	m²	15380.020	3.30	50754.07
16	040203003004	黏层	1)材料品种:石油沥青 2)喷油量:0.3~0.6 kg/m²	m²	21308.640	1.84	39207.90
17	040203004002	下封层	1)材料品种:改性乳化沥青 2)喷油量:1.5 kg/m² 3)厚度:1 cm	m²	8277.140	1.69	13988.37
18	040202015002	20 cm 水泥稳定碎(砾)石层	1)水泥含量:5% 2)厚度:20 cm 3)材料规格:水泥稳定碎石	m²	8423.320	97.90	824643.03
		3. 路缘石					
19	040204004001	安砌侧(平、缘)石 A 型	1)详见附录一 SⅡ-2-22	m	1000.000	122.32	122320.00
20	040204004002	安砌侧(平、缘)石 B 型	1)详见附录一 SⅡ-2-22	m	1887.430	122.32	230870.44
21	040204004003	安砌侧(平、缘)石 C 型	1)详见附录一 SⅡ-2-22	m	1000.840	100.45	100534.38
22	040204004004	安砌侧(平、缘)石 D 型	1)详见附录一 SⅡ-2-22	m	1664.420	92.27	153576.03
		4. 人行道	1)详见附录一 SⅡ-2-22				
23	040204002001	人行道块料铺设		m²	2923.860	89.33	261188.41
			分部小计				9721844.53
			本页小计				1797082.63
			合　计				9721844.53

实训三 市政工程工程量清单计价编制(晨曦工程计价系统 2017)

分部分项工程量清单与计价表

工程名称:××××市政道路 道路工程   第1页 共4页

序号	项目编码	项目名称	项目特征描述	计量单位	工程量	综合单价	合价
			1. 主路机动车道				
1	040202015001	32 cm 水泥稳定碎(砾)石层	1)水泥含量:5% 2)厚度:32 cm 3)材料规格:水泥稳定碎石	m²	13940.000	134.83	1879530.20
1.1	40202056T	水泥稳定层(摊铺机摊铺厚度 15 cm)		m²	13940.000	127.19	1773028.60
1.2	40105017T	机动翻斗车运输混凝土(沥青)混合料(运距 300 m 以内)		m³	4527.710	19.96	90373.09
1.3	40202001	路床(槽)整形路床碾压检验		m²	14260.000	1.13	16113.80
2	040202011001	16 cm 级配碎石基层	1)厚度:16 cm 2)石料规格:水泥稳定碎石	m²	13160.000	34.56	454809.60
2.1	40202040T	级配碎石底层(厚度 16 cm)		m²	13160.000	34.56	454809.60
3	040203003001	透层	1)石油沥青 2)0.7~1.5 L/m²	m²	26940.000	3.30	88902.00
3.1	40203055	透层		m²	26940.000	3.28	88363.20
3.2	40105025T	沥青运输(运距 15 km 以内)		t	25.050	26.52	664.33
4	040203003002	黏层	1)材料品种:石油沥青 2)喷油量:0.3~0.6 kg/m²	m²	37000.000	1.84	68080.00
4.1	40203056	黏层		m²	37000.000	1.83	67710.00
4.2	40105025T	沥青运输(运距 15 km 以内)		t	19.240	26.52	510.24
5	040203004001	下封层		m²	13940.000	1.69	23558.60
5.1	40203058T	下封层		m²	13940.000	1.65	23001.00
5.2	40105025T	沥青运输(运距 15 km 以内)		t	20.910	26.52	554.53
6	040203005001	17 cm ATB-25 密级配沥青碎石	1)厚度:17 cm 2)沥青品种:改性沥青 3)石料最大粒径:25 cm 4)商品沥青混凝土	m²	12000.000	179.29	2151480.00
6.1	40203027T	黑色碎石路面(机械摊铺厚度 17 cm)		m²	12000.000	170.43	2045160.00
6.2	40105019T	混凝土(沥青)混合料运输 自卸汽车(运距 15 km 以内)		m³	2060.400	51.61	106337.24
7	040203005002	5 cm ATB-25 密级配沥青碎石	1)厚度:5 cm 2)沥青品种:改性沥青 3)石料最大粒径:25 cm 4)商品沥青混凝土	m²	650.000	52.78	34307.00
7.1	40203027T	黑色碎石路面(机械摊铺厚度 5 cm)		m²	650.000	50.17	32610.50
7.2	40105019T	混凝土(沥青)混合料运输 自卸汽车(运距 15 km 以内)		m³	32.830	51.61	1694.36
8	040203006001	6 cm AC-20 沥青混凝土	1)厚度:6 cm 2)沥青品种:改性沥青 3)石料最大粒径:20 cm 4)商品沥青混凝土	m²	12000.000	66.99	803880.00
8.1	40203035T	中粒式沥青混凝土(机械摊铺厚度 6 cm)		m²	12000.000	63.86	766320.00
8.2	40105019T	混凝土(沥青)混合料运输 自卸汽车(运距 15 km 以内)		m³	727.200	51.61	37530.79
			本页小计				5504547.40

分部分项工程量清单与计价表

工程名称：××××市政道路 道路工程　　　　　　　　　　　　　　　　　　第 2 页 共 4 页

序号	项目编码	项目名称	项目特征描述	计量单位	工程量	金额(元) 综合单价	金额(元) 合价
9	040203006002	4 cm AC-13 沥青混凝土	1)厚度:4 cm 2)沥青品种:改性沥青 3)石料最大粒径:13 cm 4)商品沥青混凝土	m²	12000.000	48.85	586200.00
9.1	40203039T	细粒式沥青混凝土(机械摊铺厚度 4 cm)		m²	12000.000	46.76	561120.00
9.2	40105019T	混凝土(沥青)混合料运输 自卸汽车(运距 15 km 以内)		m³	484.800	51.61	25020.53
		2. 辅路机动车道					
10	040203006004	4 cm AC-13 沥青混凝土	1)厚度:4 cm 2)沥青品种:改性沥青 3)石料最大粒径:13 cm 4)商品沥青混凝土	m²	7102.880	48.85	346975.69
10.1	40203039T	细粒式沥青混凝土(机械摊铺厚度 4 cm)		m²	7102.880	46.76	332130.67
10.2	40105019T	混凝土(沥青)混合料运输 自卸汽车(运距 15 km 以内)		m³	286.960	51.61	14810.01
11	040203006005	6 cm AC-20 沥青混凝土	1)厚度:6 cm 2)沥青品种:改性沥青 3)石料最大粒径:20 cm 4)商品沥青混凝土	m²	7102.880	66.99	475821.93
11.1	40203035T	中粒式沥青混凝土(机械摊铺厚度 6 cm)		m²	7102.880	63.86	453589.92
11.2	40105019T	混凝土(沥青)混合料运输 自卸汽车(运距 15 km 以内)		m³	430.430	51.61	22214.49
12	040203005003	10 cm ATB-25 密级配沥青碎石	1)厚度:10 cm 2)沥青品种:改性沥青 3)石料最大粒径:25 cm 4)商品沥青混凝土	m²	7102.880	105.49	749282.81
12.1	40203027T	黑色碎石路面(机械摊铺厚度 10 cm)		m²	7102.880	100.28	712276.81
12.2	40105019T	混凝土(沥青)混合料运输 自卸汽车(运距 15 km 以内)		m³	717.400	51.61	37025.01
13	040202011002	16 cm 级配碎石基层	1)厚度:16 cm 2)石料规格:级配碎石	m²	7102.880	34.56	245475.53
13.1	40202040T	级配碎石底层(厚度 16 cm)		m²	7102.880	34.56	245475.53
14	040202011003	14 cm 级配碎石基层	1)厚度:14 cm 2)石料规格:级配碎石	m²	736.400	22.35	16458.54
14.1	40202040	级配碎石底层(厚度 10 cm)		m²	736.400	22.35	16458.54
15	040203003003	透层	1)石油沥青 2)0.7~1.5 L/m²	m²	15380.020	3.30	50754.07
15.1	40203055	透层		m²	15380.020	3.28	50446.47
15.2	40105025T	沥青运输(运距 15 km 以内)		t	14.300	26.52	379.24
16	040203003004	黏层	1)材料品种:石油沥青 2)喷油量:0.3~0.6 kg/m²	m²	21308.640	1.84	39207.90
16.1	40203056	黏层		m²	21308.640	1.83	38994.81
16.2	40105025T	沥青运输(运距 15 km 以内)		t	11.080	26.52	293.84
		本页小计					2510176.47

实训三 市政工程工程量清单计价编制(晨曦工程计价系统 2017)

分部分项工程量清单与计价表

工程名称：××××市政道路　道路工程　　　　　　　　　　　第3页　共4页

序号	项目编码	项目名称	项目特征描述	计量单位	工程量	综合单价	合价
17	040203004002	下封层	1)材料品种:改性乳化沥青 2)喷油量:1.5 kg/m² 3)厚度:1 cm	m²	8277.140	1.69	13988.37
17.1	40203058T	下封层		m²	8277.140	1.65	13657.28
17.2	40105025T	沥青运输(运距 15 km 以内)		t	12.420	26.52	329.38
18	040202015002	20 cm 水泥稳定碎(砾)石层	1)水泥含量:5% 2)厚度:20 cm 3)材料规格:水泥稳定碎石	m²	8423.320	97.90	824643.03
18.1	40202056T	水泥稳定层(摊铺机摊铺厚度 15 cm)		m²	8423.320	92.69	780757.53
18.2	40105017T	机动翻斗车运输混凝土(沥青)混合料(运距 300 m 以内)		m³	1709.930	19.96	34130.20
18.3	40202001	路床(槽)整形 路床碾压检验		m²	8614.700	1.13	9734.61
		3. 路缘石					
19	040204004001	安砌侧(平、缘)石 A 型	1)详见附录一 SⅡ-2-22	m	1000.000	122.32	122320.00
19.1	40204029	路缘石立缘石安砌 截面半周长 50 cm 以外 有基座		m	1000.000	109.82	109820.00
19.2	40204025	侧缘石混凝土基座		m³	23.000	495.24	11390.52
19.3	40105017T	机动翻斗车运输混凝土(沥青)混合料(运距 300 m 以内)		m³	23.350	19.96	466.07
19.4	40107048	混凝土搅拌机拌和 容量(250 L 以内)		m³	23.350	27.45	640.96
20	040204004002	安砌侧(平、缘)石 B 型	1)详见附录一 SⅡ-2-22	m	1887.430	122.32	230870.44
20.1	40204029	路缘石立缘石安砌 截面半周长 50 cm 以外 有基座		m	1887.430	109.82	207277.56
20.2	40204025	侧缘石混凝土基座		m³	43.410	495.24	21498.37
20.3	40105017T	机动翻斗车运输混凝土(沥青)混合料(运距 300m 以内)		m³	44.060	19.96	879.44
20.4	40107048	混凝土搅拌机拌和 容量(250 L 以内)		m³	44.060	27.45	1209.45
21	040204004003	安砌侧(平、缘)石 C 型	1)详见附录一 SⅡ-2-22	m	1000.840	100.45	100534.38
21.1	40204027	路缘石立缘石安砌 截面半周长 50 cm 以内 有基座		m	1000.840	87.95	88023.88
21.2	40204025	侧缘石混凝土基座		m³	23.020	495.24	11400.42
21.3	40105017T	机动翻斗车运输混凝土(沥青)混合料(运距 300 m 以内)		m³	23.360	19.96	466.27
21.4	40107048	混凝土搅拌机拌和 容量(250 L 以内)		m³	23.360	27.45	641.23
22	040204004004	安砌侧(平、缘)石 D 型	1)详见附录一 SⅡ-2-22	m	1664.420	92.27	153576.03
22.1	40204026	路缘石立缘石安砌 截面半周长 50 cm 以内 无基座		m	1664.420	92.27	153576.03
		4. 人行道	1)详见附录一 SⅡ-2-22				
23	040204002001	人行道块料铺设		m²	2923.860	89.33	261188.41
23.1	40204001	人行道垫层 混凝土垫层 厚度10 cm		m²	2923.860	37.78	110463.43
23.2	40105017T	机动翻斗车运输混凝土(沥青)混合料(运距 300 m 以内)		m³	296.770	19.96	5923.53
			本页小计				1707120.66

分部分项工程量清单与计价表

工程名称：××××市政道路 道路工程　　　　　　　　　第 4 页 共 4 页

序号	项目编码	项目名称	项目特征描述	计量单位	工程量	金额（元）	
						综合单价	合价
23.3	40204012	砂浆铺砌人行道板		m²	2923.860	45.26	132333.90
23.4	40202002	路床(槽)整形 人行道整形碾压		m²	2923.860	1.48	4327.31
23.5	40107048	混凝土搅拌机拌和 容量(250 L 以内)		m³	296.770	27.45	8146.34
		分部小计					9721844.53
		本页小计					
		合　计					9721844.53

总价措施项目清单与计价表

工程名称：××××市政道路 道路工程　　　　　　　　　第 1 页 共 1 页

序号	项目名称	计算基础（元）	费率（%）	金额（元）
1	安全文明施工费	9725190.00	2.120	206174.00
2	其他总价措施项目费	9725190.00	0.490	47653.00
	合　计			253827.00

单价措施项目清单与计价表

工程名称：××××市政道路 道路工程　　　　　　　　　第 1 页 共 1 页

序号	项目编码	项目名称	项目特征描述	计量单位	工程量	金额（元）	
						综合单价	合价
1	041106001001	大型机械设备进出场及安拆		项	1.000	3344.54	3344.54
		本页小计					3344.54
		合　计					3344.54

单价措施项目清单与计价表

工程名称：××××市政道路 道路工程　　　　　　　　　第 1 页 共 1 页

序号	项目编码	项目名称	项目特征描述	计量单位	工程量	金额（元）	
						综合单价	合价
1	041106001001	大型机械设备进出场及安拆		项	1.000	3344.54	3344.54
	40107062	大型机械设备进出场 沥青混凝土摊铺机		台次	1.000	3344.54	3344.54
		本页小计					3344.54
		合　计					3344.54

实训三 市政工程工程量清单计价编制（晨曦工程计价系统 2017）

分部分项工程量清单综合单价分析表

工程名称：××××市政道路 道路工程

第 1 页 共 8 页

序号	项目编码	项目名称及特征描述	单位	工程量	综合单价组成（元）							税金	综合单价（元）
					人工费	材料费	其中：设备费	施工机具使用费	企业管理费	利润	规费		
		1. 主路机动车道											
1	04020201500l	32 cm 水泥稳定碎（砾）石层 1）水泥含量：5% 2）厚度：32 cm 3）材料规格：水泥稳定碎石	m²	13940.000	5.65	88.12		12.72	8.09	6.88		13.36	134.83
1.1	40202056T	水泥稳定层（摊铺机摊铺 厚度 15 cm）	m²	13940.000	4.98	88.12		7.36	7.64	6.49		12.60	127.19
1.2	40105017T	机动翻斗车运输混凝土（沥青）混合料（运距 300 m 以内）	m³	4527.710	1.37			14.39	1.20	1.02		1.98	19.96
1.3	40202001	路床（槽）整形 路床碾压检验	m²	14260.000	0.22			0.67	0.07	0.06		0.11	1.13
2	040202011001	16 cm 级配碎石基层 1）厚度：16 cm 2）材料规格：水泥稳定碎石	m²	13160.000	3.09	22.40		1.80	2.07	1.76		3.42	34.56
2.1	40202040T	级配碎石底层（厚度 16 cm）	m²	13160.000	3.09	22.40		1.80	2.07	1.76		3.42	34.56
3	040203003001	透层 1）石油沥青 2）0.7～1.5 L/m²	m²	26940.000	0.14	2.36		0.10	0.20	0.17		0.33	3.30
3.1	40203055	透层	m²	26940.000	0.14	2.36		0.08	0.20	0.17		0.32	3.28
3.2	40105025T	沥青运输（运距 15 km 以内）	t	25.050	0.18			20.77	1.59	1.35		2.63	26.52
4	040203003002	粘层 1）材料品种：石油沥青 2）喷油量：0.3～0.6 kg/m²	m²	37000.000	0.08	1.32		0.06	0.11	0.09		0.18	1.84

分部分项工程量清单综合单价分析表

工程名称：××××市政道路 道路工程   第 2 页 共 8 页

序号	项目编码	项目名称及特征描述	单位	工程量	综合单价组成（元）							综合单价（元）
					人工费	材料费	其中：设备费	施工机具使用费	企业管理费	利润	规费	税金	
4.1	40203056	粘层	m²	37000.000	0.08	1.32		0.05	0.11	0.09		0.18	1.83
4.2	40105025T	沥青运输（运距 15 km 以内）	t	19.240	0.18			20.77	1.59	1.35		2.63	26.52
5	040203004001	下封层	m²	13940.000	0.66	0.41		0.27	0.10	0.09		0.17	1.69
5.1	40203058T	下封层	m²	13940.000	0.66	0.41		0.24	0.10	0.08		0.16	1.65
5.2	40105025T	沥青运输（运距 15 km 以内）	t	20.910	0.18			20.77	1.59	1.35		2.63	26.52
6	040203005001	17 cm ATB-25 密级配沥青碎石 1)厚度:17 cm 2)沥青品种:改性沥青 3)石料最大粒径:25 cm 4)商品沥青混凝土	m²	12000.000	6.04	124.93		10.65	10.76	9.14		17.77	179.29
6.1	40203027T	黑色碎石路面（机械摊铺 厚度 17 cm）	m²	12000.000	6.01	124.93		3.68	10.23	8.69		16.89	170.43
6.2	40105019T	混凝土（沥青）混合料运输 自卸汽车（运距 15 km 以内）	m³	2060.400	0.15			40.62	3.10	2.63		5.11	51.61
7	040203005002	5 cm ATB-25 密级配沥青碎石 1)厚度:5 cm 2)沥青品种:改性沥青 3)石料最大粒径:25 cm 4)商品沥青混凝土	m²	650.000	1.82	36.75		3.12	3.17	2.69		5.23	52.78
7.1	40203027T	黑色碎石路面（机械摊铺 厚度 5 cm）	m²	650.000	1.81	36.75		1.07	3.01	2.56		4.97	50.17
7.2	40105019T	混凝土（沥青）混合料运输 自卸汽车（运距 15 km 以内）	m³	32.830	0.15			40.62	3.10	2.63		5.11	51.61

实训三 市政工程工程量清单计价编制(晨曦工程计价系统 2017)

分部分项工程量清单综合单价分析表

工程名称:××××市政道路 道路工程 第 3 页 共 8 页

序号	项目编码	项目名称及特征描述	单位	工程量	人工费	材料费	其中:设备费	施工机具使用费	企业管理费	利润	规费	税金	综合单价(元)
8	040203006001	6 cm AC-20 沥青混凝土 1)厚度:6 cm 2)沥青品种:改性沥青 3)石料最大粒径:20 cm 4)商品沥青混凝土	m²	12000.000	2.83	45.65			4.02	3.42		6.64	66.99
8.1	40203035T	中粒式沥青混凝土(机械摊铺 厚度 6 cm)	m²	12000.000	2.82	45.65		1.97	3.83	3.26		6.33	63.86
8.2	40105019T	混凝土(沥青)混合料运输 自卸汽车(运距 15 km 以内)	m³	727.200	0.15			40.62	3.10	2.63		5.11	51.61
9	040203006002	4 cm AC-13 沥青混凝土 1)厚度:4 cm 2)沥青品种:改性沥青 3)石料最大粒径:13 cm 4)商品沥青混凝土	m²	12000.000	2.60	32.76			2.93	2.49		4.84	48.85
9.1	40203039T	细粒式沥青混凝土(机械摊铺 厚度 4 cm)	m²	12000.000	2.59	32.76		1.59	2.81	2.38		4.63	46.76
9.2	40105019T	混凝土(沥青)混合料运输 自卸汽车(运距 15 km 以内)	m³	484.800	0.15			40.62	3.10	2.63		5.11	51.61
		2.辅路机动车道											
10	040203006004	4 cm AC-13 沥青混凝土 1)厚度:4 cm 2)沥青品种:改性沥青 3)石料最大粒径:13 cm 4)商品沥青混凝土	m²	7102.880	2.60	32.76		3.23	2.93	2.49		4.84	48.85

分部分项工程量清单综合单价分析表

工程名称：××××市政道路 道路工程　　　　　　　　　　　　　　　　　　　　　　　　　　　　第 4 页 共 8 页

序号	项目编码	项目名称及特征描述	单位	工程量	综合单价组成（元）							综合单价（元）
					人工费	材料费	其中：设备费	施工机具使用费	企业管理费	利润	规费	税金
10.1	40203039T	细粒式沥青混凝土（机械摊铺厚度 4 cm）	m²	7102.880	2.59	32.76		1.59	2.81	2.38		4.63	46.76
10.2	40105019T	混凝土（沥青）混合料运输 自卸汽车（运距 15 km 以内）	m³	286.960	0.15			40.62	3.10	2.63		5.11	51.61
11	04020300 6005	6 cm AC-20 沥青混凝土 1）厚度：6 cm 2）沥青品种：改性沥青 3）石料最大粒径：20 cm 4）商品沥青混凝土	m²	7102.880	2.83	45.65		4.43	4.02	3.42		6.64	66.99
11.1	40203035T	中粒式沥青混凝土（机械摊铺厚度 6 cm）	m²	7102.880	2.82	45.65		1.97	3.83	3.26		6.33	63.86
11.2	40105019T	混凝土（沥青）混合料运输 自卸汽车（运距 15 km 以内）	m³	430.430	0.15			40.62	3.10	2.63		5.11	51.61
12	04020300 5003	10 cm ATB-25 密级配沥青碎石 1）厚度：10 cm 2）沥青品种：改性沥青 3）石料最大粒径：25 cm 4）商品沥青混凝土	m²	7102.880	3.58	73.49		6.26	6.33	5.38		10.45	105.49
12.1	40203027T	黑色碎石路面（机械摊铺厚度 10 cm）	m²	7102.880	3.56	73.49		2.16	6.02	5.11		9.94	100.28
12.2	40105019T	混凝土（沥青）混合料运输 自卸汽车（运距 15 km 以内）	m³	717.400	0.15			40.62	3.10	2.63		5.11	51.61
13	04020201 1002	16 cm 级配碎石基层 1）厚度：16 cm 2）石料规格：级配碎石	m²	7102.880	3.09	22.40		1.80	2.07	1.76		3.42	34.56

实训三 市政工程工程量清单计价编制(晨曦工程计价系统 2017)

分部分项工程量清单综合单价分析表

工程名称:××××市政道路 道路工程

序号	项目编码	项目名称及特征描述	单位	工程量	综合单价组成(元)							综合单价(元)
					人工费	材料费	其中:设备费	施工机具使用费	企业管理费	利润	规费	税金	
13.1	40202040T	级配碎石底层(厚度 16 cm)	m²	7102.880	3.09	22.40		1.80	2.07	1.76		3.42	34.56
14	04020201l003	14 cm 级配碎石基层 1)厚度:14 cm 2)石料规格:级配碎石	m²	736.400	2.25	14.00		1.40	1.34	1.14		2.21	22.35
14.1	40202040	级配碎石底层(厚度 10 cm)	m²	736.400	2.25	14.00		1.40	1.34	1.14		2.21	22.35
15	04020303003	透层 1)石油沥青 2)0.7~1.5 L/m²	m²	15380.020	0.14	2.36		0.10	0.20	0.17		0.33	3.30
15.1	40203055	透层	m²	15380.020	0.14	2.36		0.08	0.20	0.17		0.32	3.28
15.2	40105025T	沥青运输(运距 15 km 以内)	t	14.300	0.18			20.77	1.59	1.35		2.63	26.52
16	04020303004	粘层 1)材料品种:石油沥青 2)喷油量:0.3~0.6 kg/m²	m²	21308.640	0.08	1.32		0.06	0.11	0.09		0.18	1.84
16.1	40203056	粘层	m²	21308.640	0.08	1.32		0.05	0.11	0.09		0.18	1.83
16.2	40105025T	沥青运输(运距 15 km 以内)	t	11.080	0.18			20.77	1.59	1.35		2.63	26.52
17	04020304002	下封层 1)材料品种:改性乳化沥青 2)喷油量:1.5 kg/m² 3)厚度:1 cm	m²	8277.140	0.66	0.41		0.27	0.10	0.09		0.17	1.69
17.1	40203058T	下封层	m²	8277.140	0.66	0.41		0.24	0.10	0.08		0.16	1.65
17.2	40105025T	沥青运输(运距 15 km 以内)	t	12.420	0.18			20.77	1.59	1.35		2.63	26.52

第 5 页 共 8 页

分部分项工程量清单综合单价分析表

工程名称：××××市政道路　道路工程　　　　　　　　　　　　　　　　　　　　　　第 6 页　共 8 页

序号	项目编码	项目名称及特征描述	单位	工程量	人工费	材料费	其中：设备费	施工机具使用费	企业管理费	利润	规费	税金	综合单价（元）
18	040202015002	20 cm水泥稳定碎（砾）石层 1) 水泥含量：5% 2) 厚度：20 cm 3) 材料规格：水泥稳定碎石	m²	8423.320	4.62	69.09		3.61	5.88	4.99		9.70	97.90
18.1	40202056T	水泥稳定层（摊铺机摊铺 厚度15 cm）	m²	8423.320	4.12	69.09			5.56	4.73		9.19	92.69
18.2	40105017T	机动翻斗车运输混凝土（沥青）混合料（运距300 m以内）	m³	1709.930	1.37			14.39	1.20	1.02		1.98	19.96
18.3	40202001	路床（槽）整形 路床碾压检验	m²	8614.700	0.22			0.67	0.07	0.06		0.11	1.13
		3. 路缘石											
19	040204004001	安砌侧（平，缘）石 A型 1) 详见附录一 SⅡ-2-22	m	1000.000	13.03	83.06		0.53	7.34	6.24		12.12	122.32
19.1	40204029	路沿石立缘石安砌 截面半周长50 cm以外 有基座	m	1000.000	10.29	76.46			6.59	5.60		10.88	109.82
19.2	40204025	侧缘石混凝土基座	m³	23.000	102.29	287.13		1.76	29.73	25.25		49.08	495.24
19.3	40105017T	机动翻斗车运输混凝土（沥青）混合料（运距300 m以内）	m³	23.350	1.37			14.39	1.20	1.02		1.98	19.96
19.4	40107048	混凝土搅拌机拌和 容量（250 L以内）	m³	23.350	15.01			6.67	1.65	1.40		2.72	27.45
20	040204004002	安砌侧（平，缘）石 B型 1) 详见附录一 SⅡ-2-22	m	1887.430	13.02	83.06		0.53	7.34	6.24		12.12	122.32

实训三 市政工程工程量清单计价编制(晨曦工程计价系统 2017)

分部分项工程量清单综合单价分析表

工程名称:××××市政道路 道路工程

序号	项目编码	项目名称及特征描述	单位	工程量	综合单价组成(元)							综合单价(元)
					人工费	材料费	其中:设备费	施工机具使用费	企业管理费	利润	规费	税金	
20.1	40204029	路沿石立缘石安砌 截面半周长 50 cm 以外 有基座	m	1887.430	10.29	76.46			6.59	5.60		10.88	109.82
20.2	40204025	侧缘石混凝土基座	m³	43.410	102.29	287.13		1.76	29.73	25.25		49.08	495.24
20.3	40105017T	机动翻斗车运输混凝土(沥青)混合料(运距 300 m 以内)	m³	44.060	1.37			14.39	1.20	1.02		1.98	19.96
20.4	40107048	混凝土搅拌机拌和 容量(250 L 以内)	m³	44.060	15.01			6.67	1.65	1.40		2.72	27.45
21	040204004003	安砌侧(平、缘)石 C 型 1)详见附录一 SⅡ-2-22	m	1000.840	12.54	66.27		0.53	6.03	5.12		9.95	100.45
21.1	40204027	路沿石立缘石安砌 截面半周长 50 cm 以内 有基座	m	1000.840	9.80	59.67			5.28	4.49		8.72	87.95
21.2	40204025	侧缘石混凝土基座	m³	23.020	102.29	287.13		1.76	29.73	25.25		49.08	495.24
21.3	40105017T	机动翻斗车运输混凝土(沥青)混合料(运距 300 m 以内)	m³	23.360	1.37			14.39	1.20	1.02		1.98	19.96
21.4	40107048	混凝土搅拌机拌和 容量(250 L 以内)	m³	23.360	15.01			6.67	1.65	1.40		2.72	27.45
22	040204004004	安砌侧(平、缘)石 D 型 1)详见附录一 SⅡ-2-22	m	1664.420	10.89	61.99			5.54	4.71		9.14	92.27
22.1	40204026	路沿石立缘石安砌 截面半周长 50 cm 以内 无基座	m	1664.420	10.89	61.99			5.54	4.71		9.14	92.27

第 7 页 共 8 页

分部分项工程量清单综合单价分析表

工程名称：××××市政道路　道路工程　　　　　　　　　　　　　　　　　　　第 8 页　共 8 页

序号	项目编码	项目名称及特征描述	单位	工程量	人工费	材料费	综合单价组成（元） 其中：施工机具使用费 设备费	企业管理费	利润	规费	税金	综合单价（元）
23	040204002001	4. 人行道 1）详见附录—SⅡ-2-22 人行道块料铺设	m²	2923.860	18.32	49.93	2.31	5.36	4.56		8.85	89.33
23.1	40204001	人行道垫层 混凝土垫层 厚度 10 cm	m²	2923.860	3.22	26.62		2.27	1.93		3.74	37.78
23.2	40105017T	机动翻斗车运输混凝土（沥青）混合料（运距 300 m 以内）	m³	296.770	1.37		14.39	1.20	1.02		1.98	19.96
23.3	40204012	砂浆铺砌人行道板	m²	2923.860	12.37	23.31	0.07	2.72	2.31		4.49	45.26
23.4	40202002	路床（槽）整形 人行道整形碾压	m²	2923.860	1.07		0.10	0.09	0.08		0.15	1.48
23.5	40107048	混凝土搅拌机拌和 容量（250 L 以内）	m³	296.770	15.01		6.67	1.65	1.40		2.72	27.45

单价措施项目清单综合单价分析表

工程名称：××××市政道路　道路工程　　　　　　　　　　　　　　　　　　　第 1 页　共 1 页

序号	项目编码	项目名称及特征描述	单位	工程量	人工费	材料费	综合单价组成（元） 施工机具使用费	企业管理费	利润	规费	税金	综合单价（元）
1	041106001001	大型机械设备进出场及安拆	项	1.000	648.00	503.41	1490.37	200.77	170.55		331.44	3344.54
1.1	40107062	大型机械设备进出场 沥青混凝土摊铺机	台次	1.000	648.00	503.41	1490.37	200.77	170.55		331.44	3344.54

附录一 《市政工程工程量计算规范》(GB 50857-2013)附录

附录A 土石方工程

A.1 土方工程

土方工程工程量清单项目设置、项目特征描述内容、工程量计算规则,应按表A.1的规定执行。

表 A.1 土方工程(编码:040101)

项目编码	项目名称	项目特征	计量单位	工程量计算规则	工作内容
040101001	挖一般土方	1. 土壤类别 2. 挖土深度	m^3	按设计图示尺寸以体积算	1. 地表排水 2. 土方开挖 3. 围护(挡土板)支撑 4. 基底钎探 5. 场内运输
040101002	挖沟槽土方			按设计图示尺寸以基础垫层底面积乘以挖土深度计算	
040101003	挖基坑土方				
040101004	暗挖土方	1. 土壤类别 2. 平洞、斜洞(坡度) 3. 运距		按设计图示断面乘以长度以体积计算	1. 地表排水 2. 土方开挖 3. 场内运输
040101005	挖淤泥、挖流砂	1. 挖掘深度 2. 运距		按设计图示位置、界限以体积计算	1. 开挖 2. 运输

注:1. 沟槽、基坑、一般土方的划分为:底宽≤7 m,底长>3倍底宽为沟槽;底长≤3倍底宽,底面积≤150 m²为基坑;超出上述范围则为一般土方。

2. 土壤的分类应按表 A.1-1 确定。

3. 土壤类别不能准确划分时,招标人可注明为综合,由投标人根据地勘报告决定报价。

4. 土方体积应按挖掘前的天然密实体积计算。

5. 挖沟槽、基坑土方中的挖土深度,一般指原地面标高至槽、坑底的平均高度。

6. 挖沟槽、基坑、一般土方因工作面和放坡增加的工程量,是否并入各土方工程量中,按各省、自治区、直辖市或行业建设主管部门的规定实施,如并入各土方工程量中,编制工程量清单时,可按表A.1-2、A.1-3 规定计算;办理工程结算时,按经发包人认可的施工组织设计规定计算。

7. 挖沟槽、基坑、一般土方和暗挖土方清单项目的工作内容中仅包括土方场内平衡所需的运输费用,如需土方外运时,按 040103002"余方弃置"项目编码列项。

8. 挖方出现流砂、淤泥时,如设计未明确,在编制工程量清单时,其工程量可为暂估值。结算时,应根据实际情况由发包人与承包人双方现场签证确定工程量。

9. 挖淤泥、流砂的运距可以不描述,但应注明由投标人根据施工现场实际情况自行考虑,决定报价。

表 A.1-1　土方体积折算系数表

土壤分类	土壤名称	开挖方法
一、二类土	粉土、砂土（粉砂、细砂、中砂、粗砂、砾砂）、粉质黏土、弱中盐渍土、软土（淤泥质土、泥炭、泥炭质土）、软塑红黏土、冲填土	用锹，少许用镐、条锄开挖，机械能全部直接铲挖满载者
三类土	黏土、碎石土（圆砾、角砾）、混合土、可塑红黏土、硬塑红黏土、强盐渍土、素填土、压实填土	主要用镐、条锄，少许用锹开挖。机械需部分刨松方能铲挖满载者或可直接铲挖但不能满载者
四类土	碎石土（卵石、碎石、漂石、块石）、坚硬红黏土、超盐渍土、杂填土	全部用镐、条锄挖掘，少许用撬棍挖掘，机械需普遍刨松方能铲挖满载者

注：本表土的名称及其含义按国家标准《岩土工程勘察规范》GB 50021-2001（2009年局部修订版）。

表 A.1-2　放坡系数表

土类别	放坡起点(m)	人工挖土	机械挖土		
			在沟槽侧、坑内作业	在沟槽侧、坑边上作业	顺沟槽方向坑上作业
一、二类土	1.20	1∶0.50	1∶0.33	1∶0.75	1∶0.50
三类土	1.50	1∶0.33	1∶0.25	1∶0.67	1∶0.33
四类土	2.00	1∶0.25	1∶0.10	1∶0.33	1∶0.25

注：1. 沟槽、基坑中土类别不同时，分别按其放坡起点、放坡系数、依不同土类别厚度加权平均计算。
2. 计算放坡时，在交接处的重复工程量不予扣除，原槽、坑作基础垫层时，放坡自垫层上表面开始计算。
3. 本表按《全国统一市政工程预算定额》GYD-301-1999整理，并增加机械挖土顺沟槽方向坑上作业的放坡系数。

表 A.1-3　管沟施工每侧所需工作面宽度计算表

管道结构宽(mm)	混凝土管道基础 90°	混凝土管道基础＞90°	金属管道	构筑物无防潮层	构筑物无防潮层
500 以内	400	400	300	400	600
1000 以内	500	500	400		
2500 以内	600	500	400		
2500 以上	700	600	500		

注：1. 管道结构宽：有管座按管道基础外缘计算，无管座按管道外径计算，构筑物按基础外缘计算。
2. 本表按《全国统一市政工程预算定额》GYD-301-1999整理，并增加管道结构宽2500 mm以上的工作面宽度值。

A.2 石方工程

石方工程工程量清单项目设置、项目特征描述内容、计量单位及工程量计算规则,应按表 A.2 的规定执行。

表 A.2 石方工程(编号:040102)

项目编码	项目名称	项目特征	计量单位	工程量计算规则	工程内容
040102001	挖一般石方	1. 岩石类别 2. 开凿深度	m^3	按设计图示尺寸以体积计算	1. 排地表水 2. 石方开凿 3. 修整底、边 4. 场内运输
040102002	挖沟槽石方			按设计图示尺寸以基础垫层底面积乘以挖石深度计算	
040102003	挖基坑石方				

注:1. 沟槽、基坑、一般石方的划分为:底宽≤7 m,底长>3 倍底宽为沟槽;底长>3 倍底宽,底面积≤150 m 为基坑;超出上述范围则为一般石方。

2. 岩石的分类应按表 A.2-1 确定。

3. 石方体积应按挖掘前的天然密实体积计算。

4. 挖沟槽、基坑、一般石方因工作面和放坡增加的工程量,是否并入各土方工程量中,按各省、自治区、直辖市或行业建设主管部门的规定实施,如并入各石方工程量中,编制工程量清单时,其所需增加的工程量为暂估值,且在清单中予以注明;办理工程结算时,按经发包人认可的施工组织设计规定计算。

5. 挖沟槽、基坑、一般石方清单项目的工作内容中仅包括石方场内平衡所需的运输费用,如需石方外运时,按 040103002"余方弃置"项目编码列项。

6. 石方爆破按现行国家标准《爆破工程工程量清单计算规范》GB 50862 编码列项。

表 A.2-1 岩石分类表

岩石分类		代表性岩石	开挖方法
极软岩		1. 全风化的各种岩石 2. 各种半成岩	部分用手凿工具、部分用爆破法开挖
软质岩	软岩	1. 强风化的坚硬岩或较硬岩 2. 中等风化—强风化的较软岩 3. 未风化—微风化的页岩、泥岩、泥质砂岩等	用风镐和爆破法开挖
	较软岩	1. 中等风化—强风化的坚硬岩或较硬岩 2. 未风化—微风化的凝灰岩、千枚岩、泥灰岩、砂质泥岩等	
硬质岩	较硬岩	1. 微风化的坚硬岩 2. 未风化—微风化的大理岩、板岩、石灰岩、白云岩、钙质砂岩等	用爆破法开挖
	坚硬岩	未风化—微风化的花岗岩、闪长岩、辉绿岩、玄武岩、安山岩、片麻岩、石英岩、石英砂岩、硅质砾岩、硅质石灰岩等	

注:本表依据国家标准《工程岩体分级标准》GB 50218-94 和《岩土工程勘察规范》GB 50021-2001(2009 年版)整理。

A.3 回填方及土石方运输

回填方及土石方运输工程量清单项目设置、项目特征描述的内容、计量单位及工程量计算规则,应按表 A.3 的规定执行。

表 A.3 回填方及土石方运输(编号:040103)

项目编码	项目名称	项目特征	计量单位	工程量计算规则	工作内容
040103001	回填方	1. 密实度要求 2. 填方材料品种 3. 填方粒径要求 4. 填方来源、运距	m^3	1. 按挖方清单项目工程量加原地面线至设计要求标高间的体积减基础、构造物等埋入体积计算 2. 按设计图示尺寸以体积计算	1. 运输 2. 回填 3. 压实
040103002	余方弃置	1. 废弃料品种 2. 运距		按挖方清单项目工程量减利用回填方体积(正数)计算	余方点装料运输至弃置点

注:1. 填方材料品种为土时,可以不描述。

2. 填方粒径要求,在无特殊要求情况下,项目特征可以不描述。

3. 对于沟、槽等开挖后再进行回填方的清单项目,其工程量计算规划按第 1 条确定;场地填方按第 2 条确定。其中,对工程量计算规则 1,当原地面线高于设计要求标高时,则其体积为负值。

4. 回填方总工程量中若包括场内平衡和方内运两部分时,应分别编码列项。

5. 余方弃置和回填方运距可以不描述,但应注明由投标人根据施工现场实际情况自行考虑,决定报价。

6. 回填方如需缺方内运,且填方材料品种为土方时,是否在综合单价中计购买土方的费用,由投标人根据工程实际情况自行考虑决定报价。

A.4 其他相关问题及说明

A.4.1 隧道石方开挖按附录 D 隧道工程中相关项目编码列项。

A.4.1 废料及余方弃置清单项目中,如需发生弃置、堆放费用的,按标人应根据当地有关规定计取相应费用,并计入综合单价中。

附录B 道路工程

B.1 路基处理

路基处理工程量清单项目设置、项目特征描述内容、计量单位及工程量计算规则,应按表 B.1 的规定执行。

表 B.1 路基处理(编码:040201)

项目编码	项目名称	项目特征	计量单位	工程量计算规则	工作内容
040201001	预压地基	1. 排水竖井种类、断面尺寸、排列方式、间距、深度 2. 预压方法 3. 预压荷载、时间 4. 砂垫层厚度	m^2	按设计图示尺寸以加固面积计算	1. 设置排水竖井、盲沟、滤水管 2. 铺设砂垫层、密封膜 3. 堆载、卸载或抽气设备安拆、抽真空 4. 材料运输
040201002	强夯地基	1. 夯击能量 2. 夯击遍数 3. 地耐力要求 4. 夯填材料种类			1. 铺设夯填材料 2. 强夯 3. 夯填材料运输
040201003	振冲密实(不填料)	1. 地层情况 2. 振密深度 3. 孔距 4. 振冲器功率			1. 振冲加密 2. 泥浆运输
040201004	掺石灰	含灰量	m^3	按设计图示尺寸以体积计算	1. 掺石灰 2. 夯实
040201005	掺干土	1. 密实度 2. 掺土率			1. 掺干土 2. 夯实
040201006	掺石	1. 材料品种、规格 2. 掺石率			1. 掺石 2. 夯实
040201007	抛石挤淤	材料品种、规格			1. 抛石挤淤 2. 填塞垫平、压实
040201008	袋装砂井	1. 直径 2. 填充料品种 3. 深度	m	按设计图示尺寸以长度计算	1. 制作砂袋 2. 定位沉管 3. 下砂袋 4. 拔管
040201009	塑料排水板	材料品种、规格			1. 安装排水板 2. 沉管插板 3. 拔管

续表

项目编码	项目名称	项目特征	计量单位	工程量计算规则	工作内容
040201010	振冲桩（填料）	1. 地层情况 2. 空桩长度、桩长 3. 桩径 4. 填充材料种类	1. m 2. m³	1. 以米计量，按设计图示尺寸以桩长计算 2. 以立方米计量，按设计桩截面乘以桩长以体积计算	1. 振冲成孔、填料、振实 2. 材料运输 3. 泥浆运输
040201011	砂石桩	1. 地层情况 2. 空桩长度、桩长 3. 桩径 4. 成孔方法 5. 材料种类、级配		1. 以米计量，按设计图示尺寸以桩长（包括桩尖）计算 2. 以立方米计量，按设计桩截面乘以桩长（包括桩尖）以体积计算	1. 成孔 2. 填充、振实 3. 材料运输
040201012	水泥粉煤灰碎石桩	1. 地层情况 2. 空桩长度、桩长 3. 桩径 4. 成孔方法 5. 混合料强度等级		按设计图示尺寸以桩长（包括桩尖）计算	1. 成孔 2. 混合料制作、灌注、养护 3. 材料运输
040201013	深层搅拌桩	1. 地层情况 2. 空桩长度、桩长 3. 桩截面尺寸 4. 水泥强度等级、掺量		按设计图示尺寸以桩长计算	1. 预搅下钻、水泥浆制作、喷浆搅拌提升成桩 2. 材料运输
040201014	粉喷桩	1. 地层情况 2. 空桩长度、桩长 3. 桩径 4. 粉体种类、掺量 5. 水泥强度等级、石灰粉要求	m	按设计图示尺寸以桩长计算	1. 预搅下钻、喷粉搅拌提升成桩 2. 材料运输
040201015	高压喷射注浆桩	1. 地层情况 2. 空桩长度、桩长 3. 桩截面 4. 注浆类型、方法 5. 水泥强度等级、掺量			1. 成孔 2. 水泥浆制作、高压喷注浆 3. 材料运输
040201016	石灰桩	1. 地层情况 2. 空桩长度、桩长 3. 桩径 4. 成孔方法 5. 掺和料种类、配合比		按设计图示尺寸以桩长（包括桩尖）计算	1. 成孔 2. 混合料制作、运输、夯填
040201017	灰土(土)挤密桩	1. 地层情况 2. 空桩长度、桩长 3. 桩径 4. 成孔方法 5. 灰土级配		按设计图示尺寸以桩长（包括桩尖）计算	1. 成孔 2. 灰土拌和、运输、填充、夯实
040201018	柱锤冲扩桩	1. 地层情况 2. 空桩长度、桩长 3. 桩径 4. 成孔方法 5. 桩体材料种类、配合比		按设计图示尺寸以桩长计算	1. 安拔套管 2. 冲孔、填料、夯实 3. 桩体材料制作、运输

续表

项目编码	项目名称	项目特征	计量单位	工程量计算规则	工作内容
040201019	地基注浆	1. 地层情况 2. 成孔深度、间距 3. 浆液种类及配比 4. 注浆方法 5. 水泥强度等级、用量	1. m 2. m³	1. 以米计量，按设计图示尺寸以深度计算 2. 以立方米计量，按设计图示尺寸以加固体积计算	1. 成孔 2. 注浆导管制作、安装 3. 浆液制作、压浆 4. 材料运输
040201020	褥垫层	1. 厚度 2. 材料品种、规格及比例	1. m² 2. m³	1. 以平方米计量，按设计图示尺寸以铺设面积计算 2. 以立方米计量，按设计图示尺寸以铺设体积计算	1. 材料拌和、运输 2. 铺设 3. 压实
040201021	土工合成材料	1. 材料品种、规格 2. 搭接方式	m²	按设计图示尺寸以面积计算	1. 基层整平 2. 铺设 3. 固定
040201022	排水沟、截水沟	1. 断面尺寸 2. 基层、垫层材料品种、厚度 3. 砌体材料 4. 砂浆强度等级 5. 伸缩缝填塞 6. 盖板材质、规格	m	按设计图示以长度计算	1. 模板制作、安装、拆除 2. 基础、垫层铺筑 3. 混凝土拌和、运输、浇筑 4. 侧墙浇捣或砌筑 5. 勾缝、抹面 6. 盖板安装
040201023	盲沟	1. 材料品种、规格 2. 断面尺寸			铺筑

注：1. 地层情况按表 A.1-1 和表 A.2-1 的规定，并根据岩土工程勘察报告按单位工程各地层所占比例（包括范围值）进行描述。对无法准确描述的地层情况，可注明由投标人根据岩土工程勘察报告自行决定报价。
2. 项目特征中的桩长应包括桩尖，空桩长度=孔深－桩长，孔深为自然地面至设计桩底的深度。
3. 如采用碎石、粉煤灰、砂等作为路基处理的填方材料时，应按附录 A 土石方工程"回填方"项目编码列项。
4. 排水沟、截水沟清单项目中，当侧墙为混凝土时，还应描述侧墙的混凝土强度等级。

B.2 道路基层

道路基层工程量清单项目设置、项目特征描述内容、计量单位及工程量计算规则,应按表 B.2 的规定执行。

表 B.2 道路基层(编码:040202)

项目编码	项目名称	项目特征	计量单位	工程量计算规则	工作内容
040202001	路床(槽)整形	1. 部位 2. 范围	m²	按设计道路底基层图示尺寸以面积计算,不扣除各类井所占面积	1. 放样 2. 整修路拱 3. 碾压成型
040202002	石灰稳定土	1. 含灰量 2. 厚度		按设计图示尺寸以面积计算,不扣除各类井所占面积	1. 拌和 2. 运输 3. 铺筑 4. 找平 5. 碾压 6. 养护
040202003	水泥稳定土	1. 水泥含量 2. 厚度			
040202004	石灰、粉煤灰、土	1. 配合比 2. 厚度			
040202005	石灰、碎石、土	1. 配合比 2. 碎石规格 3. 厚度			
040202006	石灰、粉煤灰、碎(砾)石	1. 配合比 2. 碎(砾)石规格 3. 厚度			
040202007	粉煤灰	厚度			
040202008	矿渣				
040202009	砂砾石	1. 石料规格 2. 厚度			
040202010	卵石				
040202011	碎石				
040202012	块石				
040202013	山皮石				
040202014	粉煤灰三渣	1. 配合比 2. 厚度			
040202015	水泥稳定碎(砾)石	1. 水泥含量 2. 石料规格 3. 厚度			
040202016	沥青稳定碎石	1. 沥青品种 2. 石料规格 3. 厚度			

注:1. 道路工程厚度应以压实后为准。
2. 道路基层设计截面如为梯形时,应按其截面平均宽度计算面积,并在项目特征中对截面参数加以描述。

B.3 道路面层

道路面层工程量清单项目设置、项目特征描述内容、计量单位及工程量计算规则,应按表 B.3 的规定执行。

表 B.3　道路面层(编码:040203)

项目编码	项目名称	项目特征	计量单位	工程量计算规则	工作内容
040203001	沥青表面处治	1. 沥青品种 2. 层数	m²	按设计图示尺寸以面积计算,不扣除各种井所占面积,带平石的面层应扣除平石所占面积	1. 喷油、布料 2. 碾压
040203002	沥青贯入式	1. 沥青品种 2. 石料规格 3. 厚度			1. 摊铺碎石 2. 喷油、布料 3. 碾压
040203003	透层、黏层	1. 材料品种 2. 喷油量			1. 清理下承面 2. 喷油、布料
040203004	封层	1. 材料品种 2. 喷油量 3. 厚度			1. 清理下承面 2. 喷油、布料 3. 压实
040203005	黑色碎石	1. 材料品种 2. 石料规格 3. 厚度			1. 清理下承面 2. 拌和、运输 3. 摊铺、整形 4. 压实
040203006	沥青混凝土	1. 沥青品种 2. 沥青混凝土种类 3. 石料粒径 4. 掺和料 5. 厚度			
040203007	水泥混凝土	1. 混凝土强度等级 2. 掺和料 3. 厚度 4. 嵌缝材料			1. 模板制作、安装、拆除 2. 混凝土拌和、运输、浇筑 3. 拉毛 4. 压痕或刻防滑槽 5. 伸缝 6. 缩缝 7. 锯缝、嵌缝 8. 路面养护
040203008	块料面层	1. 块料品种、规格 2. 垫层:材料品种、厚度、强度等级			1. 铺筑垫层 2. 铺砌块料 3. 嵌缝、勾缝
040203009	弹性面层	1. 材料品种 2. 厚度			1. 配料 2. 铺贴

注:水泥混凝土路面中传力杆和拉杆的制作、安装应按附录 I 钢筋工程中相关项目编码列项。

B.4 人行道及其他工程

人行道及其他工程工程量清单项目设置、项目特征描述内容、计量单位及工程量计算规则，应按表 B.4 的规定执行。

表 B.4 人行道及其他（编码：040204）

项目编码	项目名称	项目特征	计量单位	工程量计算规则	工作内容
040204001	人行道整形碾压	1. 部位 2. 范围	m²	按人行道图示尺寸以面积计算，不扣除各类井所占面积	1. 放样 2. 碾压
040204002	人行道块料铺设	1. 块料品种、规格 2. 基础、垫层：材料品种、厚度 3. 图形	m²	按设计图示尺寸以面积计算，不扣除各类井所占面积，但应扣除侧石、树池所占面积	1. 基础、垫层铺筑 2. 块料铺设
040204003	现浇混凝土人行道及进口坡	1. 混凝土强度等级 2. 厚度 3. 基础、垫层：材料品种、厚度			1. 模板制作、安装、拆除 2. 基础、垫层铺筑 3. 混凝土拌和、运输、浇筑
040204004	安砌侧（平、缘）石	1. 材料品种、规格 2. 基础、垫层：材料品种、厚度	m	按设计图示中心线长度计算	1. 开槽 2. 基础、垫层铺筑 3. 侧（平、缘）石安砌
040204005	现浇侧（平、缘）石	1. 材料品种 2. 尺寸 3. 形状 4. 混凝土强度等级 5. 基础、垫层：材料品种、厚度			1. 模板制作、安装、拆除 2. 开槽 3. 基础、垫层铺筑 4. 混凝土拌和、运输、浇筑
040204006	检查井升降	1. 材料品种 2. 检查井规格 3. 平均升（降）高度	座	按设计图示路面标高与原有的检查井发生正负高差的检查井的数量计算	1. 提升 2. 降低
040204007	树池砌筑	1. 材料品种、规格 2. 树池尺寸 3. 树池盖材料品种	个	按设计图示数量计算	1. 基础、垫层铺筑 2. 树池砌筑 3. 盖板材料运输、安装
040204008	预制电缆沟铺设	1. 材料品种 2. 规格尺寸 3. 基础、垫层：材料品种、厚度 4. 盖板品种、规格	m	按设计图示中心线长度计算	1. 基础、垫层铺筑 2. 预制电缆沟安装 3. 盖板安装

B.5 交通管理设施

交通管理设施工程量清单项目设置、项目特征描述内容、计量单位及工程量计算规则，应按表 B.5 的规定执行。

表 B.5 交通管理设施(编码:040205)

项目编码	项目名称	项目特征	计量单位	工程量计算规则	工作内容
040205001	人(手)孔井	1. 材料品种 2. 规格尺寸 3. 盖板材质、规格 4. 基础、垫层：材料品种、厚度	座	按设计图示数量计算	1. 基础、垫层铺筑 2. 井身砌筑 3. 勾缝(抹面) 4. 井盖安装
040205002	电缆保护管	1. 材料品种 2. 规格	m	按设计图示以长度计算	敷设
040205003	标杆	1. 类型 2. 材质 3. 规格尺寸 4. 基础、垫层：材料品种、厚度 5. 油漆品种	根	按设计图示数量计算	1. 基础、垫层铺筑 2. 制作 3. 喷漆或镀锌 4. 底盘、拉盘、卡盘及杆件安装
040205004	标志板	1. 类型 2. 材质 3. 规格尺寸 4. 板面反光膜等级	块		制作、安装
040205005	视线诱导器	1. 类型 2. 材料品种	只		安装
040205006	标线	1. 材料品种 2. 工艺 3. 线型	1. m 2. m²	1. 以米计量，按设计图示以长度计算 2. 以平方米计量，按设计图示尺寸以面积计算	1. 清扫 2. 放样 3. 画线 4. 护线
040205007	标记	1. 材料品种 2. 类型 3. 规格尺寸	1. 个 2. m²	1. 以个计量，按设计图示数量计算 2. 以平方米计量，按设计图示尺寸以面积计算	
040205008	横道线	1. 材料品种 2. 形式	m²	按设计图示尺寸以面积计算	
040205009	清除标线	清除方法			清除
040205010	环形检测线圈	1. 类型 2. 规格、型号	个	按设计图示数量计算	1. 安装 2. 调试
040205011	值警亭	1. 类型 2. 规格 3. 基础、垫层：材料品种、厚度	座	按设计图示数量计算	1. 基础、垫层铺筑 2. 安装

续表

项目编码	项目名称	项目特征	计量单位	工程量计算规则	工作内容
040205012	隔离护栏	1. 类型 2. 规格、型号 3. 材料品种 4. 基础、垫层：材料品种、厚度	m	按设计图示以长度计算	1. 基础、垫层铺筑 2. 制作、安装
040205013	架空走线	1. 类型 2. 规格、型号			架线
040205014	信号灯	1. 形式 2. 灯架材质、规格 3. 基础、垫层：材料品种、厚度 4. 信号灯规格、型号、组数	套	按设计图示数量计算	1. 基础、垫层铺筑 2. 灯架制用、镀锌、喷漆 3. 底盘、拉盘、卡盘及杆件安装 4. 信号灯安装、调试
040205015	设备控制机箱	1. 类型 2. 材质、规格尺寸 3. 基础、垫层：材料品种、厚度 4. 配置要求	台		1. 基础、垫层铺筑 2. 安装 3. 调试
040205016	管内配线	1. 类型 2. 材质 3. 规格、型号	m	按设计图示以长度计算	配线
040205017	防撞筒(墩)	1. 材料品种 2. 规格、型号	个	按设计图示数量计算	
040205018	警示柱	1. 类型 2. 材料品种 3. 规格、型号	根	按设计图示数量计算	制作、安装
040205019	减速垄	1. 材料品种 2. 规格、型号	m	按设计图示以长度计算	

附录一 《市政工程工程量计算规范》(GB 50857-2013)附录

续表

项目编码	项目名称	项目特征	计量单位	工程量计算规则	工作内容
040205020	监控摄像机	1. 类型 2. 规格、型号 3. 支架形式 4. 防护罩要求	台	按设计图示数量计算	1. 安装 2. 调试
040205021	数码相机	1. 规格、型号 2. 立杆材质、形式 3. 基础、垫层：材料品种、厚度	套		1. 基础、垫层铺筑 2. 安装 3. 调试
040205022	道闸机	1. 类型 2. 规格、型号 3. 基础、垫层：材料品种、厚度			
040205023	可变信息情报板	1. 类型 2. 规格、型号 3. 立(横)杆材质、形式 4. 配置要求 5. 基础、垫层：材料品种、厚度			
040205024	交通智能系统调试	系统类别	系统		系统调试

注：1. 本节清单项目如发生破除混凝土路面、土石方开挖、回填夯实等，应分别按附录K拆除工程及附录A土石方工程中相关项目编码列项。

2. 除清单项目特种中注明外，各类垫层应按本附录中相关项目编码列项。

3. 立电杆按附录H路灯工程中相关项目编码列项。

4. 值警亭按半成品现场安装考虑，实际采用砖砌等形式的，按现行国家标准《房屋建筑与装饰工程计量规范》GB 50854中相关项目编码列项。

5. 与标杆相连的，用于安装标志板的配件应计入标志板清单项目内。

附录 C 桥涵工程

C.1 桩基

桩基工程量清单项目设置、项目特征描述内容、计量单位及工程量计算规则,应按表 C.1 的规定执行。

表 C.1 桩基(编号:040301)

项目编码	项目名称	项目特征	计量单位	工程量计算规则	工作内容
040301001	预制钢筋混凝土方桩	1. 地层情况 2. 送桩深度、桩长 3. 桩截面 4. 桩倾斜度 5. 混凝土强度等级	1. m 2. m^3 3. 根	1. 以米计量,按设计图示尺寸以桩长(包括桩尖)计算 2. 以立方米计量,按设计图示桩长(包括桩尖)乘以桩断面计算 3. 以根计量,按设计图示数量计算	1. 工作平台搭拆 2. 桩就位 3. 桩机移位 4. 沉桩 5. 接桩 6. 送桩
040301002	预制钢筋混凝土管桩	1. 地层情况 2. 送桩深度、桩长 3. 桩外径、壁厚 4. 桩倾斜度 5. 桩尖设置及类型 6. 混凝土强度等级 7. 填充材料种类			1. 工作平台搭拆 2. 桩就位 3. 桩机移位 4. 桩尖安装 5. 沉桩 6. 接桩 7. 送桩 8. 桩芯填充
040301003	钢管桩	1. 地层情况 2. 送桩深度、桩长 3. 材质 4. 管径、壁厚 5. 桩倾斜度 6. 填充材料种类 7. 防护材料种类	1. t 2. 根	1. 以吨计量,按设计图示尺寸以质量计算 2. 以根计量,按设计图示数量计算	1. 工作平台搭拆 2. 桩就位 3. 桩机移位 4. 沉桩 5. 接桩 6. 送桩 7. 切割钢管、精割盖帽 8. 管内取土、余土弃置 9. 管内填芯、防护材料

续表

项目编码	项目名称	项目特征	计量单位	工程量计算规则	工作内容
040301004	泥浆护壁成孔灌注桩	1. 地层情况 2. 空桩长度、桩长 3. 桩径 4. 成孔方法 5. 混凝土种类、强度等级	1. m 2. m^3 3. 根	1. 以米计量,按设计图示尺寸以桩长(包括桩尖)计算 2. 以立方米计量,按不同截面在桩长范围内以体积计算 3. 以根计量,按设计图示数量计算	1. 工作平台搭设 2. 桩机就位 3. 护筒埋设 4. 成孔、固壁 5. 混凝土制作、运输、灌注、养护 6. 土方、废浆外运 7. 打桩场地硬化及泥浆池、泥浆沟
040301005	沉管灌注桩	1. 地层情况 2. 空桩长度、桩长 3. 复打长度 4. 桩径 5. 沉管方法 6. 桩尖类型 7. 混凝土种类、强度等级	1. m 2. m^3 3. 根	1. 以米计量,按设计图示尺寸以桩长(包括桩尖)计算 2. 以立方米计量,按设计图示桩长(包括桩尖)乘以桩的断面积计算 3. 以根计量,按设计图示数量计算	1. 工作平台搭设 2. 桩机就位 3. 打(沉)拔钢管 4. 桩尖安装 5. 混凝土制作、运输、灌注、养护
040301006	干作业成孔灌注桩	1. 地层情况 2. 空桩长度、桩长 3. 桩径 4. 扩孔直径、高度 5. 成孔方法 6. 混凝土种类、强度等级			1. 工作平台搭设 2. 桩机就位 3. 成孔、扩孔 4. 混凝土制作、运输、灌注、振捣、养护
040301007	挖孔桩土(石)方	1. 土(石)类别 2. 挖孔深度 3. 弃土(石)运距	m^3	按设计图示尺寸(含护壁)截面积乘以挖孔深度以立方米计算	1. 排地表水 2. 挖土、凿石 3. 基底钎探 4. 运输
040301008	人工挖孔灌注桩	1. 桩芯长度 2. 桩芯直径、扩底直径、扩底高度 3. 护壁厚度、高度 4. 护壁混凝土类别、强度等级 5. 桩芯混凝土类别、强度等级	1. m^3 2. 根	1. 以立方米计量,按桩芯混凝土体积计算 2. 以根计量,按设计图示数量计算	1. 护壁制作、安装 2. 混凝土制作、运输、灌注、振捣、养护

续表

项目编码	项目名称	项目特征	计量单位	工程量计算规则	工作内容
040301009	钻孔压浆桩	1. 地层情况 2. 桩长 3. 钻孔直径 4. 骨料品种、规格 5. 水泥强度等级	1. m 2. 根	1. 以米计量,按设计图示尺寸以桩长计算 2. 以根计量,按设计图示数量计算	1. 钻孔、下注浆管、投放骨料 2. 浆液制作、运输、压浆
040301010	灌注桩后注浆	1. 注浆导管材料、规格 2. 注浆导管长度 3. 单孔注浆量 4. 水泥强度等级	孔	按设计图示以注浆孔数计算	1. 注浆导管制作、安装 2. 浆液制作、运输、压浆
040301011	截桩头	1. 桩类型 2. 桩头截面、高度 3. 混凝土强度等级 4. 有无钢筋	1. m³ 2. 根	1. 以立方米计量,按设计桩截面乘以桩头长度以体积计算 2. 以根计量,按设计图示数量计算	1. 截桩头 2. 凿平 3. 废料外运
040301012	声测管	1. 材质 2. 规格型号	1. t 2. m	1. 按设计图示尺寸以质量计算 2. 按设计图示尺寸以长度计算	1. 检测管截断、封头 2. 套管制作、焊接 3. 定位、固定

注:1. 地层情况按表 A.1-1 和表 A.2-1 的规定,并根据岩土工程勘察报告按单位工程各地层所占比例(包括范围值)进行描述。对无法准确描述的地层情况,可注明由投标人根据岩土工程勘察报告自行决定报价。

2. 各类混凝土预制桩以成品桩考虑,应包括成品桩购置费,如用现场预制,应包括现场预制桩的所有费用。

3. 项目特征中的桩截面、混凝土强度等级、桩类型等可直接用标准图代号或设计桩型进行描述。

4. 打试验桩和打斜桩应按相应项目编码单独列项,并应在项目特征中注明试验桩或斜桩(斜率)。

5. 项目特征中的桩长应包括桩尖,空桩长度=孔深-桩长,孔深为自然地面至设计桩底的深度。

6. 泥浆护壁成孔灌注桩是指在泥浆护壁条件下成孔,采用水下灌注混凝土的桩。其成孔方法包括冲击钻成孔、冲抓锥成孔、回旋钻成孔、潜水钻成孔、泥浆护壁的旋挖成孔等。

7. 沉管灌注桩的沉管方法包括锤击沉管法、振动沉管法、振动冲击沉管法、内夯沉管法等。

8. 干作业成孔灌注桩是指不用泥浆护壁和套管护壁的情况下,用钻机成孔后,下钢筋笼,灌注混凝土的桩,适用于地下水位以上的土层使用。其成孔方法包括螺旋钻成孔、螺旋钻成孔扩底、干作业的旋挖成孔等。

9. 混凝土灌注桩的钢筋笼制作、安装,按附录 J 钢筋工程中相关项目编码列项。

10. 本表工作内容未含基础的承载力检测、桩身完整性检测。

C.2 基坑与边坡支护

基坑与边坡支护工程量清单项目设置、项目特征描述内容、计量单位及工程量计算规则,应按表 C.2 的规定执行。

表 C.2 基坑与边坡支护(编码:040302)

项目编码	项目名称	项目特征	计量单位	工程量计算规则	工作内容
040302001	圆木桩	1. 地层情况 2. 桩长 3. 材质 4. 尾径 5. 桩倾斜度	1. m 2. 根	1. 以米计量,按设计图示尺寸以桩长(包括桩尖)计算 2. 以根计量,按设计图示数量计算	1. 工作平台搭拆 2. 桩机移位 3. 桩制作、运输、就位 4. 桩靴安装 5. 沉桩
040302002	预制钢筋混凝土板桩	1. 地层情况 2. 送桩深度、桩长 3. 桩截面 4. 混凝土强度等级	1. m³ 2. 根	1. 以立方米计量,按设计桩长(包括桩尖)乘以桩的断面计算 2. 以根计量,按设计图示数量计算	1. 工作平台搭拆 2. 桩就位 3. 桩机移位 4. 沉桩 5. 接桩 6. 送桩
040302003	地下连续墙	1. 地层情况 2. 导墙类型、截面 3. 墙体厚度 4. 成槽深度 5. 混凝土类别、强度等级 6. 接头形式	m³	按设计图示墙中心线长乘以厚度乘以槽深,以体积计算	1. 导墙挖填、制作、安装、拆除 2. 挖土成槽、固壁、清底置换 3. 混凝土制作、运输、灌注、养护 4. 接头处理 5. 土方、废浆外运 6. 打桩场地硬化及泥浆池、泥浆沟
040302004	咬合灌注桩	1. 地层情况 2. 桩长 3. 桩径 4. 混凝土类别、强度等级 5. 部位	1. m 2. 根	1. 以米计量,按设计图示尺寸以桩长计算 2. 以根计量,按设计图示数量计算	1. 桩机移位 2. 成孔、固壁 3. 混凝土制作、运输、灌注、养护 4. 套管压拔 5. 土方、废浆外运 6. 打桩场地硬化及泥浆池、泥浆沟

续表

项目编码	项目名称	项目特征	计量单位	工程量计算规则	工作内容
040302005	型钢水泥土搅拌墙	1. 深度 2. 桩径 3. 水泥掺量 4. 型钢材质、规格 5. 是否出拔	m³	按设计图示尺寸以体积计算	1. 钻机移位 2. 钻进 3. 浆液制作、运输、压浆 4. 搅拌、成桩 5. 型钢插拔 6. 土方、废浆外运
040302006	锚杆(索)	1. 地层情况 2. 锚杆(索)类型、部位 3. 钻孔直径、深度 4. 杆体材料品种、规格、数量 5. 是否预应力 6. 浆液种类、强度等级	1. m 2. 根	1. 以米计量,按设计图示尺寸以钻孔深度计算 2. 以根计量,按设计图示数量计算	1. 钻孔、浆液制作、运输、压浆 2. 锚杆、锚索索制作、安装 3. 张拉锚固 4. 锚杆(索)施工平台搭设、拆除
040302007	土钉	1. 地层情况 2. 钻孔直径、深度 3. 置入方法 4. 杆体材料品种、规格、数量 5. 浆液种类、强度等级			1. 钻孔、浆液制作、运输、压浆 2. 土钉制作、安装 3. 土钉施工平台搭设、拆除
040302008	喷射混凝土	1. 部位 2. 厚度 3. 材料种类 4. 混凝土类别、强度等级	m²	按设计图示尺寸以面积计算	1. 修整边坡 2. 混凝土制作、运输、喷射、养护 3. 钻排水孔、安装排水管 4. 喷射施工平台搭设、拆除

注:1. 地层情况按表 A.1-1 和表 A.2-1 的规定,并根据岩土工程勘察报告按单位工程各地层所占比例(包括范围值)进行描述。对无法准确描述的地层情况,可注明由投标人根据岩土工程勘察报告自行决定报价。

2. 地下连续墙和喷射混凝土的钢筋网制作、安装,按附录 J 钢筋工程中相关项目编码列项。基坑与边坡支护的排桩按本附录 C.1 及 C.2 中相关项目编码列项。水泥土墙、坑内加固按附录 B 道路工程中 B.1 中相关项目编码列项。混凝土挡土墙、桩顶冠梁、支撑体系按附录 D 隧道工程中相关项目编码列项。

C.3 现浇混凝构件

现浇混凝构件工程量清单项目设置、项目特征描述内容、计量单位及工程量计算规则,应按表 C.3 的规定执行。

表 C.3 现浇混凝土构件(编码:040303)

项目编码	项目名称	项目特征	计量单位	工程量计算规则	工作内容
040303001	混凝土垫层	混凝土强度等级	m³	按设计图示尺寸以体积计算	1. 模板制作、安装、拆除 2. 混凝土拌和、运输、浇筑 3. 养护
040303002	混凝土基础	1. 混凝土强度等级 2. 嵌料(毛石)比例			
040303003	混凝土承台	混凝土强度等级			
040303004	混凝土墩(台)帽	1. 部位 2. 混凝土强度等级			
040303005	混凝土墩(台)身				
040303006	混凝土支撑梁及横梁				
040303007	混凝土墩(台)盖梁				
040303008	混凝土拱桥拱座	混凝土强度等级			
040303009	混凝土拱桥拱肋				
040303010	混凝土拱上构件	1. 部位 2. 混凝土强度等级			1. 模板制作、安装、拆除 2. 混凝土拌和、运输、浇筑 3. 养护
040303011	混凝土箱梁				
040303012	混凝土连续板	1. 部位 2. 结构形式 3. 混凝土强度等级			
040303013	混凝土板梁				
040303014	混凝土板拱	1. 部位 2. 混凝土强度等级			
040303015	混凝土挡墙墙身	1. 混凝土强度等级 2. 泄水孔材料品种、规格 3. 滤水层要求 4. 沉降缝要求			1. 模板制作、安装、拆除 2. 混凝土拌和、运输、浇筑 3. 养护 4. 抹灰 5. 泄水孔制作、安装 6. 滤水层铺筑 7. 沉降缝
040303016	混凝土挡墙压顶	1. 混凝土强度等级 2. 沉降缝要求			

续表

项目编码	项目名称	项目特征	计量单位	工程量计算规则	工作内容
040303017	混凝土楼梯	1. 结构形式 2. 底板厚度 3. 混凝土强度等级	1. m² 2. m³	1. 以平方米计量，按设计图示尺寸以水平投影面积计算 2. 以立方米计量，按设计图示尺寸以体积计算	1. 模板制作、安装、拆除 2. 混凝土拌和、运输、浇筑 3. 养护
040303018	混凝土防撞护栏	1. 断面 2. 混凝土强度等级	m	按设计图示尺寸以长度计算	
040303019	桥面铺装	1. 部位 2. 混凝土强度等级 3. 沥青品种 4. 厚度 5. 配合比	m²	按设计图示尺寸以面积计算	1. 模板制作、安装、拆除 2. 混凝土拌和、运输、浇筑 3. 养护 4. 沥青混凝土铺装 5. 碾压
040303020	混凝土桥头搭板	混凝土强度等级	m³	按设计图示尺寸以体积计算	1. 模板制作、安装、拆除 2. 混凝土拌和、运输、浇筑 3. 养护
040303021	混凝土搭板枕梁				
040303022	混凝土桥塔身	1. 形状 2. 混凝土强度等级			
040303023	混凝土连系梁				
040303024	混凝土其他构件	1. 名称、部位 2. 混凝土强度等级			
040303025	钢管拱混凝土	混凝土强度等级			混凝土拌和、运输、压注

注：台帽、台盖梁均应包括耳墙、背墙。

C.4 预制混凝土构件

预制混凝土构件工程量清单项目设置、项目特征描述内容、计量单位及工程量计算规则，应按表 C.4 的规定执行。

附录一 《市政工程工程量计算规范》(GB 50857-2013)附录

表 C.4 预制混凝土构件(编码:040304)

项目编码	项目名称	项目特征	计量单位	工程量计算规则	工作内容
040304001	预制混凝土梁	1. 部位 2. 图集、图纸名称 3. 构件代号、名称 4. 混凝土强度等级 5. 砂浆强度等级	m³	按设计图示尺寸以体积计算	1. 模板制作、安装、拆除 2. 混凝土拌和、运输、浇筑 3. 养护 4. 构件安装 5. 接头灌浆 6. 砂浆制作 7. 运输
040304002	预制混凝土柱				
040304003	预制混凝土板				
040304004	预制混凝土挡土墙墙身	1. 图集、图纸名称 2. 构件代号、名称 3. 结构形式 4. 混凝土强度等级 5. 泄水孔材料品种、规格 6. 滤水层要求 7. 砂浆强度等级	m³	按设计图示尺寸以体积计算	1. 模板制作、安装、拆除 2. 混凝土拌和、运输、浇筑 3. 养护 4. 构件安装 5. 接头灌浆 6. 泄水孔制作、安装 7. 滤水层铺设 8. 砂浆制作 9. 运输
040304005	预制混凝土其他构件	1. 部位 2. 图集、图纸名称 3. 构件代号、名称 4. 混凝土强度等级 5. 砂浆强度等级			1. 模板制作、安装、拆除 2. 混凝土拌和、运输、浇筑 3. 养护 4. 构件安装 5. 接头灌浆 6. 砂浆制作 7. 运输

注:预制混凝土构件或预制钢筋混凝土构件,如施工图设计标注做法见标准图集时,项目特征注明标准图集的编码、页号及节点大样即可。

C.5 砌筑

砌筑工程量清单项目设置、项目特征描述内容、计量单位及工程量计算规则,应按表C.5的规定执行。

表 C.5　砌筑（编码：040305）

项目编码	项目名称	项目特征	计量单位	工程量计算规则	工作内容
040305001	垫层	1. 材料品种、规格 2. 厚度	m³	按设计图示尺寸以体积计算	垫层铺筑
040305002	干砌块料	1. 部位 2. 材料品种、规格 3. 泄水孔材料品种、规格 4. 滤水层要求 5. 沉降缝要求	m³	按设计图示尺寸以体积计算	1. 砌筑 2. 砌体勾缝 3. 砌体抹面 4. 泄水孔制作、安装 5. 滤层铺设 6. 沉降缝
040305003	浆砌块料	1. 部位 2. 材料品种、规格 3. 砂浆强度等级 4. 泄水孔材料品种、规格 5. 滤水层要求 6. 沉降缝要求			
040305004	砖砌体				
040305005	护坡	1. 材料品种 2. 结构形式 3. 厚度	m²	按设计图示尺寸以面积计算	1. 修整边坡 2. 砌筑 3. 砌体勾缝 4. 砌体抹面

注：1. 干砌块料、浆砌块料和砖砌体应根据工程部位不同，分别设置清单编码。
　　2. 本节清单项目中"垫层"指碎石、块石等非混凝土类垫层。

C.6　立交箱涵

立交箱涵工程量清单项目设置、项目特征描述内容、计量单位及工程量计算规则，应按表 C.6 的规定执行。

附录一 《市政工程工程量计算规范》(GB 50857-2013)附录

表 C.6 立交箱涵(编码:040306)

项目编码	项目名称	项目特征	计量单位	工程量计算规则	工作内容
040306001	透水管	1. 材料品种、规格 2. 管道基础形式	m	按设计图示尺寸以长度计算	1. 基础铺筑 2. 管道铺设、安装
040306002	滑板	1. 混凝土强度等级 2. 石蜡层要求 3. 塑料薄膜品种、规格	m³	按设计图示尺寸以体积计算	1. 模板制作、安装、拆除 2. 混凝土拌和、运输、浇筑 3. 养护 4. 涂石蜡层 5. 铺塑料薄膜
040306003	箱涵底板	1. 混凝土强度等级 2. 混凝土抗渗要求 3. 防水层工艺要求			1. 模板制作、安装、拆除 2. 混凝土拌和、运输、浇筑 3. 养护 4. 防水层铺涂
040306004	箱涵侧墙				1. 模板制作、安装、拆除 2. 混凝土拌和、运输、浇筑 3. 养护 4. 防水砂浆 5. 防水层铺涂
040306005	箱涵顶板				
040306006	箱涵顶进	1. 断面 2. 长度 3. 弃土运距	kt·m	按设计图示尺寸以被顶箱涵的质量乘以箱涵的位移距离分节累计计算	1. 顶进设备安装、拆除 2. 气垫安装、拆除 3. 气垫使用 4. 钢刃角制作、安装、拆除 5. 挖土实顶 6. 场内外运输 7. 中继间安装、拆除
040306007	箱涵接缝	1. 材质 2. 工艺要求	m	按设计图示止水带长度计算	接缝

注:除箱涵顶进土方外,顶进工作坑等土方,应按附录 A 土石方工程中相关项目编码列项。

C.7 钢结构

钢结构工程量清单项目设置、项目特征描述内容、计量单位及工程量计算规则,应按表 C.7 的规定执行。

表 C.7 钢结构(编码:040307)

项目编码	项目名称	项目特征	计量单位	工程量计算规则	工作内容
040307001	钢箱梁	1. 材料品种、规格 2. 部位 3. 探伤要求 4. 防火要求 5. 补刷油漆品种、色彩、工艺要求	t	按设计图示尺寸以质量计算,不扣除孔眼的质量,焊条、铆钉、螺栓等不另增加质量	1. 拼装 2. 安装 3. 探伤 4. 除刷防火涂料 5. 补刷油漆
040307002	钢板梁				
040307003	钢桁梁				
040307004	钢拱				
040307005	劲性钢结构				
040307006	钢结构叠合梁				
040307007	其他钢构件				
040307008	悬(斜拉)索	1. 材料品种、规格 2. 直径 3. 抗拉强度 4. 防护方式		按设计图示尺寸以质量计算	1. 拉索安装 2. 张拉、索力调整、锚固 3. 防护壳制作、安装
040307009	钢拉杆				1. 连接、紧锁件安装 2. 钢拉杆安装 3. 钢拉杆防腐 4. 钢拉杆防护壳制作、安装

C.8 装饰

装饰工程量清单项目设置、项目特征描述内容、计量单位及工程量计算规则,应按表 C.8 的规定执行。

表 C.8 装饰(编码:040308)

项目编码	项目名称	项目特征	计量单位	工程量计算规则	工作内容
040308001	水泥砂浆抹面	1. 砂浆配合比 2. 部位 3. 厚度	m²	按设计图示尺寸以面积计算	1. 基层清理 2. 砂浆抹面
040308002	剁斧石饰面	1. 材料 2. 部位 3. 形式 4. 厚度			1. 基层清理 2. 饰面
040308003	镶贴面层	1. 材质 2. 规格 3. 厚度 4. 部位			1. 基层清理 2. 镶贴面层 3. 勾缝
040308004	涂料	1. 材料品种 2. 部位			1. 基层清理 2. 涂料涂刷
040308005	油漆	1. 材料品种 2. 部位 3. 工艺要求			1. 除锈 2. 刷油漆

注:如遇本清单项目缺项时,可按现行国家标准《房屋建筑与装饰工程计量规范》GB 50854 中相关项目编码列项。

附录一 《市政工程工程量计算规范》(GB 50857-2013)附录

C.9 其他

其他工程量清单项目设置、项目特征描述内容、计量单位及工程量计算规则,应按表C.9的规定执行。

表 C.9　其他(编码:040309)

项目编码	项目名称	项目特征	计量单位	工程量计算规则	工作内容
040309001	金属栏杆	1. 栏杆材质、规格 2. 油漆品种、工艺要求	1. t 2. m	1. 按设计图示尺寸以质量计算 2. 按设计图示尺寸以延长米计算	1. 制作、运输、安装 2. 除锈、刷油漆
040309002	石质栏杆	材料品种、规格	m	按设计图示尺寸以长度计算	制作、运输、安装
040309003	混凝土栏杆	1. 混凝土强度等级 2. 规格尺寸			
040309004	橡胶支座	1. 材质 2. 规格、型号 3. 形式	个	按设计图示数量计算	支座安装
040309005	钢支座	1. 规格、型号 2. 形式			
040309006	盆式支座	1. 材质 2. 承载力			
040309007	桥梁伸缩装置	1. 材料品种 2. 规格、型号 3. 混凝土种类 4. 混凝土强度等级	m	以米计量,按设计图示尺寸以延长米计算	1. 制作、安装 2. 混凝土拌和、运输、浇筑
040309008	隔声屏障	1. 材料品种 2. 结构形式 3. 油漆品种、工艺要求	m²	按设计图示尺寸以面积计算	1. 制作、安装 2. 除锈、刷油漆
040309009	桥面排(泄)水管	1. 材料品种 2. 管径	m	按设计图示以长度计算	进水口、排(泄)水管制作、安装
040309010	防水层	1. 部位 2. 材料品种、规格 3. 工艺要求	m²	按设计图示尺寸以面积计算	防水层铺涂

注:支座垫石混凝土按 C.3 混凝土基础项目编码列项。

C.10 相关问题及说明

C.10.1 本章清单项目各类预制桩均按成品构件编制,购置费用应计入综合单价中,如采用现场预制,包括预制构件制用的所有费用。

C.10.2 当以体积为计量单位计算混凝土工程量时,不扣除构件内钢筋、螺栓、预埋铁件、张拉孔道和单个面积≤0.3 m² 的孔洞所占体积,但应扣除型钢混凝土构件中型钢所占体积。

C.10.3 桩基陆上工作平台搭拆工作内容包括在相应的清单项目中,若为水上工作平台搭拆,应按附录L措施项目相关项目单独编制列项。

附录 D 隧道工程(略)

附录 E 管网工程

E.1 管道铺设

管道铺设工程量清单项目设置、项目特征描述内容、计量单位及工程量计算规则,应按表 E.1 的规定执行。

表 E.1 管道铺设(编码:040501)

项目编码	项目名称	项目特征	计量单位	工程量计算规则	工作内容
040501001	混凝土管	1. 垫层、基础材质及厚度 2. 管座材质 3. 规格 4. 接口方式 5. 铺设深度 6. 混凝土强度等级 7. 管道检验及试验要求	m	按设计图示中心线长度以延长米计算。不扣除附属构筑物、管件及阀门等所占长度	1. 垫层、基础铺筑及养护 2. 模板制作、安装、拆除 3. 混凝土拌和、运输、浇筑、养护 4. 预制管枕安装 5. 管道铺设 6. 管道接口 7. 管道检验及试验
040501002	钢管	1. 垫层、基础材质及厚度 2. 材质及规格 3. 接口方式 4. 铺设深度 5. 管道检验及试验要求 6. 集中防腐运距			1. 垫层、基础铺筑及养护 2. 模板制作、安装、拆除 3. 混凝土拌和、运输、浇筑、养护 4. 管道铺设 5. 管道检验及试验 6. 集中防腐运输
040501003	铸铁管				
040501004	塑料管	1. 垫层、基础材质及厚度 2. 材质及规格 3. 连接形式 4. 铺设深度 5. 管道检验及试验要求			1. 垫层、基础铺筑及养护 2. 模板制作、安装、拆除 3. 混凝土拌和、运输、浇筑、养护 4. 管道铺设 5. 管道检验及试验
040501005	直埋式预制保温管	1. 垫层材质及厚度 2. 材质及规格 3. 接口方式 4. 铺设深度 5. 管道检验及试验的要求			1. 垫层铺筑及养护 2. 管道铺设 3. 接口处保温 4. 管道检验及试验

续表

项目编码	项目名称	项目特征	计量单位	工程量计算规则	工作内容
040501006	管道架空跨越	1. 管道架设高度 2. 管道材质及规格 3. 接口方式 4. 管道检验及试验要求 5. 集中防腐运距	m	按设计图示中心线长度以延长米计算。不扣除管件及阀门等所占长度	1. 管道架设 2. 管道检验及试验 3. 集中防腐运输
040501007	隧道(沟、管)内管道	1. 基础材质及厚度 2. 混凝土强度等级 3. 材质及规格 4. 接口方式 5. 管道检验及试验要求 6. 集中防腐运距		按设计图示中心线长度以延长米计算。不扣除附属构筑物、管件及阀门等所占长度	1. 基础铺筑、养护 2. 模板制作、安装、拆除 3. 混凝土拌和、运输、浇筑、养护 4. 管道铺设 5. 管道检测及试验 6. 集中防腐运输
040501008	水平导向钻进	1. 土壤类别 2. 材质及规格 3. 一次成孔长度 4. 接口方式 5. 泥浆要求 6. 管道检验及试验要求 7. 集中防腐运距		按设计图示长度以延长米计算。扣除附属构造物(检查井)所占长度	1. 设备安装、拆除 2. 定位、成孔 3. 管道接口 4. 拉管 5. 纠偏、监测 6. 泥浆制作、注浆 7. 管道检测及试验 8. 集中防腐运输 9. 泥浆、土方外运
040501009	夯管	1. 土壤类别 2. 材质及规格 3. 一次夯管长度 4. 接口方式 5. 管道检验及试验要求 6. 集中防腐运距			1. 设备安装、拆除 2. 定位、夯管 3. 管道接口 4. 纠偏、监测 5. 管道检测及试验 6. 集中防腐运输 7. 土方外运
040501010	顶(夯)管工作坑	1. 土壤类别 2. 工作坑平面尺寸及深度 3. 支撑、围护方式 4. 垫层、基础材质及厚度 5. 混凝土强度等级 6. 设备、工作台主要技术要求	座	按工作坑数量计算	1. 支撑、围护 2. 模板制作、安装、拆除 3. 混凝土拌和、运输、浇筑、养护 4. 工作坑内设备、工作台安装及拆除
040501011	预制混凝土工作坑	1. 土壤类别 2. 工作坑平面尺寸及深度 3. 垫层、基础材质及厚度 4. 混凝土强度等级 5. 设备、工作台主要技术要求 6. 混凝土构件运距			1. 混凝土工作坑制作 2. 下沉、定位 3. 模板制作、安装、拆除 4. 混凝土拌和、运输、浇筑、养护 5. 工作坑内设备、工作台安装及拆除 6. 混凝土构件运输

续表

项目编码	项目名称	项目特征	计量单位	工程量计算规则	工作内容
040501012	顶管	1. 土壤类别 2. 顶管工作方式 3. 管道材质及规格 4. 中继间规格 5. 工具管材质及规格 6. 触变泥浆要求 7. 管道检验及试验要求 8. 集中防腐运距	m	按设计图示长度以延长米计算	1. 管道顶进 2. 管道接口 3. 中继间、工具管及附属设备安装拆除 4. 管内挖、运土及土方提升 5. 机械顶管设备调向 6. 纠偏、监测 7. 触变泥浆制作、注浆 8. 洞口止水 9. 管道检测及试验 10. 集中防腐运输 11. 泥浆、土方外运
040501013	土壤加固	1. 土壤类别 2. 加固填充材料 3. 加固方式	1. m 2. m³	1. 按设计图示加固段长度以延长米计算 2. 按设计图示加固段体积以立方米计算	打孔、调浆、灌注
040501014	新旧管连接	1. 材质及规格 2. 连接方式 3. 带(不带)介质连接	处	按设计图示数量计算	1. 切管 2. 钻孔 3. 连接
040501015	临时放水管线	1. 材质及规格 2. 铺设方式 3. 接口形式		按放水管线长度以延长米计算,不扣除管件、阀门所占长度	管线铺设、拆除
040501016	砌筑方沟	1. 断面规格 2. 垫层、基础材质及厚度 3. 砌筑材料品种、规格、强度等级 4. 混凝土强度等级 5. 砂浆强度等级、配合比 6. 勾缝、抹面要求 7. 盖板材质及规格 8. 伸缩缝(沉降缝)要求 9. 防渗、防水要求 10. 混凝土构件运距	m	按设计图示尺寸以延长米计算	1. 模板制作、安装、拆除 2. 混凝土拌和、运输、浇筑、养护 3. 砌筑 4. 勾缝、抹面 5. 盖板安装 6. 防水、止水 7. 混凝土构件运输

续表

项目编码	项目名称	项目特征	计量单位	工程量计算规则	工作内容
040501017	混凝土方沟	1. 断面规格 2. 垫层、基础材质及厚度 3. 混凝土强度等级 4. 伸缩缝（沉降缝）要求 5. 盖板材质、规格 6. 防渗、防水要求 7. 混凝土构件运距	m	按设计图示尺寸以延长米计算	1. 模板制作、安装、拆除 2. 混凝土拌和、运输、浇筑、养护 3. 盖板安装 4. 防水、止水 5. 混凝土构件运输
040501018	砌筑渠道	1. 断面规格 2. 垫层、基础材质及厚度 3. 砌筑材料品种、规格、强度等级 4. 混凝土强度等级 5. 砂浆强度等级、配合比 6. 勾缝、抹面要求 7. 伸缩缝（沉降缝）要求 8. 防渗、防水要求	m	按设计图示尺寸以延长米计算	1. 模板制作、安装、拆除 2. 混凝土拌和、运输、浇筑、养护 3. 渠道砌筑 4. 勾缝、抹面 5. 防水、止水
040501019	混凝土渠道	1. 断面规格 2. 垫层、基础材质及厚度 3. 混凝土强度等级 4. 伸缩缝（沉降缝）要求 5. 防渗、防水要求 6. 混凝土构件运距	m	按设计图示尺寸以延长米计算	1. 模板制作、安装、拆除 2. 混凝土拌和、运输、浇筑、养护 3. 防水、止水 4. 混凝土构件运输
040501020	警示(示踪)带铺设	规格	m	按管道铺设长度以延长米计算	铺设

注：1. 管道架空跨越铺设的支架制作、安装及支架基础、垫层应按本附录E.3支架制作及安装相关清单项目编码列项。

2. 管道铺设项目中的做法如为标准设计，也可在项目特征中标注标准图集号。

E.2 管件、阀门及附件安装

管件、阀门及附件安装工程量清单项目设置、项目特征描述内容、计量单位及工程量计算规则，应按表E.2的规定执行。

表 E.2 管件、阀门及附件安装(编码:040502)

项目编码	项目名称	项目特征	计量单位	工程量计算规则	工作内容
040502001	铸铁管管件	1. 种类 2. 材质及规格 3. 接口形式	个	按设计图示数量计算	安装
040502002	钢管管件制作、安装	1. 种类 2. 材质及规格 3. 接口形式			制作、安装
040502003	塑料管管件	1. 种类 2. 材质及规格 3. 连接形式			安装
040502004	转换件	1. 材质及规格 2. 接口形式			安装
040502005	阀门	1. 种类 2. 材质及规格 3. 连接形式 4. 试验要求			安装
040502006	法兰	1. 材质、规格、结构形式 2. 连接形式 3. 焊接方式 4. 垫片材质			安装
040502007	盲堵板制作、安装	1. 材质及规格 2. 连接形式			制作、安装
040502008	套管制作、安装	1. 形式、材质及规格 2. 管内填料材质			制作、安装
040502009	水表	1. 规格 2. 安装方式			安装
040502010	消火栓	1. 规格 2. 安装部位、方式			安装
040502011	补偿器（波纹管）	1. 规格 2. 安装方式	套		安装
040502012	除污器组成、安装				组成、安装
040502013	凝水缸	1. 材料品种 2. 型号及规格 3. 连接方式	组		1. 制作 2. 安装
040502014	调压器	1. 规格 2. 型号 3. 连接方式			安装
040502015	过滤器				
040502016	分离器				
040502017	安全水封	规格			
040502018	检漏(水)管				

注:040502013项目的凝水井应按本附录E.4管道附属构筑物相关清单项目编码列项。

E.3 支架制作及安装

支架制作及安装工程量清单项目设置、项目特征描述内容、计量单位及工程量计算规则,应按表 E.3 的规定执行。

表 E.3 支架制作及安装(编码:040503)

项目编码	项目名称	项目特征	计量单位	工程量计算规则	工作内容
040503001	砌筑支墩	1. 垫层材质、厚度 2. 混凝土强度等级 3. 砌筑材料、规格、强度等级 4. 砂浆强度等级、配合比	m^3	按设计图示尺寸以体积计算	1. 模板制作、安装、拆除 2. 混凝土拌和、运输、浇筑、养护 3. 砌筑 4. 勾缝、抹面
040503002	混凝土支墩	1. 垫层材质、厚度 2. 混凝土强度等级 3. 预制混凝土构件运距			1. 模板制作、安装、拆除 2. 混凝土拌和、运输、浇筑、养护 3. 预制混凝土支墩安装 4. 混凝土构件运输
040503003	金属支架制作、安装	1. 垫层、基础材质及厚度 2. 混凝土强度等级 3. 支架材质 4. 支架形式 5. 预埋件材质及规格	t	按设计图示质量计算	1. 模板制作、安装、拆除 2. 混凝土拌和、运输、浇筑、养护 3. 支架制作、安装
040503004	金属吊架制作、安装	1. 吊架形式 2. 吊架材质 3. 预埋件材质及规格			制作、安装

E.4 管道附属构筑物

管道附属构筑物工程量清单项目设置、项目特征描述内容、计量单位及工程量计算规则,应按表 E.4 的规定执行。

表 E.4　管道附属构筑物(编码:040504)

项目编码	项目名称	项目特征	计量单位	工程量计算规则	工作内容
040504001	砌筑井	1. 垫层、基础材质及厚度 2. 砌筑材料品种、规格、强度等级 3. 勾缝、抹面要求 4. 砂浆强度等级、配合比 5. 混凝土强度等级 6. 盖板材质、规格 7. 井盖、井圈材质及规格 8. 踏步材质、规格 9. 防渗、防水要求	座	按设计图示数量计算	1. 垫层铺筑 2. 模板制作、安装、拆除 3. 混凝土拌和、运输、浇筑、养护 4. 砌筑、勾缝、抹面 5. 井圈、井盖安装 6. 盖板安装 7. 踏步安装 8. 防水、止水
040504002	混凝土井	1. 垫层、基础材质及厚度 2. 混凝土强度等级 3. 盖板材质、规格 4. 井盖、井圈材质及规格 5. 踏步材质、规格 6. 防渗、防水要求			1. 垫层铺筑 2. 模板制作、安装、拆除 3. 混凝土拌和、运输、浇筑、养护 4. 井圈、井盖安装 5. 盖板安装 6. 踏步安装 7. 防水、止水
040504003	塑料检查井	1. 垫层、基础材质及厚度 2. 检查井材质、规格 3. 井筒、井盖、井圈材质及规格			1. 垫层铺筑 2. 模板制作、安装、拆除 3. 混凝土拌和、运输、浇筑、养护 4. 检查井安装 5. 井筒、井圈、井盖安装
040504004	砖砌井筒	1. 井筒规格 2. 砌筑材料品种、规格 3. 砌筑、勾缝、抹面要求 4. 砂浆强度等级、配合比 5. 踏步材质、规格 6. 防渗、防水要求	m	按设计图示尺寸以延长米计算	1. 砌筑、勾缝、抹面 2. 踏步安装
040504005	预制混凝土井筒	1. 井筒规格 2. 踏步规格			1. 运输 2. 安装

续表

项目编码	项目名称	项目特征	计量单位	工程量计算规则	工作内容
040504006	砖砌出水口	1. 垫层、基础材质及厚度 2. 砌筑材料品种、规格 3. 砌筑、勾缝、抹面要求 4. 砂浆强度等级及配合比	座	按设计图示数量计算	1. 垫层铺筑 2. 模板制作、安装、拆除 3. 混凝土拌和、运输、浇筑、养护 4. 砌筑、勾缝、抹面
040504007	混凝土出水口	1. 垫层、基础材质及厚度 2. 混凝土强度等级			1. 垫层铺筑 2. 模板制作、安装、拆除 3. 混凝土拌和、运输、浇筑、养护
040504008	整体化粪池	1. 材质 2. 型号、规格			安装
040504009	雨水口	1. 雨水箅子及圈口材质、型号、规格 2. 垫层、基础材质及厚度 3. 混凝土强度等级 4. 砌筑材料品种、规格 5. 砂浆强度等级及配合比			1. 垫层铺筑 2. 模板制作、安装、拆除 3. 混凝土拌和、运输、浇筑、养护 4. 砌筑、勾缝、抹面 5. 雨水箅子安装

注：管道附属构筑物为标准定型附属构筑物时，在项目特征中应标注标准图集编号及页码。

E.5 其他相关问题及说明

E.5.1 本章清单项目所涉及土方工程的内容应按本附录 A 土石方工程中相关项目编码列项。

E.5.2 刷油、防腐、保温工程、阴极保护及牺牲阳极应按现行国家标准《通用安装工程计量规范》GB 50856 附录 M 刷油、防腐蚀、绝热工程中相关项目编码列项。

E.5.3 高压管道及管件、阀门安装，不锈钢管及管件、阀门安装，管道焊缝无损探伤应按现行国家标准《通用安装工程计量规范》GB 50856 附录 H 工业管道中相关项目编码列项。

E.5.4 管道检验及试验要求应按各专业的施工验收规范及设计要求，对已完管道工程进行的管道吹扫、冲洗消毒、强度试验、严密性试验、闭水试验等内容进行描述。

E.5.5 阀门电动机需单独安装，应按国家标准《通用安装工程计量规范》GB 50856 附录 K 给排水、采暖、燃气工程中相关项目编码列项。

E.5.6 雨水口连接管应按本附录 E.1 管道铺设中相关项目编码列项。

附录 F　水处理工程(略)
附录 G　生活垃圾处理工程(略)
附录 H　路灯工程(略)
附录 J　钢筋工程

J.1 钢筋工程

钢筋工程工程量清单项目设置、项目特征描述内容、计量单位及工程量计算规则,应按表 J.1 的规定执行。

表 J.1 钢筋工程(编码:040901)

项目编码	项目名称	项目特征	计量单位	工程量计算规则	工作内容
040901001	现浇构件钢筋	1. 钢筋种类 2. 钢筋规格	t	按设计图示尺寸以质量计算	1. 制作 2. 运输 3. 安装
040901002	预制构件钢筋				
040901003	钢筋网片				
040901004	钢筋笼				
040901005	先张法预应力钢筋(钢丝、钢绞线)	1. 部位 2. 预应力筋种类 3. 预应力筋规格			1. 张拉台座制作、安装、拆除 2. 预应力筋制作、张拉
040901006	后张法预应力钢筋(钢丝束、钢绞线)	1. 部位 2. 预应力筋种类 3. 预应力筋规格 4. 锚具种类、规格 5. 砂浆强度等级 6. 压浆管材质、规格			1. 预应力筋孔道制作、安装 2. 锚具安装 3. 预应力筋制作、张拉 4. 安装压浆管道 5. 孔道压浆
040901007	型钢	1. 材料种类 2. 材料规格			1. 制作 2. 运输 3. 安装、定位
040901008	植筋	1. 种类 2. 规格 3. 植入深度 4. 植筋胶品种	根	按设计图示尺寸以数量计算	1. 定位、钻孔、清孔 2. 钢筋加工成型 3. 注胶、植筋 4. 抗拔试验 5. 养护
040901009	预埋铁件	1. 材料种类 2. 材料规格	t	按设计图示尺寸以质量计算	1. 制作 2. 安装 3. 运输
040901010	螺栓		1.t 2.套	1. 按设计图示尺寸以质量计算 2. 按设计图示数量计算	

注:1. 现浇构件中伸出构件的锚固钢筋、预制构件的吊钩等,应并入钢筋工程量内。除设计标明的搭接外,其他施工搭接不计算工程量,由投标人在报价中综合考虑。
2. 钢筋工程所列"型钢"是指劲性骨架的型钢部分。
3. 凡型钢与钢筋组合(除预埋铁件外)的钢格栅,应分别列项。

附录一 《市政工程工程量计算规范》(GB 50857-2013)附录

附录 K 拆除工程

K.1 拆除工程

拆除工程工程量清单项目设置、项目特征描述内容、计量单位及工程量计算规则,应按表 K.1 的规定执行。

表 K.1 拆除工程(编码:041001)

项目编码	项目名称	项目特征	计量单位	工程量计算规则	工作内容
041001001	拆除路面	1. 材质 2. 厚度	m²	按拆除部位以面积计算	1. 拆除、清理 2. 场内外运输
041001002	拆除人行道				
041001003	拆除基层	1. 材质 2. 厚度 3. 部位			
041001004	铣刨路面	1. 材质 2. 结构形式 3. 厚度			
041001005	拆除侧、平(缘)石	材质	m	按拆除部位以延长米计算	
041001006	拆除管道	1. 材质 2. 管径			
041001007	拆除砖石结构	1. 结构形式 2. 强度	m³	按拆除部位以体积计算	
041001008	拆除混凝土结构				
041001009	拆除井	1. 结构形式 2. 规格尺寸 3. 强度等级	座	按拆除部位以数量计算	
041001010	拆除电杆	1. 结构形式 2. 规格尺寸	根		
041001011	拆除管片	1. 材质 2. 部位	处		

注:1. 拆除路面、人行道及管道清单项目的工作内容中均不包括基础及垫层拆除,发生时按本章相应清单项目编码列项。

2. 伐树、挖树兜,应按现行国家标准《园林绿化工程计量规范》GB 50858 中相应清单项目编码列项。

附录 L 措施项目

L.1 脚手架工程

脚手架工程工程量清单项目设置、项目特征描述内容、计量单位及工程量计算规则,应按表 L.1 的规定执行。

表 L.1 脚手架工程(编码:041101)

项目编码	项目名称	项目特征	计量单位	工程量计算规则	工作内容
041101001	墙面脚手架	墙高	m^2	按墙面水平边线长度乘以墙面砌筑高度计算	1. 清理场地 2. 搭设、拆除脚手架、安全网 3. 材料场内外运输
041101002	柱面脚手架	1. 柱高 2. 柱结构外围周长		按柱结构外围周长乘以柱砌筑高度计算	
041101003	仓面脚手	1. 搭设方式 2. 搭设高度		按仓面水平面积计算	
041101004	沉井脚手架	沉井高度		按井壁中心线周长乘以井高计算	
041101005	井字架	井深	座	按设计图示数量计算	1. 清理场地 2. 搭、拆井字架 3. 材料场内外运输

注:各类井的井深按井底基础以上至井盖顶的高度计算。

L.2 混凝土模板及支架

混凝土模板及支架工程量清单项目设置、项目特征描述内容、计量单位及工程量计算规则,应按表 L.2 的规定执行。

附录一 《市政工程工程量计算规范》(GB 50857-2013)附录

表 L.2 混凝土模板及支架(编码:041102)

项目编码	项目名称	项目特征	计量单位	工程量计算规则	工作内容
041102001	垫层模板	构件类型	m²	按混凝土与模板接触面的面积计算	1. 模板制作、安装、拆除、整理、堆放 2. 模板黏接物及模内杂物清理、刷隔离剂 3. 模板场内外运输及维修
041102002	基础模板				
041102003	承台模板				
041102004	墩(台)帽模板	1. 构件类型 2. 支模高度			
041102005	墩(台)身模板				
041102006	支撑梁及横梁模板				
041102007	墩(台)盖梁模板				
041102008	拱桥拱座模板				
041102009	拱桥拱肋模板				
041102010	拱上构件模板				
041102011	箱梁模板				
041102012	柱模板				
041102013	梁模板				
041102014	板模板				
041102015	板梁模板				
041102016	板拱模板				
041102017	挡墙模板				
041102018	压顶模板	构件类型			
041102019	防撞护栏模板				
041102020	楼梯模板				
041102021	小型构件模板				

续表

项目编码	项目名称	项目特征	计量单位	工程量计算规则	工作内容
041102022	箱涵滑(底)板模板	1. 构件类型 2. 支模高度	m²	按混凝土与模板接触面的面积计算	1. 模板制作、安装、拆除、整理、堆放 2. 模板黏接物及模内杂物清理、刷隔离剂 3. 模板场内外运输及维修
041103023	箱涵侧墙模板				
041103024	箱涵顶板模板				
041102025	拱部衬砌模板	1. 构件类型 2. 衬砌厚度 3. 拱跨径			
041102026	边墙衬砌模板				
041102027	竖井衬砌模板	1. 构件类型 2. 壁厚			
041102028	沉井井壁(隔墙)模板	1. 构件类型 2. 支模高度			
041102029	沉井顶板模板				1. 模板制作、安装、拆除、整理、堆放 2. 模板黏接物及模内杂物清理、刷隔离剂 3. 模板场内外运输及维修
041102030	沉井底板模板	构件类型			
041102031	管(渠)道平基模板				
041102032	管(渠)道管座模板				
041102033	井顶(盖)板模板				
041102034	池底模板				
041102035	池壁(隔墙)模板	1. 构件类型 2. 支模高度			
041102036	池盖模板				
041102037	其他现浇构件模板	构件类型			
041102038	设备螺栓套	螺栓套孔深度	个	按设计图示数量计算	
041102039	水上桩基础支架、平台	1. 位置 2. 材质 3. 桩类型	m²	按支架、平台搭设的面积计算	1. 支架、平台基础处理 2. 支架、平台的搭设、使用及拆除 3. 材料场内外运输
041102040	桥涵支架	1. 部位 2. 材质 3. 支架类型	m³	按支架搭设的空间体积计算	1. 支架地基处理 2. 支架的搭设、使用及拆除 3. 支架预压 4. 材料场内外运输

注:原槽浇灌的混凝土基础、垫层不计算模板。

附录一 《市政工程工程量计算规范》(GB 50857-2013)附录

L.3 围堰

围堰工程量清单项目设置、项目特征描述内容、计量单位及工程量计算规则,应按表 L.3 的规定执行。

表 L.3 围堰(编码:041103)

项目编码	项目名称	项目特征	计量单位	工程量计算规则	工作内容
041103001	围堰	1. 围堰类型 2. 围堰顶宽及底宽 3. 围堰高度 4. 填心材料	1. m³ 2. m	1. 以立方米计量,按设计图示围堰体积计算 2. 以米计量,按设计图示围堰中心线长度计算	1. 清理基底 2. 打、拔工具桩 3. 堆筑、填心、夯实 4. 拆除清理 5. 材料场内外运输
041103002	筑岛	1. 筑岛类型 2. 筑岛高度 3. 填心材料	m³	按设计图示筑岛体积计算	1. 清理基底 2. 堆筑、填心、夯实 3. 拆除清理

L.4 便道及便桥

便道及便桥工程量清单项目设置、项目特征描述内容、计量单位及工程量计算规则,应按表 L.4 的规定执行。

表 L.4 便道及便桥(编码:041104)

项目编码	项目名称	项目特征	计量单位	工程量计算规则	工作内容
041104001	便道	1. 结构类型 2. 材料种类 3. 宽度	m²	按设计图示尺寸以面积计算	1. 平整场地 2. 材料运输、铺设、夯实 3. 拆除、清理
041104002	便桥	1. 结构类型 2. 材料种类 3. 跨径 4. 宽度	座	按设计图示数量计算	1. 清理基底 2. 材料运输、便桥搭设 3. 拆除、清理

L.5 洞内临时设施

洞内临时设施工程量清单项目设置、项目特征描述内容、计量单位及工程量计算规则,应按表 L.5 的规定执行。

表 L.5 洞内临时设施(编码:041105)

项目编码	项目名称	项目特征	计量单位	工程量计算规则	工作内容
041105001	洞内通风设施	1. 单孔隧道长度 2. 隧道断面尺寸 3. 使用时间 4. 设备要求	m	按设计图示隧道长度以延长米计算	1. 管道铺设 2. 线路架设 3. 设备安装 4. 保养维护 5. 拆除、清理 6. 材料场内外运输
041105002	洞内供水设施				
041105003	洞内供电及照明设施				
041105004	洞内通信设施				
041105005	洞内外轨道铺设	1. 单孔隧道长度 2. 隧道断面尺寸 3. 使用时间 4. 轨道要求		按设计图示轨道铺设长度以延长米计算	1. 轨道及基础铺设 2. 保养维护 3. 拆除、清理 4. 材料场内外运输

注:设计注明轨道铺设长度的,按设计图示尺寸计算;设计未注明时可按设计图示隧道长度以延长米计算,并注明洞外轨道铺设长度由投标人根据施工组织设计自定。

L.6 大型机械设备进出场及安拆

大型机械设备进出场及安拆工程量清单项目设置、项目特征描述内容、计量单位及工程量计算规则,应按表 L.6 的规定执行。

表 L.6 大型机械设备进出场及安拆(编码:041106)

项目编码	项目名称	项目特征	计量单位	工程量计算规则	工作内容
041106001	大型机械设备进出场及安拆	1. 机械设备名称 2. 机械设备规格型号	台·次	按机械设备的数量计算	1. 安拆费包括施工机械、设备在现场进行安装拆卸所需的人工、材料、机械和试运转费用以及机械辅助设施的折旧、搭设、拆除等费用 2. 进出场费包括施工机械、设备整体或分体自停放地点运至施工现场或由一个施工地点运至另一个施工地点所发生的运输、装卸、辅助材料等费用

附录一 《市政工程工程量计算规范》(GB 50857-2013)附录

L.7 施工排水、降水

施工排水、降水工程量清单项目设置、项目特征描述内容、计量单位及工程量计算规则,应按表 L.7 的规定执行。

表 L.7 施工排水、降水(编码:041107)

项目编码	项目名称	项目特征	计量单位	工程量计算规则	工作内容
041107001	成井	1. 成井方式 2. 地层情况 3. 成井直径 4. 井(滤)管类型、直径	m	按设计图示尺寸以钻孔深度计算	1. 准备钻孔机械,埋设护筒,钻机就位,泥浆制作,固壁;成孔、出渣、清孔等 2. 对接上、下井管(滤管),焊接,安放,下滤料,洗井,连接试抽等
041107002	排水、降水	1. 机械规格型号 2. 降排水管规格	昼夜	按排、降水日历天数计算	1. 管道安装、拆除、场内搬运等 2. 抽水、值班、降水设备维修等

注:相应专项设计不具备时,可按暂估量计算。

L.8 处理、监测及监控

处理、监测及监控工程量清单项目设置、项目特征描述内容、计量单位及工程量计算规则,应按表 L.8 的规定执行。

表 L.8 设施、处理、干扰及交通导行(编码:041108)

项目编码	项目名称	工作内容及包含范围
041108001	地下管线交叉处理	1. 悬吊 2. 加固 3. 其他处理措施
041108002	施工监测、监控	1. 对隧道洞内施工时可能存在的危害因素进行检测 2. 对明挖法、暗挖法、盾构法施工的区域等进行周边环境监测 3. 对明确挖基坑围护结构体系进行监测 4. 对隧道的围岩和支护进行监测 5. 盾构法施工进行监控测量

注:地下管线交叉处理指施工过程中对现有施工场地范围内各种地下交叉管线进行加固及处理所发生的费用,但不包括地下管线或设施改、移发生的费用。

L.9 安全文明施工及其他措施项目

安全文明施工及其他措施项目工程量清单项目设置、项目特征描述内容、计量单位及工程量计算规则，应按表 L.9 的规定执行。

表 L.9　一般措施项目(041109)

项目编码	项目名称	工作内容及包含范围
041109001	安全文明施工	1. 环境保护：施工现场为达到环保部门要求所需要的各项措施。包括施工现场保持工地清洁，控制扬尘，废弃物与材料运输中的防护，保护排水设施通畅，设置密闭式垃圾站，实现施工垃圾与生活垃圾分类存放等环保措施及其他环境保护措施 2. 文明施工：根据相关规定在施工现场设置企业标志、工程项目简介牌、工程项目责任人员姓名牌、安全六大纪律牌、安全生产记录牌、十项安全技术措施牌、防火须知牌、卫生须知牌及工地施工总平面布置图、安全警示标志牌、施工现场围挡以及符合场容场貌、材料堆放、现场防火等相应措施，及其他文明施工措施 3. 安全施工：根据相关规定设置安全防护设施、现场物料提升架与卸料平台的安全防护设施、垂直交叉作业与高空作业安全防护设施、现场设置安防监控系统设施、现场机械设备（包括电动工具）的安全保护与作业场所和临时安全疏散通道的安全照明与警示设施等，及其他安全防护措施 4. 临时设施：施工现场临时宿舍、文化福利及公用事业房屋与构筑物、仓库、办公室、加工厂、工地实验室以及规定范围内的道路、水、电、管线等临时设施和小型临时设施等搭设、维修、拆除、周转等，及其他临时设施搭设、维修、拆除等
041109002	夜间施工	1. 夜间固定照明灯具和临时可移动照明灯具的设置、拆除 2. 夜间施工时，施工现场交通标志、安全标牌、警示灯等的设置、移动、拆除 3. 包括夜间照明设备摊销及照明用电、施工人员夜班补助、夜间施工劳动效率降低等费用
041109003	二次搬运	由于施工场地条件限制而发生的材料、成品、半成品一次运输不能到达堆积地点，必须进行二次或多次搬运的费用
041109004	冬雨季施工	1. 冬雨季施工时增加的临时设施（防寒保温、防雨设施）的搭设、拆除 2. 冬雨季施工时，对砌体、混凝土等采用的特殊加温、保温和养护措施 3. 冬雨季施工时，施工现场的防滑处理、对影响施工的雨雪的清除 4. 包括冬雨季施工时增加的临时设施的摊销、施工人员的劳动保护用品、冬雨季施工劳动效率降低等费用
041109005	行车、行人干扰	1. 由于施工受行车、行人干扰的影响，导致人工、机械效率降低而增加的措施 2. 为保证行车、行人的安全，现场增设维护交通与疏导人员而增加的措施
041109006	地上、地下设施、建筑物的临时保护设施	在工程施工过程中，对已建成的地上、地下设施和建筑物进行的遮盖、封闭、隔离等必要保护措施所发生的人工和材料费用
041100007	已完工程及设备保护	对已完工程及设备采取的覆盖、包裹、封闭、隔离等必要保护措施所发生的人工和材料费用

注：本表所列项目应根据工程实际情况计算措施项目费用，需分摊的应合理计算摊销费用。

附录一　《市政工程工程量计算规范》(GB 50857-2013)附录

L.10　相关问题及说明

L.10.1　编制工程量清单时,若设计图纸中有措施项目的专项设计方案时,应按措施项目清单中有关规定描述其项目特征,并根据工程量计算规划计算;若无相关设计方案,其工程量可为暂估量,在办理结算时,按经批准的施工组织设计方案计算。

附录二 《市政工程工程量计算规范》(GB 50857-2013)福建省实施细则

总说明

一、为了适应我省建筑业发展需要,进一步规范和统一我省市政工程工程量计算规则与工程量清单编制方法,根据《市政工程工程量计算规范》(GB 50857-2013)(以下简称《市政计量规范》)和《福建省市政工程预算定额》(FJYD-401-2017～FJYD-409-2017),制定《市政工程工程量计算规范》(GB 50855-2013)福建省实施细则(以下简称《市政实施细则》)。

二、《市政实施细则》适用于我省市政工程工程量清单计价。

三、根据福建省实际情况,增加、删除、修改了《市政计量规范》附录部分内容,《市政实施细则》仅列出变动内容,其他未作规定的,均按《市政计量规范》执行;《市政实施细则》与《市政计量规范》不一致之处,按《市政实施细则》执行。

四、《市政实施细则》附录中的工程量清单项目,增加的工程量清单项目编码为新增编码,与《市政计量规范》不重复。

五、《市政计量规范》附录中,模板项目列入相应混凝土及钢筋混凝土分部分项清单考虑,模板工程不再单独列项。大型预制构件(如桥梁的板梁、箱梁、T梁,预制箱涵等)需要的预制场地处理及底模,列入分部分项工程。

六、市政取水工程按照《市政计量规范》及《市政实施细则》规定执行。

七、市政管网工程的附属构筑物(包括检查井、雨水井、阀门井、水表井、手孔井、电缆井等各类井)均按附录计量单位的"座"计量,工作内容包括完成除土石方之外的所有内容。其他附录的类似构筑物参照本条规定执行。

七、在招标阶段,难以准确定价的措施项目,应在招标文件和施工合同中明确,并约定该措施项目在竣工结算时依据经发包人认可的施工组织设计方案及现场签证重新核算。

八、分部分项工程量清单、措施项目清单、其他项目清单应按照《市政实施细则》和《福建省建筑安装工程费用定额》(2017版)执行,不再编列规费和税金项目清单。

九、编制工程量清单时,遇缺项项目的,按照我省现行其他专业的实施细则规定进行编码列项;仍然不足的,自行补充。

附录 A 土石方工程

A.1 土方工程

土方工程工程量清单项目设置、项目特征描述的内容、计量单位及工程量计算规则,应按表 A.1 的规定执行。

表 A.1 土方工程(编号:040101)

项目编码	项目名称	项目特征	计量单位	工程量计算规则	工作内容
040101001	挖一般土方	1. 土壤类别 2. 挖土深度	m^3	按设计图示尺寸,包括工作面宽度、放坡宽度以立方米计算	1. 排地表水 2. 土方开挖 3. 围护(挡土板)及拆除 4. 基底钎探 5. 场内运输
040101002	挖沟槽土方				
040101003	挖基坑土方				
040101004	暗挖土方	1. 土壤类别 2. 平洞、斜洞(坡度) 3. 运距		按设计图示断面乘以长度以立方米计算	1. 排地表水 2. 土方开挖 3. 场内运输
040101005	挖淤泥、流砂	1. 挖掘深度		按设计图示位置、界限以立方米计算	开挖 运输

注:1. 沟槽、基坑、一般土方的划分为:底宽≤7 m 且底长>3 倍底宽为沟槽;底长≤3 倍底宽且底面积≤150 m^2 为基坑;不在上述范围内的则为一般土方。

2. 土壤的分类应按表 A.1-1 确定。

3. 如土壤类别不能准确划分时,招标人可注明为综合,由投标人根据地勘报告确定报价。

4. 土方体积应按挖掘前的天然密实体积计算。非天然密实土方的,应按表 A.1-4 折算。

5. 挖沟槽、基坑土方中的挖土深度,一般指原地面标高至槽、坑底的平均高度。

6. 挖沟槽、基坑、一般土方因工作面和放坡增加的数量,并入相应的土方工程量。工作面和放坡增加的数量,按设计计算,设计未明确的,按表 A.1-2、A.1-3 规定计算;竣工结算时,工作面和放坡尺寸不再调整。

7. 挖沟槽、基坑、一般土方和暗挖土方清单项目的工作内容中,仅包括土方场内平衡所需的运输费用,如需土方外运时,按 040103002"余方弃置"项目编码列项。

8. 挖方出现流砂、淤泥时,如设计未明确,在编制工程清单时,其工程数量可为暂估量,结算时,应根据实际情况由发包人与承包人双方现场签证确认工程量。

9. 040101005 挖淤泥、流砂项目工作内容不包含外弃内容,发生时执行 040103002 余方弃置项目。

10. 本表项目工作内容均不包含钢板桩支撑,钢板桩支撑按相应附录列入措施项目。

11. 挖沟槽土方,管道接口作业坑和沿线各种井室所需增加开挖的工程量可采用简化计算方式,即按 040101002 工程量计算规则计算出的工程数量的 2.5% 计算。

表 A.1-4　土方体积折算系数表

虚方体积	天然密实体积	夯实后体积	松填体积
1.3	1	0.87	1.08

A.2　石方工程

石方工程工程量清单项目设置、项目特征描述的内容、计量单位及工程量计算规则,应按表 A.2 的规定执行。

表 A.2　石方工程(编号:040102)

项目编码	项目名称	项目特征	计量单位	工程量计算规则	工作内容
040102001	挖一般石方	1. 岩石类别 2. 开凿深度	m^3	按设计图示尺寸,包括工作面宽度以立方米计算	1. 排地表水 2. 石方开凿 3. 修整底、边 4. 场内运输
040102002	挖沟槽石方				
040102003	挖基坑石方				

注:1. 沟槽、基坑、一般土方的划分为:底宽≤7m 且底长>3 倍底宽为沟槽;底长≤3 倍底宽且底面积≤150 m^2 为基坑;不在上述范围内的则为一般石方。
　　2. 岩石的分类应按表 A.2-1 确定。
　　3. 石方体积应按挖掘前的天然密实体积计算。非天然密实石方的,按表 A.2-2 折算。
　　4. 挖沟槽、基坑、一般土方因工作面和放坡增加的工程量,并入相应的石方工程量。工作面和放坡增加的工程量按设计计算,设计未明确的,按表 A.1-3 计算工作面宽度。竣工结算时,工作面和放坡尺寸不再调整。
　　5. 挖沟槽、基坑、一般石方清单项目的工作内容中,仅包括石方场内平衡所需的运输费用,如需石方外运时,按 040103002"余方弃置"项目编码列项。
　　6. 石方爆破按现行国家标准《爆破工程工程量计算规范》(GB 50862)相关项目编码列项。
　　7. 挖沟槽石方,管道接口作业坑和沿线各种井室所需增加开挖的工程量可采用简化计算方式,即按 040102002 工程量计算规则计算出的工程数量的 2.5% 计算。

表 A.2-1　岩石分类表

岩石分类		饱和单轴抗压强度 R_c(MPa)	代表性岩石	开挖方法
极软岩		≤5	1. 全风化的各种岩石 2. 强风化的软岩 3. 各种半成岩	部分用手凿工具、部分用爆破法开挖
软质岩	软岩	5~15	1. 强风化的坚硬岩 2. 中等(弱)风化至强风化的较硬岩 3. 中等(弱)风化的较软岩 4. 未风化的泥岩、泥质页岩、绿泥石片岩、绢云母片岩等	用风镐和爆破法开挖
	较软岩	15~30	1. 中等(弱)风化至强风化的坚硬岩 2. 中等(弱)风化的较坚硬岩 3. 未风化至微风化的凝灰岩、千枚岩、砂质泥岩、泥灰岩、泥质砂岩、粉砂岩、砂质页岩等	
硬质岩	较硬岩	30~60	1. 中等(弱)风化的坚硬岩 2. 未风化至微风化的熔结凝灰岩、大理岩、板岩、白云岩、石灰岩、钙质砂岩、粗晶大理岩等	用爆破法开挖
	坚硬岩	>60	未风化至微风化的花岗岩、正长岩、闪长岩、辉绿岩、玄武岩、安山岩、片麻岩、硅质板岩、石英岩、硅质胶结的砾岩、石英砂岩、硅质石灰岩等	

注:本表依据国家标准《工程岩体分级标准》GB/T 50218-2014 和《岩土工程勘察规范》GB 50021-2001(2009 年版)定义。

附录二 《市政工程工程量计算规范》(GB 50857-2013)福建省实施细则

表 A.2-2 石方体积换算系数表

石方类别	天然密实度体积	虚方体积	松填体积	码方体积	夯实后体积
石方	1.0	1.54	1.31		1.087
块石	1.0	1.75	1.43	1.67	
砂夹石	1.0	1.07	0.94		

A.3 填方及土石方运输

填方及土石方运输工程量清单项目设置、项目特征描述的内容、计量单位及工程量计算规则,应按表 A.3 的规定执行。

表 A.3 填方及土石方运输(编号:040103)

项目编码	项目名称	项目特征	计量单位	工程量计算规则	工作内容
040103001	填方	1. 密实度要求 2. 填方材料品种 3. 填方粒径要求 4. 填方来源、运距	m^3	1. 按挖方清单项目工程量加原地面线至设计要求标高间的体积,减去基础、构筑物等埋入体积计算 2. 按设计图示尺寸以立方米计算	1. 运输 2. 回填 3. 压实
040103002	余方弃置	1. 废弃料品种 2. 运距		按挖方清单项目工程量减去利用填方体积(正数)计算	余方点装料运输至弃置点

注:1. 对于沟、槽、坑等开挖后,再进行填方的清单项目,其工程量计算规则按第 1 条确定;场地填方等按第 2 条确定。其中,对工程量计算规则 1,当原地面线高于设计要求标高时,则其体积为负值。
2. 填方材料品种,若为土类时,项目特征可以不描述。
3. 填方粒径要求,无特殊要求的,项目特征可以不描述。
4. 填方项目特征应明确利用土方或外借土方,并分别编码列项。
5. 填方项目,若为利用土方的,工作内容中的运输包含利用土方的场内运输;若为外借土方的,外借土方的费用应列入综合单价。外借土方为购买的,综合单价应包含购土的所有费用(土源费、挖土和运土费等)。购土体积与填方清单工程数量体积的差异并入综合单价考虑。
6. 填方为压实的,按压实后体积计算;填方为松填的,按松填体积计算。
7. 业主或政府部门有明确或指定弃土点的,余方弃置工程量清单中应注明弃土运距。
8. 管道沟槽回填,当埋入物体积按设计图示尺寸计算有困难时,埋入物体积按非管道井室的构筑物断面面积×管道中心线长度×1.025 计算。

A.4 相关问题及说明

A.4.1 隧道石方开挖按附录 D 隧道工程中相关项目编码列项。

A.4.2 余方弃置清单项目中,如需发生弃置、堆放费用的,编制招标控制价和投标报价时,应根据工程项目所在地有关规定计取相应费用,并计入综合单价中。

A.4.3 未采用施工图招标的土石方项目,土石方工程分部分项工程量清单工程数量均按暂定量编制,竣工结算时,土石方工程量按实调整,其中工作面和放坡增加的工程量按表 A.1 注 6 和表 A.2 注 4 执行。

附录 B 道路工程

B.1 路基处理

路基处理工程量清单项目设置、项目特征描述的内容、计量单位及工程量计算规则应按表 B.1 的规定执行。

表 B.1 路基处理(编码:040201)

项目编码	项目名称	项目特征	计量单位	工程量计算规则	工作内容
040201021	土工合成材料	1. 材料品种、规格 2. 搭接方式	m²	按设计图示尺寸以接触面积(与铺设基层的接触面积)计算,反包面积并入工程量计算,搭接与锚固需要的面积不计算。	1. 基层整平 2. 铺设 3. 固定

注:1. 地面情况按表 A.1-1 和表 A.2-1 的规定,并根据岩土工程勘察报告按单位工程各地层所占比例(包括范围值)进行描述。对无法准确描述的地层情况,可注明由投标人根据岩土工程勘察报告自行决定报价。

2. 项目特征中的桩长应包括桩尖,空桩长度=孔深-桩长,孔深为自然地面至设计桩底的深度。

3. 如采用碎石、粉煤灰、砂等作为路基处理的填方材料时,应按附录 A 土石方工程中的"填方"项目编码列项。

4. 排水沟、截水沟清单项目中,当侧墙为混凝土时,还应描述侧墙的混凝土强度等级。

5. 水泥粉煤灰碎石桩、深层水泥搅拌桩、粉喷桩、高压旋喷桩等复合地基项目,按要求委托第三方机构对桩的强度、承载力以及桩身完整性等内容进行检测的,其检测费用不包含在相应分部分项清单项目中,应列入其他项目清单计算。

B.5 交通管理设施

交通管理设施工程量清单项目设置、项目特征描述的内容、计量单位及工程量计算规则应按表 B.5 的规定执行。

表 B.5 交通管理设施(编码:040205)

项目编码	项目名称	项目特征	计量单位	工程量计算规则	工作内容
040205006	标线	1. 材料品种 2. 工艺 3. 线型	m²	按设计图示尺寸的实线面积以平方米计算	1. 清扫 2. 放样 3. 画线 4. 护线
040205007	标记	1. 材料品种 2. 类型 3. 规格尺寸	个	按设计图示数量以个计算	

B.6 相关问题及说明

B.6.1 附录 B.2 道路基层的 040202001 路床(槽)整形项目不执行,路床(槽)整形内容并入相应底基层(或垫层)项目工作内容;B.4 人行道及其他 040204001 人行道整形碾压项目不执行,人行道整形碾压内容并入人行道块料铺设项目工作内容。

B.6.2 附录 B.3 道路面层的 040203007 水泥混凝土路面工作内容包含传力杆、拉杆及钢筋网,水泥混凝土路面的钢筋不单独列清单项目。

附录 C 桥涵工程

C.1 桩 基

桩基工程量清单项目设置、项目特征描述的内容、计量单位及工程量计算规则应按表 C.1 的规定执行。

表 C.1 桩基(编码:040301)

项目编码	项目名称	项目特征	计量单位	工程量计算规则	工作内容
040301004	泥浆护壁成孔灌注桩	1. 地层情况 2. 空桩长度、桩长 3. 桩径 4. 成孔方式 5. 混凝土种类、强度等级	m	按设计图示尺寸的桩长(包含桩尖)以米计算	1. 工作平台搭拆 2. 桩机位移 3. 护筒埋设 4. 成孔、固壁 5. 混凝土制作、运输、灌注、养护 6. 土方、废浆外运 7. 打桩场地硬化及泥浆池、泥浆沟
040301005	沉管灌注桩	1. 地层情况 2. 空桩长度、桩长 3. 复打长度 4. 桩径 5. 沉管方式 6. 桩尖类型 7. 混凝土种类、强度等级		按设计图示尺寸的桩长(包含桩尖)以米计算	1. 工作平台搭拆 2. 桩机位移 3. 打(沉)拔钢管 4. 桩尖安装 5. 混凝土制作、运输、灌注、养护
040301006	干作业成孔灌注桩	1. 地层面积 2. 空桩长度、桩长 3. 桩径 4. 扩孔直径、高度 5. 成孔方法 6. 混凝土种类、强度等级			1. 工作平台搭拆 2. 桩机位移 3. 成孔、扩孔 4. 混凝土制作、运输、灌注、养护

C.7 钢 结 构

钢结构工程量清单项目设置、项目特征描述的内容、计量单位及工程量计算规则应按表 C.7 的规定执行。

表 C.7 钢结构(编码:040307)

项目编码	项目名称	项目特征	计量单位	工程量计算规则	工作内容
040307001	钢箱梁	1. 材料品种、规格 2. 部位 3. 探伤要求 4. 防火要求 5. 补刷油漆品种、色彩、工艺要求	t	按设计图示尺寸以吨计算,不扣除孔眼的质量,焊条、铆钉、螺栓等不另增加质量	1. 拼装 2. 安装 3. 探伤 4. 涂刷防火涂料 5. 补刷油漆
040307002	钢板梁				
040307003	钢桁梁				
040307004	钢拱				
040307005	劲性钢结构				
040307006	钢结构叠合梁				
040307007	其他钢构件				
040307008	悬(斜拉)索	1. 材料品种、规格 2. 直径 3. 抗拉强度 4. 防护方式	t	按设计图示尺寸以吨计算	1. 拉索安装 2. 张拉、索力调整、锚固 3. 防护壳制作、安装
040307009	钢拉杆				1. 连接、紧锁件安装 2. 钢拉杆安装 3. 钢拉杆防腐 4. 钢拉杆防护壳制作、安装

注:本表项目的工程量中均不包含金属构件的切边,不规则及多边形钢板发生的损耗在综合单价中考虑。

C.10 相关问题及说明

C.10.4 040301011 截桩头项目不执行,截桩头并入相应桩基项目工作内容。

附录 D 隧道工程

D.8 相关问题及说明

D.8.1 隧道开挖由于超挖因素增加的工程数量,不包含在相应分部分项工程量清单内,应在综合单价中考虑;超挖的工程数量根据相应定额规定计算。

附录 E 管网工程

E.4 管网附属构筑物

管网附属构筑物工程量清单项目设置、项目特征描述的内容、计量单位及工程量计算规则应按表 E.4 的规定执行。

表 E.4 管网附属构筑物(编码:040504)

项目编码	项目名称	项目特征	计量单位	工程量计算规则	工作内容
040504001	砌筑井	1. 垫层、基础材质及厚度 2. 砌筑材料品种、规格、强度等级 3. 勾缝、抹面要求 4. 砂浆强度等级、配合比 5. 混凝土强度等级 6. 盖板材质、规格 7. 井盖、井圈材质及规格 8. 踏步材质、规格 9. 防渗、防水要求	座	按设计图示数量以座计算	1. 垫层铺设 2. 模板制作、安装、拆除 3. 混凝土拌和、运输、浇筑、养护 4. 砌筑、勾缝、抹面 5. 井圈、井盖安装 6. 盖板安装 7. 踏步安装 8. 防水、止水 9. 钢筋制作安装 10. 脚手架搭拆
040504002	混凝土井	1. 垫层、基础材质及厚度 2. 混凝土强度等级 3. 井盖、井圈材质及规格 4. 踏步材质、规格 5. 防渗、防水要求	座	按设计图示数量以座计算	1. 垫层铺设 2. 模板制作、安装、拆除 3. 混凝土拌和、运输、浇筑、养护 4. 井圈、井盖安装 5. 盖板安装 6. 踏步安装 7. 防水、止水 8. 钢筋制作安装 9. 脚手架搭拆
040504003	塑料检查井	1. 垫层、基础材质及厚度 2. 检查井材质及规格 3. 井筒、井盖、井圈材质及规格	座	按设计图示数量以座计算	1. 垫层铺设 2. 模板制作、安装、拆除 3. 混凝土拌和、运输、浇筑、养护 4. 检查井安装 5. 井筒、井盖、井圈安装 6. 钢筋制作安装
040504004	砖砌井筒	1. 井筒规格 2. 砌筑材料品种、规格 3. 砌筑、勾缝、抹面要求 4. 砂浆强度等级、配合比 5. 踏步材质、规格 6. 防渗、防水要求	m	按设计图示数量以米计算	1. 砌筑、勾缝、抹面 2. 踏步安装
040504005	预制混凝土井筒	1. 井筒规格 2. 踏步规格			1. 运输 2. 安装

续表

项目编码	项目名称	项目特征	计量单位	工程量计算规则	工作内容
040504006	砌体出水口	1. 垫层、基础材质及厚度 2. 砌筑材料品种、规格 3. 砌筑、勾缝、抹面要求 4. 砂浆强度等级及配合比	座	按设计图示数量以座计算	1. 垫层铺筑 2. 模板制作、安装、拆除 3. 混凝土拌和、运输、浇筑、养护 4. 砌筑、勾缝、抹面 5. 钢筋制作安装 6. 脚手架搭拆
040504007	混凝土出水口	1. 垫层、基础材质及厚度 2. 混凝土强度等级			1. 垫层铺筑 2. 模板制作、安装、拆除 3. 混凝土拌和、运输、浇筑、养护 4. 钢筋制作安装 5. 脚手架搭拆
040504008	整体化粪池	1. 材质 2. 型号、规格			安装
040504009	雨水井	1. 雨水箅子及圈口材质、型号、规格 2. 垫层、基础材质及厚度 3. 混凝土强度等级 4. 砌筑材料品种、规格 5. 砂浆强度等级及配合比			1. 垫层铺筑 2. 模板制作、安装、拆除 3. 混凝土拌和、运输、浇筑、养护 4. 砌筑、勾缝、抹面 5. 雨水箅子安装 6. 钢筋制作安装 7. 脚手架搭拆
040504010	沉井	1. 沉井类型 2. 沉井尺寸 3. 下沉深度 4. 混凝土强度			1. 沉井制作(混凝土、模板、钢筋) 2. 沉井下沉 3. 垫层铺设 4. 防腐处理 5. 脚手架搭拆

注:1. 管道附属构筑物为标准定型附属构筑物时,应在项目特征中明确标准图集编号及页码。

附录 H 路灯工程

H.8 相关问题及说明

H.8.5 040803005 电缆终端头、040803006 电缆中间头两个项目不执行,终端头、中间头制作安装并入 040803001 电缆项目的工作内容。

H.8.6 路灯的触发器、镇流器、电容器等灯具附件,均列入相应照明器具安装清单的工作内容。

附录 L 措施项目

L.1 脚手架工程相关问题及说明

注:井字架(041101005)项目不执行,其费用并入相应检查井清单工作内容。

L.2 支架

支架工程量清单项目设置、项目特征描述的内容、计量单位及工程量计算规则应按表 L.2 的规定执行。

表 L.2 支架(编码:041102)

项目编码	项目名称	项目特征	计量单位	工程量计算规则	工作内容
具体内容见《国家计量规范》					

L.6 大型机械设备进出场及安拆

大型机械设备进出场及安拆工程量清单项目设置、项目特征描述的内容、计量单位及工程量计算规则,应按表 L.6 的规定执行。

表 L.6 大型机械设备进出场及安拆(编号:041106)

项目编码	项目名称	项目特征	计量单位	工程量计算规则	工作内容
041106001	大型机械设备进出场及安拆	(无须描述)	项	按施工方案列项计算	1. 安拆费包括施工机械、设备在现场进行安装拆卸所需人工、材料、机械和试运转费用以及机械辅助设施的折旧、搭设、拆除等费用 2. 进出场费包括施工机械、设备整体或分体自停放地点运至施工现场(或由一施工地点运至另一施工地点)、运离施工现场所发生的运输、装卸、辅助材料等费用 3. 大型机械设备基础 4. 大型机械检测费

L.7 施工排水、降水

施工排水、降水工程量清单项目设置、项目特征描述的内容、计量单位及工程量计算规则,应按表 L.7 的规定执行。

表 L.7 施工排水、降水(编号:041107)

项目编码	项目名称	项目特征	计量单位	工程量计算规则	工作内容
041107002	施工排水、降水	(无须描述)	项	按施工方案列项计算	施工排水、降水

L.9 总价措施项目

总价措施项目工程量清单项目设置、项目特征描述的内容、计量单位及工程量计算规则,应按表 L.9 的规定执行。

表 L.9 总价措施项目(编码:041109)

项目编码	项目名称	项目特征	计量单位	工程量计算规则	工作内容
041109001	安全文明施工费	(无须描述)	项	按工程设置列项计算	1. 环境保护费 2. 安全施工费 3. 文明施工费 4. 临时设施费
041109008	其他总价措施费	(无须描述)	项	按工程设置列项计算	1. 夜间施工增加费 2. 已完工程及设备保护费 3. 风雨季施工增加费 4. 冬季施工增加费 5. 工程定位复测费

注:1. 安全文明施工费包括环境保护费、安全施工费、文明施工费和临时设施费,具体工作内容按照《福建省建筑安装工程费用定额》(2017版)规定执行。

2. 其他总价措施费包括夜间施工增加费、已完工程及设备保护费、风雨季施工增加费、冬季施工增加费和工程定位复测费,具体工作内容按照《福建省建筑安装工程费用定额》(2017版)规定执行。

L.10 二次搬运

二次搬运工程量清单项目设置、项目特征描述的内容、计量单位及工程量计算规则,应按表 L.10 的规定执行。

表 L.10 二次搬运(编号:041110)

项目编码	项目名称	项目特征	计量单位	工程量计算规则	工作内容
041110001	二次搬运	1. 搬运内容 2. 搬运距离	项(或其他计量单位)	按需要搬运的材料、成品、半成品计量单位或项计算	由于施工场地条件限制而发生的材料(含设备)、成品、半成品等一次运输不能到达堆放地点,必须进行的二次或多次装、运、卸、堆放

L.11 施工现场围挡

施工现场围挡工程量清单项目设置、项目特征描述的内容、计量单位及工程量计算规则,应按表 L.11 的规定执行。

表 L.11 施工现场围挡(编号:041111)

项目编码	项目名称	项目特征	计量单位	工程量计算规则	工作内容
041111001	固定式砌体围挡	1. 围挡高度 2. 基础类型、尺寸 3. 砌体类型	m·d (m)	按施工方案或施工组织设计确定的围挡长度乘以使用天数(或按围挡长度)计算	1. 砌筑、浇捣基础 2. 围挡搭拆 3. 维护 4. 基础拆除 5. 围挡移动
041111002	固定式夹芯压型钢板围挡	1. 围挡高度 2. 基础类型、尺寸 3. 挡板类型	m·d (m)		
041111003	移动式水马围挡	1. 高度	m·d (m)		
041111004	移动式铁牌围挡	1. 高度	m·d (m)		

L.12 钢板桩支撑

钢板桩支撑工程量清单项目设置、项目特征描述的内容、计量单位及工程量计算规则,应按表 L.12 的规定执行。

表 L.12 钢板桩支撑(编号:041112)

项目编码	项目名称	项目特征	计量单位	工程量计算规则	工作内容
041112001	钢板桩支撑	1. 钢板桩类型、布设方式 2. 沟槽或基坑深度 3. 支撑方式	m	按施工方案确定需支撑的沟槽或基坑的单边长度计算;多边支撑的,按多边长度之和计算	1. 运输 2. 打拔钢板桩 3. 安拆横撑 4. 整修、维护

L.13 相关问题及说明

L.13.1 编制工程量清单时,措施项目应按设计措施方案编制,若无设计措施方案的,清单编制人应暂定措施方案进行编制,招标文件应明确措施项目费用结算时是否调整及调整办法。

附录 M 其他项目

M.1 其他项目

其他项目工程量清单项目设置、项目特征描述的内容、计量单位及工程量计算规则,应按表 M.1 的规定执行。

表 M.1 其他项目(编号:041201)

项目编码	项目名称	项目特征	计量单位	工程量计算规则	工作内容
041201001	暂列金额		项	根据需要列项	1. 不可预见的采购 2. 设计变更 3. 现场签证 4. 合同调整 5. 索赔 6. 规定列入的项目
041201002	专业工程暂估价		项	根据需要列项	
041201003	总承包服务费		项	根据需要列项	

注:本表项目特征无须描述,各项目具体工作内容按照《福建省建筑安装工程费用定额》(2017 版)规定执行。

附录三 《福建省建筑安装工程费用定额》(2017版)

批准部门:福建省住房和城乡建设厅

主编单位:福建省建设工程造价管理总站

执行日期:2017年7月1日

目 录

总　则

第一章　建筑安装工程费用构成要素

第二章　建筑安装工程造价组成内容

第三章　建筑安装工程造价计算程序和计价办法

第四章　建筑安装工程费用取费标准

第五章　其他有关规定

总 则

一、为了适应我省建筑业发展需要和建筑业营业税改增值税,合理确定工程造价,根据国家和本省有关规定,并结合本省实际情况,编制《福建省建筑安装工程费用定额》(2017版)(以下简称"本定额")。

二、本定额编制的主要依据有:《建筑法》、《社会保险法》、《建设工程质量管理条例》、《建设工程安全生产管理条例》、《建筑安装工程费用项目组成》(建标〔2013〕44号)、《建设工程工程量清单计价规范》(GB 50500-2013)、各专业工程工程量清单计算规范(GB 50854~50862-2013)及我省有关规定、《财政部、国家税务总局关于全面推开营业税改增值税试点的通知》(财税〔2016〕36号)、《财政部关于取消、停征和整合部分政府性基金项目等有关问题的通知》(财税〔2016〕11号)及其他有关政策规定。

三、本定额适用于在本省行政区域范围内新建、扩建和改建的房屋建筑与市政基础设施工程,包括房屋建筑与装饰工程、装配式建筑工程、仿古建筑工程、古建筑修复保护工程、通用安装工程、市政工程、园林绿化工程、构筑物工程、城市轨道交通工程、爆破工程、抗震加固工程、市政维护工程等专业工程。

四、本定额是编制和确定国有资金投资工程施工图预算、工程量清单、招标控制价(最高投标限价)的依据,是调解处理工程造价纠纷、鉴定工程造价的依据;是编制投资估算、设计概算的基础;是投标报价以及其他投资性质工程计价、编制企业定额的参考。

五、本定额是按照增值税税制、正常施工条件、施工方法、施工工艺、合理施工工期、合格工程进行编制的,反映了多数企业正常、合理的费用支出。其中:

(一)本定额税金的计算基数均不含增值税可抵扣进项税额。

(二)本定额取费标准是按照包工包料进行测算的,发包人供应的材料(不含工程设备)(以下简称"甲供材料")应计取各项费用及税金后再扣除,发包人供应的工程设备(以下简称"甲供设备")不列入建筑安装工程费。

(三)发包工程质量要求达到优良等级的,应计取相应的优质工程增加费。

(四)发包工程应结合项目实际,综合考虑影响造价的各种因素。

六、本定额自2017年7月1日起施行,福建省住房和城乡建设厅颁发的《福建省建筑安装工程费用定额》(2016版)(闽建筑〔2016〕15号)同时废止。

第一章 建筑安装工程费用构成要素

建筑安装工程费按照费用构成要素划分,由人工费、材料(含工程设备,下同)费、施工机具使用费、企业管理费、利润、规费和税金组成。

一、人工费:是指按工资总额构成规定,支付给从事建筑安装工程施工的生产工人和附属生产单位工人的各项费用。包括:

(一)计时工资或计件工资:是指按计时工资标准和工作时间或对已做工作按计件单价支付给个人的劳动报酬。

(二)奖金:是指对超额劳动和增收节支支付给个人的劳动报酬。如节约奖、劳动竞赛奖等。

附录三 《福建省建筑安装工程费用定额》(2017 版)

(三)津贴补贴:是指为了补偿职工特殊或额外的劳动消耗和因其他特殊原因支付给个人的津贴,以及为了保证职工工资水平不受物价影响支付给个人的物价补贴。如流动施工津贴、特殊地区施工津贴、高温(寒)作业临时津贴、高空津贴等。

(四)加班加点工资:是指按规定支付的在法定节假日工作的加班工资和在法定日工作时间外延时工作的加点工资。

(五)特殊情况下支付的工资:是指根据国家法律、法规和政策规定,因病、工伤、产假、计划生育假、婚丧假、事假、探亲假、定期休假、停工学习、执行国家或社会义务等原因按计时工资标准或计时工资标准的一定比例支付的工资。

(六)五险一金:是指按规定支付的养老保险费、失业保险费、医疗保险费、生育保险费、工伤保险费和住房公积金。

二、材料费:包括施工过程中耗费的原材料、周转性材料、辅助材料、构配件、零件、半成品或成品等材料以及工程设备的费用。其中:

(一)原材料、周转性材料、辅助材料、构配件、零件、半成品或成品的价格由材料原价、运杂费、运输损耗费组成。

1. 材料原价:是指材料、工程设备的出厂价格或商家供应价格。原价包括为方便材料的运输和保护而进行必要的包装所需要的费用;包装品有回收价值的,应在材料价格中扣除。

2. 运杂费:是指材料、工程设备自来源地运至工地仓库或指定堆放地点所发生的全部费用。包括运输费、装卸费及其他费用。

3. 运输损耗费:是指材料在运输装卸过程中不可避免的损耗。

(二)工程设备费是指构成或计划构成永久工程一部分的机电设备、金属结构设备、仪器装置及其他类似的设备和装置的费用。

(三)常用建设工程设备材料划分标准按现行有关规定执行。

三、施工机具使用费:是指施工作业所发生的施工机械、仪器仪表使用费或其租赁费。其中:

(一)施工机械使用费由下列七项费用组成:

1. 折旧费:是指施工机械在规定的使用年限内,陆续收回其原值的费用。

2. 大修理费:是指施工机械按规定的大修理间隔台班进行必要的大修理,以恢复其正常功能所需的费用。

3. 经常修理费:是指施工机械除大修理以外的各级保养和临时故障排除所需的费用。包括为保障机械正常运转所需替换设备与随机配备工具附具的摊销和维护费用,机械运转中日常保养所需润滑与擦拭的材料费用及机械停滞期间的维护和保养费用等。

4. 安拆费及场外运费:安拆费是指施工机械(大型机械除外)在现场进行安装与拆卸所需的人工、材料、机械和试运转费用以及机械辅助设施的折旧、搭设、拆除等费用;场外运费是指施工机械整体或分体自停放地点运至施工现场或由一施工地点运至另一施工地点的运输、装卸、辅助材料及架线等费用。

5. 人工费:是指机上司机(司炉)和其他操作人员的人工费。

6. 燃料动力费:是指施工机械在运转作业中所消耗的各种燃料及水、电等。

7. 税费:是指施工机械按照国家规定应缴纳的车船使用税、保险费及年检费等。

(二)仪器仪表使用费:是指工程施工所需使用的仪器仪表的摊销及维修费用。

四、企业管理费:是指建筑安装企业组织施工生产和经营管理所需的费用。包括:

（一）管理人员工资：是指按规定支付给管理人员的计时工资、奖金、津贴补贴、加班加点工资及特殊情况下支付的工资及其五险一金。

（二）办公费：是指企业管理办公用的文具、纸张、账表、印刷、邮电、书报、办公软件、现场监控、会议、水电、烧水和集体取暖降温（包括现场临时宿舍取暖降温）等费用。

（三）差旅交通费：是指职工因公出差、调动工作的差旅费、住勤补助费，市内交通费和误餐补助费，职工探亲路费，劳动力招募费，职工退休、退职一次性路费，工伤人员就医路费，工地转移费以及管理部门使用的交通工具的油料、燃料等费用。

（四）固定资产使用费：是指管理和试验部门及附属生产单位使用的属于固定资产的房屋、设备、仪器等的折旧、大修、维修或租赁费。

（五）工具用具使用费：是指企业施工生产和管理使用的不属于固定资产的工具、器具、家具、交通工具和检验、试验、测绘、消防用具等的购置、维修和摊销费。

（六）劳动保险和职工福利费：是指由企业支付的职工退职金、按规定支付给离休干部的经费，集体福利费、夏季防暑降温、冬季取暖补贴、上下班交通补贴等。

（七）劳动保护费：是指企业按规定发放的劳动保护用品的支出。如工作服、手套、防暑降温饮料以及在有碍身体健康的环境中施工的保健费用等。

（八）材料检验试验费：是指承包人按照有关标准规定，对建筑以及材料、构件和建筑安装物进行一般鉴定、检查所发生的费用，包括自设试验室进行试验所耗用的材料等费用以及承包人将上述内容委托第三方检测的费用。

（九）材料采购及保管费：是指为组织采购、供应和保管材料、工程设备的过程中所需要的各项费用。包括采购费、仓储费、工地保管费、仓储损耗。

（十）工会经费：是指企业按《工会法》规定的全部职工工资总额比例计提的工会经费。

（十一）职工教育经费：是指按职工工资总额的规定比例计提，企业为职工进行专业技术和职业技能培训，专业技术人员继续教育、职工职业技能鉴定、职业资格认定以及根据需要对职工进行各类文化教育所发生的费用。

（十二）财产保险费：是指施工管理用财产、车辆等的保险费用。

（十三）财务费：是指企业为施工生产筹集资金或提供预付款担保、履约担保、职工工资支付担保等所发生的各种费用。

（十四）税金及附加：是指企业按规定缴纳的房产税、车船使用税、土地使用税、印花税以及城市维护建设税、教育费附加以及地方教育附加等。

（十五）其他：包括技术转让费、技术开发费、投标费、业务招待费、绿化费、广告费、公证费、法律顾问费、审计费、咨询费、保险费（包括危险作业意外伤害保险）等。

五、利润：是指承包人完成合同工程获得的盈利。

六、规费：是指按国家法律、法规规定，由省级政府和省级有关权力部门规定必须缴纳的，应计入建筑安装工程造价的费用。

七、税金：是指国家税法规定的应计入建筑安装工程造价的增值税。

第二章 建筑安装工程造价组成内容

建筑安装工程费按照工程造价形成，由分部分项工程费、措施项目费、其他项目费组成。

其中:分部分项工程费、措施项目费、其他项目费包含人工费、材料费、施工机具使用费、企业管理费、利润、规费、税金。

一、分部分项工程费:是指为完成构成工程实体及设计规定的分部分项工程的费用。

二、措施项目费:是指为完成建设工程施工,发生于该工程施工前和施工过程中的技术、生活、安全、环境保护等方面的费用,包含以下十项费用,并将其分为总价措施项目费和单价措施项目费,其中,总价措施项目费包括安全文明施工费(安全施工、文明施工、临时设施、环境保护)和其他总价措施费(夜间施工增加费、已完工程及设备保护费、风雨季施工增加费、冬季施工增加费、工程定位复测费),单价措施项目包括第(七)~第(十)项。

(一)安全文明施工费:是指按照规定,为保证安全施工、文明施工,保护现场内外环境和搭拆临时设施等所采用的措施而发生的费用。包括:

1. 环境保护费:是指施工现场为达到环保部门要求所需要的各项费用。

主要内容有:承包人按照《中华人民共和国环境保护法》、《建设工程安全生产管理条例》及其他有关环境保护的规定,保护施工现场周围环境,防止或者减少粉尘、噪声、振动和施工照明对周围环境和人的污染和危害,按规定堆放、清除建筑垃圾等废弃物以及竣工后修整和恢复在工程施工中受到破坏的环境等。

2. 文明施工费:是指施工现场文明施工所需要的各项费用。包括按照《建设工程安全生产管理条例》、《建筑施工安全文明工地标准》(DBJ13-81-2006)、《建筑施工安全检查标准》、《福建省建筑工地文明施工指南》等有关规定和施工现场组织文明施工的各项工作。

主要内容有:施工现场四周围墙(围挡)及大门、出入口清洗设施,施工标牌、标志,施工场地硬化处理,排水设施,温暖季节施工的绿化布置,防粉尘、防噪声、防干扰措施,保安费,保健急救措施,卫生保洁等。

3. 安全施工费:是指施工现场安全施工所需要的各项费用。

主要内容有:承包人按照《建设工程安全生产管理条例》、《建筑施工安全文明工地标准》(DBJ13-81-2006)、《建筑施工安全检查标准》等有关规定,建立安全生产、消防安全责任、安全检查、安全教育、安全生产培训等各类制度;设置符合国家标准的安全警示标牌、标志,配置"三宝";对可能造成损害的毗邻建筑物、构筑物和地下管线等采取防护措施,对建筑"四口、临边"采用安全防护,垂直作业上下隔离防护,施工用电防护;设置地下室施工围栏、基坑施工人员上下专用通道;设置消防通道、消防水源,配备消防设施和灭火器材以及其他安全施工所需要的防护措施。不包括塔吊和施工电梯检测、基坑支护变形监测等,也不包括应当由发包人委托第三方实施的安全检测费用。

4. 临时设施费:是指承包人为进行建设工程施工所必须搭设的生活和生产用的临时建筑物、构筑物和其他临时设施费用。包括临时设施的搭设、维修、拆除、清理费或摊销费等。

主要内容有:搭设符合规定的并能够安全使用的临时宿舍、文化福利及公用事业房屋与构筑物,仓库、办公室、加工厂以及规定范围内的道路、水、电、管线等临时设施和小型临时设施。

(二)夜间施工增加费:包括因夜间施工所发生的夜班补助费、夜间施工降效、施工照明设备摊销及照明用电等费用;地下室和上部洞体由于难以自然采光而引起的施工降效、施工照明设备摊销及照明用电等费用。

(三)已完工程及设备保护费:是指竣工验收前,对已完工程及设备采取的必要保护措施所发生的费用。

（四）风雨季施工增加费：指在风雨季施工期间所采取的一般性防风、防雨、防滑措施所增加的人工费、材料费和设施费用以及工效降低、排地表水的费用。

（五）冬季施工增加费：是指在冬季施工需增加的临时设施，排除雨雪，人工及施工机械效率降低等费用。

（六）工程定位复测费：是指工程施工过程中进行施工测量放线和复测工作的费用。

（七）二次搬运费：是指因施工场地条件限制而发生的材料、构配件、半成品等一次运输不能到达堆放地点，必须进行二次或多次搬运所发生的费用。

（八）大型机械设备进出场及安拆等相关费用，包括：

1. 大型机械设备进出场及安拆费：是指机械整体或分体自停放场地运至施工现场或由一个施工地点运至另一个施工地点，所发生的机械进出场运输及转移费用及机械在施工现场进行安装、拆卸所需的人工费、材料费、机械费、试运转费和安装所需的辅助设施的费用。

2. 大型机械设备基础：包括塔吊、施工电梯、龙门吊、架桥机等大型机械设备基础的费用，包括桩基础及其拆除、外弃等费用。

3. 大型机械设备检测费：是指根据《关于进一步加强建筑起重机械现场检测管理的若干意见》（闽建建〔2010〕17号）规定，对大型建筑起重机械委托第三方有资格的检测机构进行现场检测而发生的费用。

（九）脚手架工程费：是指施工需要的各种脚手架搭、拆、运输、摊销（或租赁）费用，以及建筑物四周垂直安全防护。

（十）现行国家各专业工程工程量清单计算规范及我省规定的其他各项措施费。

三、其他项目费

（一）暂列金额：是指发包人招标时在工程量清单中暂定并包括在工程合同价款中的一笔款项，用于施工合同签订时尚未确定或者不可预见的所需材料、服务的采购，施工中可能发生的工程变更、合同约定调整因素出现时的工程价款调整以及发生的索赔、现场签证确认等的费用。

（二）专业工程暂估价：是指招标阶段已经确认的专业工程项目由于设计未详尽或者标准未明确等原因造成无法当时确定准确价格，由招标人在招标工程量清单中给定的一个暂估价。

（三）总承包服务费：是指总承包人为配合、协调发包人进行的专业工程发包，对发包人自行采购的材料（不含工程设备）等进行保管以及施工现场管理、竣工资料汇总整理等服务所需的费用，包括专业工程总承包服务费和甲供材料总承包服务费。

（四）优质工程增加费：是指发包方要求发包工程的质量达到优良等级的，在合格工程造价基础上增加的费用。

（五）缩短定额工期增加费：是指合同工期较住建部颁发的《建筑安装工程工期定额》（TY01-89-2016）规定的定额工期缩短，承包人为此而增加投入的费用，包括：增加的周转材料投入、资金投入、劳动力集中投入费用，夜间施工所发生的夜班补助费，夜间施工降效、夜间施工照明设备摊销及照明用电等费用。

（六）远程监控系统租赁费：是指根据《福建省住建厅发布施工现场远程监控租赁服务指导价的通知》（闽建筑〔2017〕5号）规定，对施工现场进行远程监控而发生的租赁费用。

（七）发包人检测费：是指本定额未包括，但发包人将其列入招标范围和合同内容的各类检测费。

（八）工程噪声超标排污费：按有关规定，应由承包人缴纳的费用。

（九）渣土收纳费：按有关规定，应由承包人缴纳的费用。

第三章　建筑安装工程造价计算程序和计价办法

一、建筑安装工程造价，按照分部分项工程费、措施项目费、其他项目费之和计算，计算程序见下表。

建筑安装工程造价计算程序表

序号	项目名称	计算办法
1	分部分项工程费	$\sum$（工程量×综合单价）
2	措施项目费	$\sum$（总价措施项目费＋单价措施项目费）
3	其他项目费	编制施工图预算、工程量清单、招标控制价（最高投标限价）、投标报价时：其他项目费＝$\sum$（暂列金额＋专业工程暂估价＋总承包服务费）
		编制结算时：其他项目费＝$\sum$（总承包服务费＋优质工程增加费＋缩短定额工期增加费＋远程监控系统租赁费＋发包人检测费＋工程噪声超标排污费＋渣土收纳费）
4	总造价	1＋2＋3

其中：

（一）分部分项工程费：按照工程量乘以综合单价计算。

（二）措施项目费

1. 总价措施项目费，按分部分项工程费（不含工程设备费）与单价措施项目费之和乘以相应费率计算。

2. 单价措施项目费，按照工程量乘以综合单价计算。

（三）其他项目费

1. 暂列金额：由发包人按照本定额第五章的规定确定。

2. 专业工程暂估价：由发包人确定。

3. 专业工程总承包服务费按单独发包专业工程的建安造价（不含工程设备费）乘以专业工程总承包服务费费率计算；甲供材料总承包服务费按甲供材料总金额乘以甲供材料总承包服务费费率计算。

4. 优质工程增加费：根据相应级别的优质工程，按分部分项工程费（不含工程设备费）与单价措施项目费之和乘以相应的优质工程增加费费率计算。

5. 缩短定额工期增加费：施工工期较定额工期缩短的，以分部分项工程费（不含工程设备费）与单价措施项目费之和乘以缩短定额工期增加费费率计算。

6. 远程监控系统租赁费：发包时按照《福建省住建厅发布施工现场远程监控租赁服务指导价的通知》（闽建筑〔2017〕5号）规定计算；结算时按实际发票金额扣除可抵扣进项税额后再加上税金计算。未采用租赁方式的，结算金额由承发包双方协商确定。

7. 发包人检测费:发包时按被检测项目的工程量或造价,根据有关收费标准进行估算;结算时按实际发票金额扣除可抵扣进项税额后再加上税金计算。

8. 工程噪声超标排污费:发包时按有关规定进行估算;结算时按实际发票金额扣除可抵扣进项税额后再加上税金计算。

9. 渣土收纳费:发包时按有关规定进行估算;结算时按实际发票金额扣除可抵扣进项税额后再加上税金计算。

二、综合单价,包含人工费、材料费、施工机具使用费、企业管理费、利润、规费、税金,计算程序见下表。

综合单价计算程序表

序号	项目名称	计算办法
1	人工费	人工费基价×人工费调整系数
2	材料费	$\sum$(材料消耗量×材料单价+工程设备数量×工程设备单价)
3	施工机具使用费	$\sum$(施工机械台班消耗量×台班单价)+仪器仪表使用费
4	企业管理费	(1+2-工程设备费+3)×企业管理费费率
5	利润	(1+2-工程设备费+3+4)×利润率
6	规费	(1+2-工程设备费+3+4+5)×规费费率
7	税金	(1+2+3+4+5+6)×增值税适用税率
8	综合单价	1+2+3+4+5+6+7

其中:

1. 人工费:按定额人工费基价乘以人工费调整系数计算。

2. 材料费:按材料消耗量乘以材料单价加上工程设备数量乘以工程设备单价之和计算。其中:

材料单价计算公式:材料单价=(原价+运杂费)×(1+运输损耗率)。

工程设备单价计算公式:工程设备单价=原价+运杂费。

3. 施工机具使用费:包括施工机械使用费和仪器仪表使用费,施工机械使用费按照施工机械台班消耗量乘以施工机械台班单价计算。

4. 企业管理费:按人工费、材料费(不含工程设备费)、施工机具使用费之和乘以企业管理费费率计算。

5. 利润:按人工费、材料费(不含工程设备费)、施工机具使用费、企业管理费之和乘以利润率计算。

6. 规费:按人工费、材料费(不含工程设备费)、施工机具使用费、企业管理费、利润之和乘以规费费率计算。

7. 税金:按不含税工程造价乘以适用税率计算。不含税工程造价为人工费、材料费、施工机具使用费、企业管理费、利润、规费之和。

三、建筑安装工程造价计价办法

根据分部分项工程和单价措施项目的具体项目划分及其工程量计算依据不同,建筑安装工程造价计价办法分为工程量清单计价和定额计价两种。

1. 工程量清单计价，是指分部分项工程、单价措施项目按照国家建设工程工程量清单计价计量规范及本省有关规定进行项目划分及其工程量计算。

2. 定额计价，是指分部分项工程、单价措施项目按照有关专业工程预算定额（或消耗量定额）及有关规定进行项目划分及其工程量计算。

第四章 建筑安装工程费用取费标准

一、材料运输损耗

材料运输损耗率表

序号	材料类别	运输损耗率(%)
1	瓦、空心砖	3
2	砌块	1.5
3	砖、砂、石子、水泥、陶粒、耐火土、饰面砖、玻璃、卫生洁具、玻璃灯具、商品混凝土	1
4	金属材料	一般不计取
5	其他材料	0.5

二、企业管理费

企业管理费费率表

序号	专业类别		费率标准(%)
1	房屋建筑工程	房屋建筑与装饰工程（含安装）	6.8
		装配式建筑工程（含安装）	
		构筑物工程（含安装）	
		仿古建筑工程（含安装）	
		单独发包的装饰工程（含安装）	9.8
		单独发包的安装工程	
		古建筑保护修复工程（含安装）	11.8
		抗震加固工程（含安装）	
2	爆破工程		11.8
3	市政工程		7.6
4	园林绿化工程（含安装）		6.5
5	城市轨道交通工程	土建	11.1
		安装	8.9
6	市政维护工程		14.3

备注：

（一）表中房屋建筑工程均包括室外总体工程，如传达室、民用水加压泵房、变电房、游泳池、围墙、室外挡土墙、室外道路、化粪池、阴井、室外地下雨水污水管网等，不包括小区园林绿化与景观工程，也不包括建筑围墙之外的道路、管网等工程。

（二）单独发包的土石方工程按照房屋建筑与装饰工程（含安装）的费率执行。

三、利润

现行利润率取定为6%。

四、规费

目前本定额的规费费率为0%。

五、税金

现行适用税率为11%。

六、总价措施项目费

总价措施项目费费率表

序号	专业类别		安全文明施工费取费标准（%）	其他总价措施费取费标准（%）
1	房屋建筑与装饰工程（含安装）	发包建筑面积3万平方米以上	2.27	0.35
		发包建筑面积1万～3万平方米	3.58～2.27	
		发包建筑面积1万平方米以内	3.58	
		桩基础工程	0.48	
		室外总体工程	0.48	
2	装配式建筑工程（含安装）	发包建筑面积3万平方米以上	2.27	0.35
		发包建筑面积1万～3万平方米	3.58～2.27	
		发包建筑面积1万平方米以内	3.58	
		桩基础工程	0.48	
		室外总体工程	0.48	
3	构筑物工程（含安装）		2.74	0.35
4	仿古建筑工程（含安装）		2.74	0.35
5	单独发包的装饰工程（含安装）	有外墙装饰	0.87	0.11
		无外墙装饰	0.48	
6	爆破工程		0.48	0.10
7	单独发包的土石方工程		0.48	0.10
8	古建筑保护修复工程（含安装）		1.12	0.18
9	抗震加固工程（含安装）		1.12	0.18
10	单独发包的安装工程		2.14	0.44

续表

序号	专业类别		安全文明施工费取费标准(%)	其他总价措施费取费标准(%)
11	市政工程	实行标准化管理	2.12	0.49
		未实行标准化管理	1.81	
12	园林绿化工程(含安装)	园林建筑	2.97	0.49
		绿化种植及养护	1.81	
13	城市轨道交通工程		2.75	0.38
14	市政维护工程		2.61	2.61

备注：

(一)房屋建筑与装饰工程、装配式建筑工程

1. 发包工程建筑面积介于1万～3万平方米之间的，相应费率按区间插入法计算标准费率(取小数点后两位，第三位四舍五入)。发包工程建筑面积按发包范围的各栋(号)建筑面积、地下室建筑面积之和计算(不含室外总体附属面积)，套用同一费率；分开发包的，按分开后建筑物的建筑面积分开套用费率。

3. 桩基础工程包括工程桩、围护桩和地基处理工程。桩基础工程、室外总体工程不论是否单独发包，均套用同一费率。

4. 随主体工程发包的土石方(含爆破)工程、装饰装修工程以及水电、通风空调、消防、智能化、安防等安装工程，均按主体工程费率确定。

5. 新建建筑工程(不含扩建工程、单独发包的装饰工程)安全文明施工费最低金额，当发包的总建筑面积≥2000平方米时，不得低于16万元；当发包的总建筑面积小于2000平方米时，按每平方米不低于80元计算。安全文明施工费最低金额按各分部分项工程的分部分项工程费和单价措施项目费之和等比例分摊。

6. 在合同实施过程中增加的承包范围不适用于单独发包情形。

(二)市政工程、园林绿化工程、城市轨道交通工程

1. 市政工程是否实行标准化管理，应根据闽建综〔2015〕10号文件精神以及招标文件、施工合同确定。城市轨道交通工程均实行标准化管理。

2. 市政工程(不论是否实行标准化管理)、园林绿化工程，其安全文明施工费内容均不包括施工现场围墙(围挡)。施工现场围墙(围挡)在单价措施项目清单中单独列项计算。工程招标时，应当根据工程所在地安全文明施工要求，在措施项目清单中提供围墙(围挡)的做法及暂定数量，结算时按实调整。

3. 城市轨道交通工程的安全文明施工费内容已包括施工现场围墙(围挡)。费率已考虑3次以内的围墙(围挡)安装、拆除，实际超过3次的，超出部分另行计算。

(三)因各地市安全文明施工要求存在差异，需要增加其他费用(如防尘喷雾等)的，各设区市建设行政主管部门可以在上述取费标准基础上发布新增费率或计算方法，并适时发布市政基础设施工程的施工现场围墙(围挡)单价。

（四）市政工程、园林绿化工程未包括白天因保证交通无法施工而必须在夜间施工所发生的费用，如发生，按夜间施工工程量的1.2%计算。

（五）市政工程、地铁工程行车行人干扰增加费：由于施工受行车、行人干扰的影响而增加的费用，包括因人工、机械效率降低而增加的费用以及为保证行车、行人安全而增加的维护交通和疏导人员措施费用。结合工程受干扰程度，按受干扰部分项目的人工费、施工机具使用费为取费基数乘以费率3%～10%计算。已设置固定封闭式围挡的施工项目不考虑交通行车行人干扰增加费。

七、其他项目费

（一）优质工程增加费费率：国家级优质工程为5%，省级优质工程为3%，市级优质工程为1%。

（二）缩短定额工期增加费费率

缩短定额工期增加费费率表

序号	较定额工期缩短比例	参考费率	
		基数	每超过1%
1	＞20%	0.5%	增加0.1%
2	≤20%	甲乙双方自行协商	

注：工期缩短每超过不足1%的，按1%计算。

（三）总承包服务费费率：专业工程总承包服务费费率为1.5%；甲供材料总承包服务费费率为0.5%。

第五章　其他有关规定

一、编制施工图预算、工程量清单、招标控制价（最高投标限价）时，优质工程增加费、缩短定额工期增加费、远程监控系统租赁费、发包人检测费、工程噪声超标排污费、渣土收纳费等列入暂列金额，在暂列金额明细表中分别列项。工程结算时，暂列金额中包含的各项费用，应按照第二章规定分别列项计算。

二、招标工程量清单列出的暂列金额、专业工程暂估价、甲供材料费作为投标报价的共同基础，投标报价时不得修改。

三、关于甲供材料

（一）招标人或其委托的招标代理机构在编制招标文件（包括工程量清单）时，甲供材料应按照"甲供材料一览表"规定的格式和内容填写，其中甲供材料单价（含税价）按照造价管理机构发布的信息价格或经市场询价确定后填入。

（二）"甲供材料一览表"的甲供材料数量与发包人实际提供数量、承包人用于施工的实际需求量，三者之间的数量可能存在差异，由此引起的损益，应在施工合同中予以明确。

（三）由设计变更导致的甲供材料数量、型号规格变动，所引起的相关结算问题，应在施工合同中予以明确。

附录三 《福建省建筑安装工程费用定额》(2017版)

四、投标人在编制投标报价时,应根据工程项目特点、市场供应以及合同工期等因素,充分考虑市场价格波动的风险。工程结算时,应按照合同约定的风险幅度范围调整合同价款。

五、本定额的安全文明施工费取费标准按照《福建省建筑施工安全文明标准示范图集》进行测算。安全文明施工费费率在招投标时不可竞争,安全文明施工费按照最低金额计算的,投标报价时不得低于规定的最低金额。

六、优质工程增加费,结算时应按照实际评获的最高级别奖项计取相应优质工程增加费,不得重复计取。

七、缩短定额工期增加费

(一)招标人应根据项目特点、工期定额合理确定合同工期,工期缩短时宜组织专家论证,且相应计算缩短定额工期增加费。

(二)缩短定额工期增加费,编制施工图预算、工程量清单、招标控制价(最高投标限价)、投标报价时,以合同工期与定额工期进行比较;竣工结算时,以实际施工工期(扣除可以顺延的工期)与定额工期进行比较,并按实调整缩短定额工期增加费。

(三)实际施工工期(扣除可以顺延的工期)较合同工期提前或延后的奖惩,应在招标文件和施工合同中约定,并按合同约定另行计算奖惩费用。

八、总承包服务费与施工配合费

(一)发包人依法将专业工程单独发包,由施工总承包人履行总承包管理的,应当计取专业工程总承包服务费。

(二)甲供材料应当计取甲供材料总承包服务费,甲供设备不计取总承包服务费。甲供材料的检验试验费和采购费由发包人承担,甲供材料到达施工现场后的保管费由承包人承担。

(三)专业工程总承包服务费不含专业工程施工配合费。专业工程施工承包人使用施工总承包人的脚手架、机械设备、水、电以及安全设施、文明设施、临时设施等的费用,由施工总承包人向专业工程施工承包人协商收取,参考费率(含税)1.5%~3.5%。施工总承包人也可以经协商后向发包人收取专业工程施工配合费,发包人再向专业承包人抵扣。

九、在风雨季施工期间,当遇到台风或暴雨等不利气候条件时,在承包人已采取一般性防护措施的前提下,仍对施工现场造成破坏或基坑积水等影响,其工程修复和抽(排)水费用应按现场签证另行计算。

十、人工费调整系数按省建设行政主管部门发布或其规定执行。

十一、编制施工图预算、招标控制价(最高限价)时,材料(含设备)单价应按照我省有关规定确定。

十二、由于发包人甲供材料、工程设备,造成承包人税负加重的,应予承包人适当补偿,具体金额由承发包双方协商确定。

十三、应由承包人承担的材料检验试验费中,不包括新结构、新材料的试验费,以及对构件做破坏性试验及其他特殊要求检验试验的费用和发包人委托检测机构进行检测的费用,如:桩基检测,门窗幕墙性能检测,面砖、预埋件、螺栓拉拔试验,胶相溶性试验,防雷测试,通电测试,建筑安全、消防检测,室内空气质量检测等费用。

承包人提供的具有合格证明的建筑材料,发包人要求检测的,若检测结果不合格,该检测费用由承包人承担;若检测结果合格的,该检测费用由发包人承担。

十四、施工机械台班预算单价由省建设行政主管部门发布。

批准部门:福建省住房和城乡建设厅

主编单位:福建省建设工程造价管理总站

审定人员:鄢　飞、黄玉富

主编人员:高雄映、赵俊秋、康章、吴克楚、翁宇星

附录四 图 纸

路基土石方数量表

××至××市政道路工程　　　　　　　　　　　　　　　　　　　　　　第1页,共1页

桩号	横断面积(m²) 挖方	横断面积(m²) 填方	距离(m)	挖方总数量(100%二类土)(m³)	填方数量(m³)	利用方数量(m³) 本桩利用	利用方数量(m³) 填缺
K6+000	0.81	68.85					
			20.00	42.1	1272.8	36.3	
K6+020	3.41	58.43					
			18.5	69.9	1129.4	60.3	
K6+038.5	4.15	63.66					
			16.5	37.5	1101.1	32.3	
K6+055	0.39	69.81					
			18.5	48.6	1056.9	41.9	
K6+073.497	4.86	44.47					
			16.5	66.9	791.7	57.7	
K6+090	3.25	51.48					
			20.00	200.8	746.5	173.1	
K6+110	16.83	23.17					
			20.00	230.4	360.7	198.6	
K6+130	6.21	12.91					
			20.00	124.5	292.2	107.3	
K6+150	6.24	16.32					
			16.5	113.3	330.3	97.6	
K6+166.500	7.49	23.72					
			18.5	128.8	486.5	111.0	
K6+185	6.44	28.88					
			20.00	135.9	779.6	117.2	
K6+205	7.16	49.09					
			20.00	193.9	747.7	167.1	
K6+225	12.23	25.69					
			20.00	278.6	528.0	240.2	
K6+245	15.63	27.11					
			20.00	229.4	748.0	197.8	
K6+265	7.31	51.29					
			17.54	132.8	830.2	114.5	
K6+282.544	7.83	43.36					
			17.46	162.8	744.4	140.4	
K6+300	10.82	41.93					
			20.00	273.1	724.6	235.4	
K6+320	16.49	30.53					
			20.00	287.7	558.5	248.0	
K6+340	12.29	25.33					
			20.00	258.3	356.9	222.7	
K6+360	13.45	10.36					
			20.00	214.8	356.0	185.2	
K6+380	7.94	25.24					
			20.00	150.5	517.1	129.7	
K6+400	7.11	26.47					
			20.00	138.1	669.7	119.1	
K6+420	6.7	40.49					
			20.00	128.9	841.9	111.1	
K6+440	6.18	43.69					
			20.00	158.9	815.0	136.9	
K6+460	9.7	37.81					
			20.00	194.3	663.4	167.5	
K6+480	9.73	28.54					
			11.59	97.7	479.4	84.2	
K6+491.592	7.13	54.17					
小计				4099	17965	3533	

××至××市政道路工程 路基防护工程数量表 SⅡ-2-17 第1页,共1页

序号	起迄桩号		边坡防护型式	位置	平均高度(m)	防护设计说明	单位	长度	工程项目及数量	备注
									混喷草籽、灌木籽(m²)	
1	2		3	4	5	6	7	8	9	10
1	K6+000.00	~ K6+365.00	一般植草	左侧	1.51	一般路堤防护	m	365.00	994	
2	K6+450.00	~ K6+500.00	一般植草	左侧	1.63	一般路堤防护	m	50.00	147	
合计								415	1141	

××至××市政道路工程 挡土墙工程数量表 SⅡ-2-19 第1页,共1页

序号	起迄里程	位置		挡墙型式	主要尺寸及说明	长度	工程细目及数量						锥坡		回填
		左	右				C20片石混凝土	换填碎石	挖基 土方(m³)	φ80 PVC 泄水孔	沉降缝沥青麻絮	M7.5浆砌片石坡身及基础(m³)	砂砾垫层(m³)	锥心填土(m³)	m³
						m	m³	m³		m	m²				
1	K6+000.00~ K6+365.00	左		衡重式路肩墙	防护高度3 m	84	681.9	58.0	917.8	109.2	31.7	9.2	2.5	9.5	436.0
合计						84	681.9	58.0	917.8	109.2	31.7	9.2	2.5	9.5	436.0

附录四 图纸

×××至×××市政道路工程 涵洞设置一览表

第1页,共1页 SⅡ1-1

序号	中心桩号	结构型式	孔数跨径 (n-m)	夹角	涵底纵坡 (%)	铺道设计标高 (m)			涵洞长度			涵底标高 (m)			进出口型式		涵顶填土高度 (m)			汇水面积 (km²)	设计流量 (m³/s)	备注
						左侧	右侧	合计	左侧	右侧	合计	左侧	中心	右侧	进口	出口	进口	中心	出口			
1	K6+037.40	盖板涵	1-2.50×1.50	83.33	-1	379.53	379.53		27.3	26.48	53.78	376.56	376.84	377.1	八字翼墙		0.73	1.31	1.16	0.343	5.7	排洪
2	K6+461.80	盖板涵	1-2.50×1.50	90	-1	382.39	382.39		26.24	27.04	53.28	379.47	379.74	380	八字翼墙		0.69	1.27	1.12	0.345	5.7	

×××至×××市政道路工程 钢筋混凝土盖板涵工程数量表

第1页,共2页 SⅢ-2-1

序号	中心桩号	夹角	孔数跨径 (n-m)	结构类型	涵长 (m)	进出口形式		单位:钢筋—千克 防水层,沉降缝—平方米 其他—立方米								
								盖板			台帽		洞身			
						进口	出口	φ18	φ12	φ8	φ8	φ6	C30砼 盖板	C25砼 涵帽	C20片石砼 涵台台身	沥青麻絮 沉降缝	C25片 石铺
								kg					m³			m²	m³
1	2	3	4	5	6	7	8	9	10	11	12	13	14	15	16	17	18
1	K6+037.40	83	1-2.50×1.50	盖板涵	53.78	八字翼墙	八字翼墙	3127.8	731.6	961.1	882.9	244.4	43	54.6	96	52	0.5
2	K6+461.80	90	1-2.50×1.50	盖板涵	53.28	八字翼墙	八字翼墙	3113.1	725.2	937.6	872.4	241.8	42.6	54.1	95.1	52	0.5

×××至×××市政道路工程

钢筋混凝土盖板涵工程数量表

第 1 页,共 2 页　　SⅢ-2-2

序号	中心桩号	夹角	孔数跨径 (n-m)	结构类型	涵长 (m)	进出口形式		单位:钢筋—kg 基础			防水层,沉降缝—m²	其他—m³	洞口		台背
						进口	出口	C20片石砼基础	挖土方	M10浆砌片石八字翼墙基础	M10浆砌片石八字墙截水墙	砂砾垫层 m³	M10浆砌片石八字墙身	M10浆砌片石八字墙铺砌	回填砂砾
1	2	3	4	5	6	7	8	9	10	11	12	13	14	15	16
1	K6+037.40	83	1—2.50×1.50	盖板涵	53.78	八字翼墙		154.9	721.3	6.7	3.9	26.89	7.7	5	221.8
2	K6+461.80	90	1—2.50×1.50	盖板涵	53.28	八字翼墙		153.4	1066.7	6.6	3.8	26.64	7.6	4.9	219.78

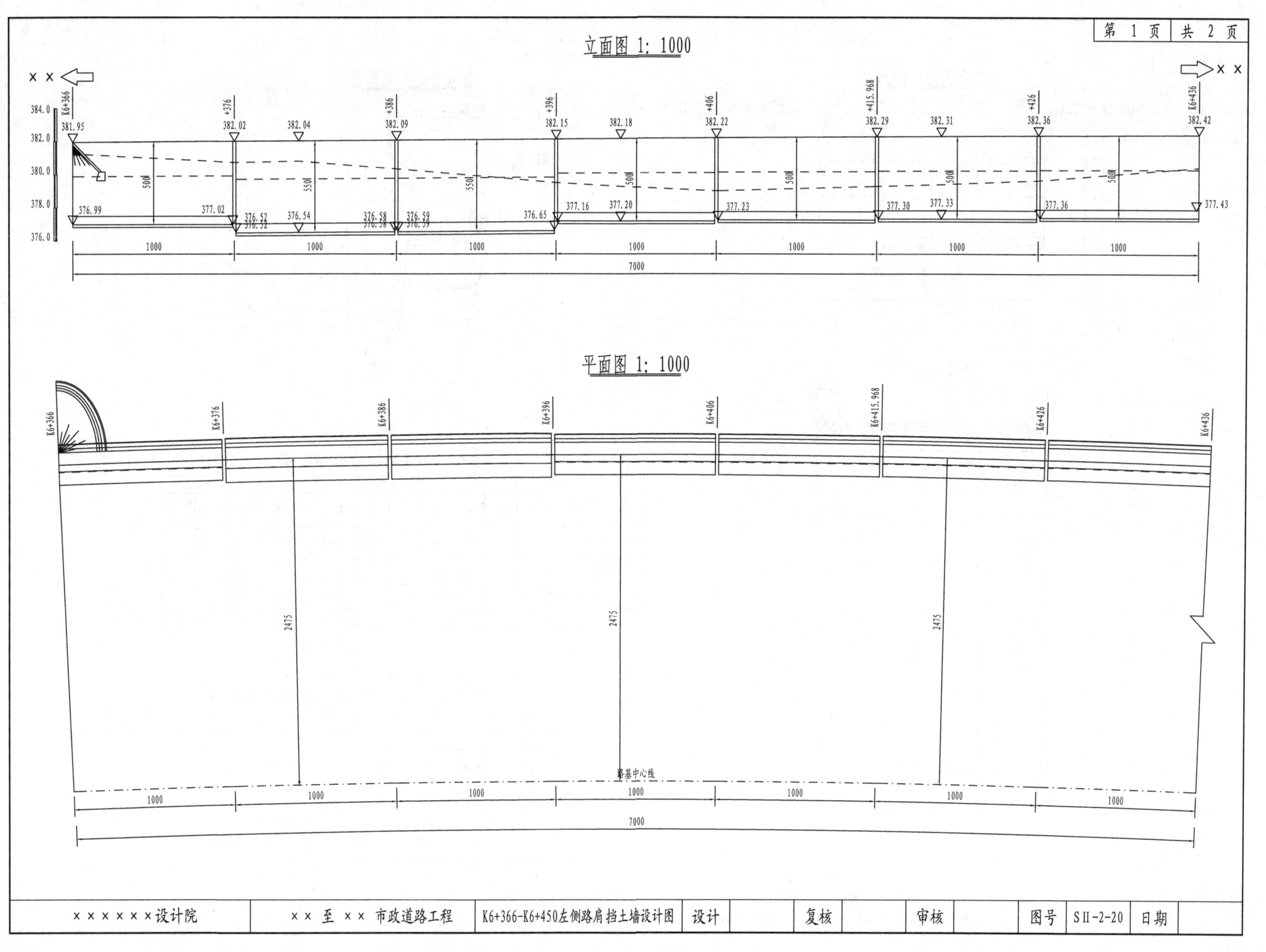

立面图 1:1000

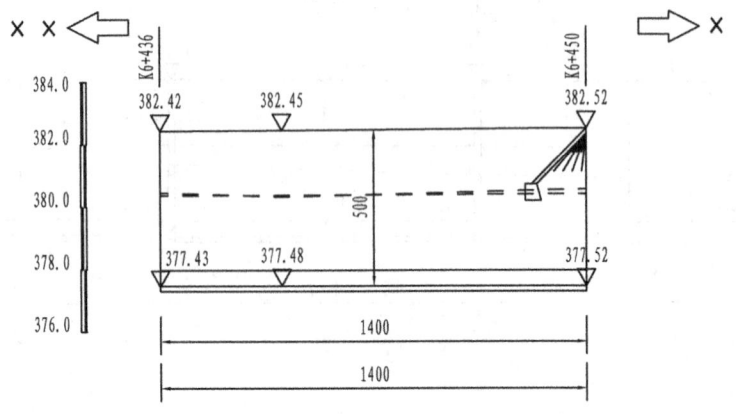

平面图 1:1000

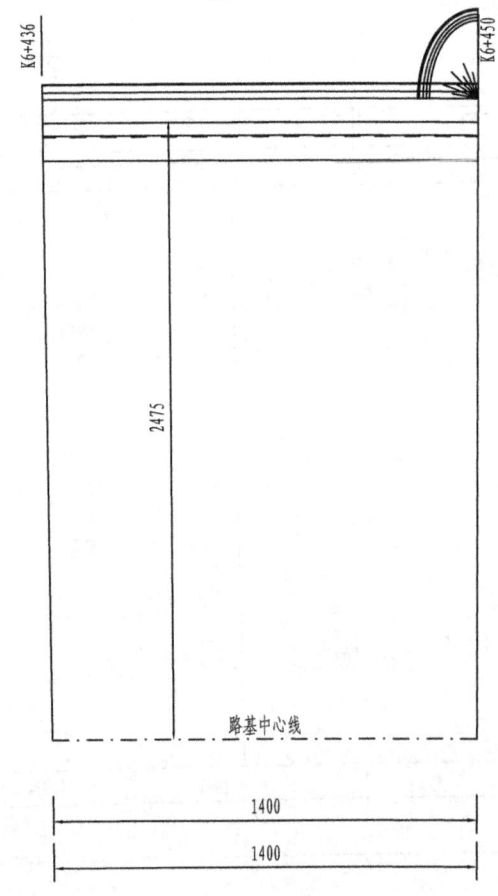

衡重式路肩墙断面

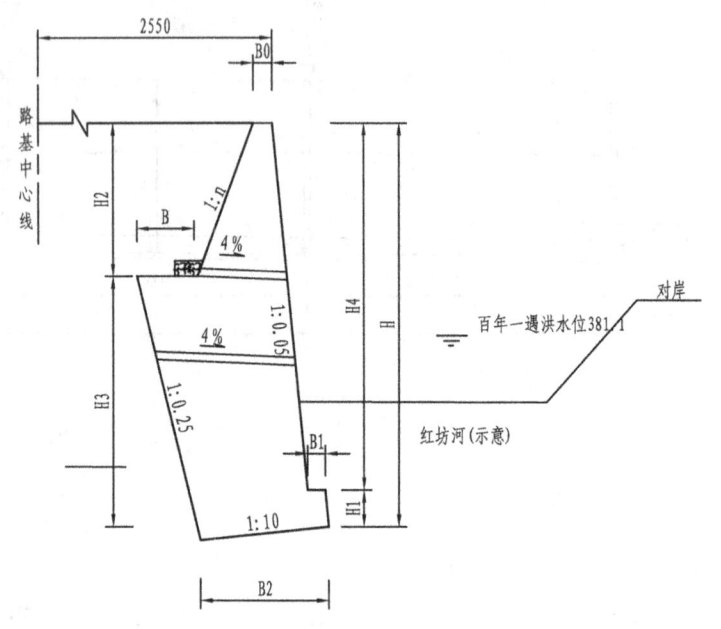

衡重式路肩墙截面尺寸及工程数量表

起讫桩号	长度 m	挡墙断面尺寸 (cm)								墙体工程数量(m³)		
		B1	H1	H2	H3	H4	B0	B	B2	C20片石混凝土	挖基	基坑回填
K6+366~+376	10.2	25	50	210	308	500	75	80	170	77.7	157.2	88.7
K6+376~+386	10.2	28	55	231	342	555	75	85	182	92.4	159.2	81.7
K6+386~+396	10.2	28	55	231	342	555	75	85	182	92.4	136.1	64.9
K6+396~+436	41.0	25	50	210	308	500	75	80	170	310.7	323.6	138.8
K6+436~+450	14.3	25	50	210	308	500	75	80	170	108.8	141.7	62.1
合计	84									681.9	917.8	436.0

注：
1. 本图尺寸除桩号及标高以m计外，其余均以cm为单位。
2. 挡土墙沉降缝宽2cm，沿墙的内、外、顶三侧填以15cm深的沥青麻絮。
3. 在填料与墙背之间用砂砾填筑30cm厚的连续排水层，排水层的底用40cm厚的黏土封闭。
4. 墙身每隔2~3m，上下左右交错设置φ80PVC泄水孔，最下一排应高出地面0.3m，若为浸水地区，挡墙应高出常水位0.3m。
5. 墙顶部应根据路面、路肩、路槽排水管标高及位置，预留相应的泄水孔，以利排水。
6. 挡土墙设计参数 $[\sigma]=250kp$，$\varphi=35°$。
7. 基坑开挖后若地质情况有变化，应通过相关程序予以变更处理，基底换填要注意夯实。
8. 若基底为岩石时，应凿去风化层后嵌入新鲜岩面不少于25cm。
9. 对于土质地区，挡土墙基础埋深不小于1.5m；石质地区，挡墙基础埋深不小于1m。浸水地区挡墙基础应低于冲刷线以下1m。

| ××××××设计院 | ××至××市政道路工程 | K6+366-K6+450左侧路肩挡土墙设计图 | 设计 | 复核 | 审核 | 图号 SⅡ-2-20 | 日期 |

自然区划	IV4（浙闽沿海山地中湿区）						
路基土组	黏土、亚黏土、砂土						
路基条件	路基为干燥~中湿状态						
所处路段	主车道	辅道、匝道		老路利用段	机通	村道	人行道
设计弯沉值或弯拉强度	ld=24.5(0.01mm)			弯拉强度 fr≥4.0MPa			
分类	行车道		桥面铺装				
结构类型代号	S-1	S-2	S-3	S-4	S-5	S-6	S-7

行车道及路缘带路面结构 图式：

S-1: 4 / 6 / 17 / 16 / 1 / 32 / 76，$E_0 \geq 40MPa$
S-2: 4 / 6 / 10 / 16 / 1 / 20 / 57，$E_0 \geq 40MPa$
S-3: 4 / 6
S-4: 4 / 6 玻纤格栅，现状水泥路面
S-5: 20 / 15 / 35
S-6: 20 / 15 / 35
S-7: 6 / 2 / 10 / 18

图例：
- AC-13C 细粒式沥青混凝土
- AC-20C 中粒式沥青混凝土
- ATB-25 密级配沥青碎石
- 水泥稳定碎石（5%）
- 水泥混凝土
- 级配碎石
- 稀浆封层
- 中粗砂
- 透水砖

材料设计参数表

路面结构层名称	抗压模量(MPa)(20℃)	抗压模量(MPa)(15℃)	劈裂强度(MPa)
细粒式沥青混凝土	1400	1800	1.2
中粒式沥青混凝土	1100	1600	1
ATB-25密级配沥青碎石上基层	1000	1200	0.8
级配碎石下基层	400	400	
水泥稳定碎石（低剂量）	800	800	0.5
土基	40		

注：
1. 图中路面厚度以厘米计。
2. 为了提高沥青路面的使用性能，上、下面层采用SBS改性沥青。
3. 水泥稳定碎石底基层无侧限抗压强度为2.0MPa。
4. 本项目沥青面层为二层式结构，应在层间和柔性基层顶面设黏层油。与沥青面层接触的路缘石、匝道土路肩加固侧面和铺筑沥青面层的水泥混凝土桥面均应浇洒黏层油。
5. 沥青混凝土各层之间及级配碎石下基层上均应洒一层热沥青黏层油，级配碎石下基层在洒黏层油之前应先洒一层乳化沥青透层。级配碎石下基层与3%水泥稳定级配碎石底基层之间设置改性乳化沥青稀浆封层，在铺沥青封层时应先洒一层透层油。桥面在铺沥青铺装层前应先施工改性乳化沥青黏层。
6. 为了增强集料与沥青之间的黏结力，提高路面强度。施工前应进行试验，使上面层沥青与石料的黏附性不低于5级；下面层沥青与石料的粘附性不低于4级。

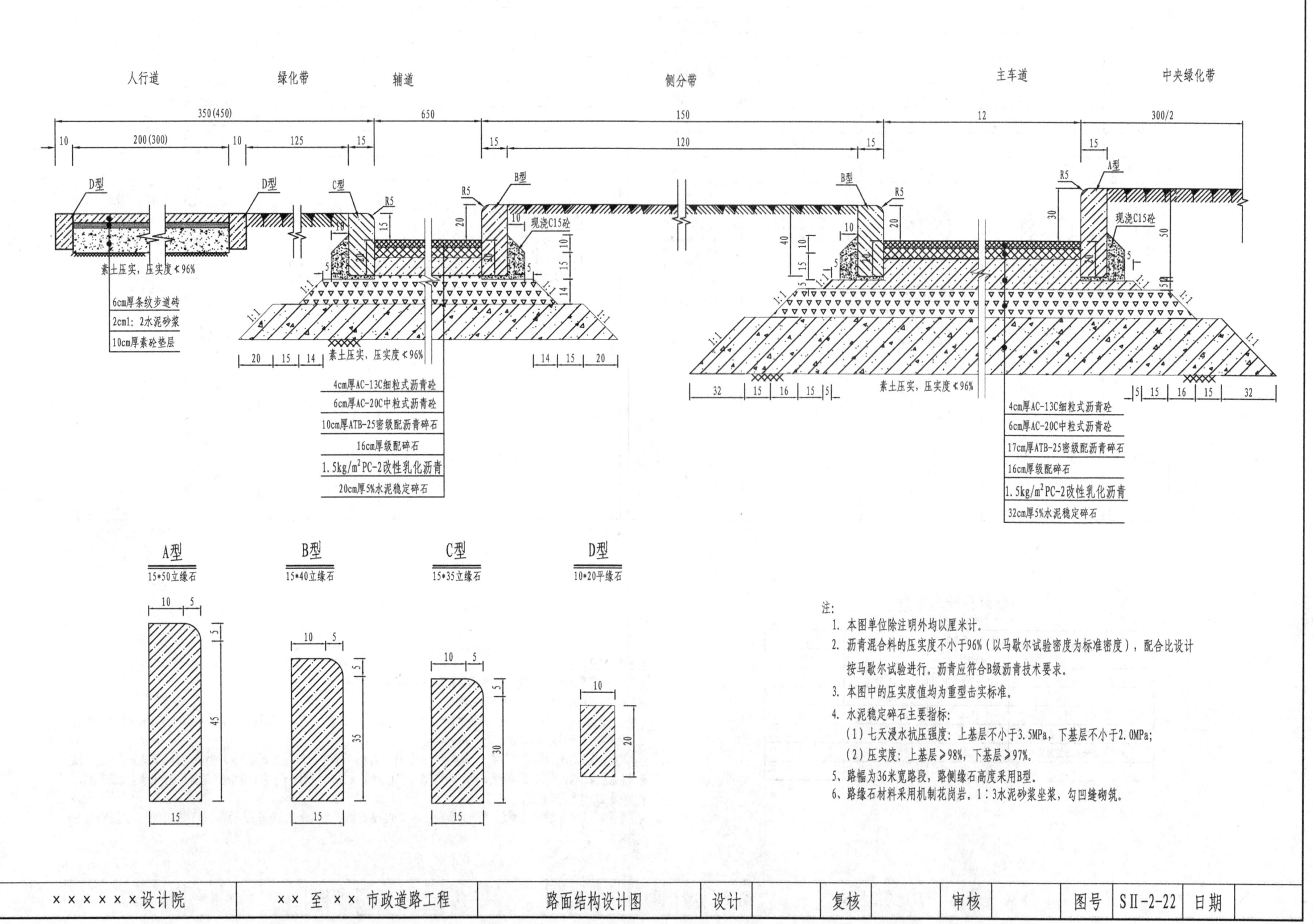

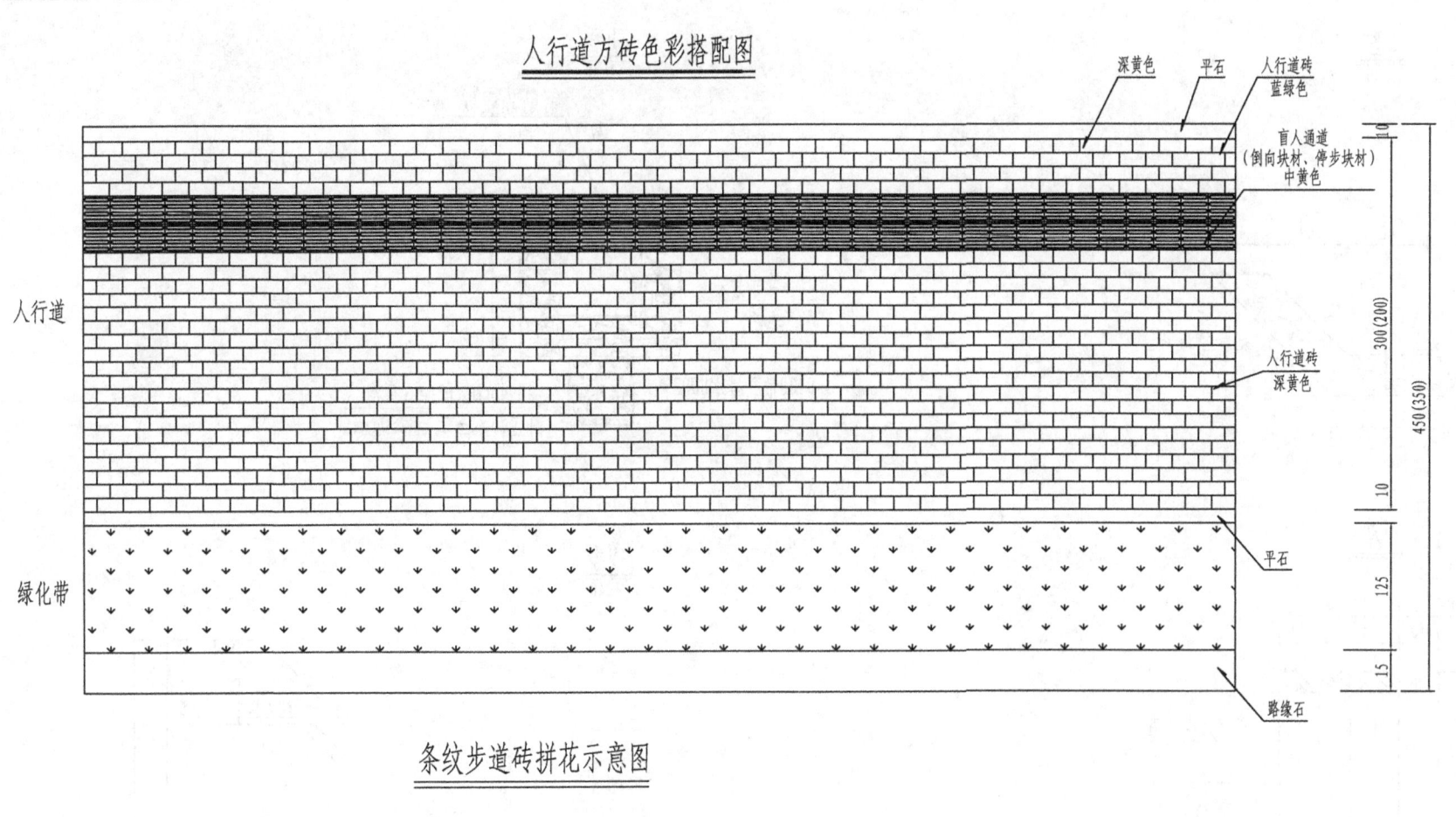

人行道方砖色彩搭配图

条纹步道砖拼花示意图

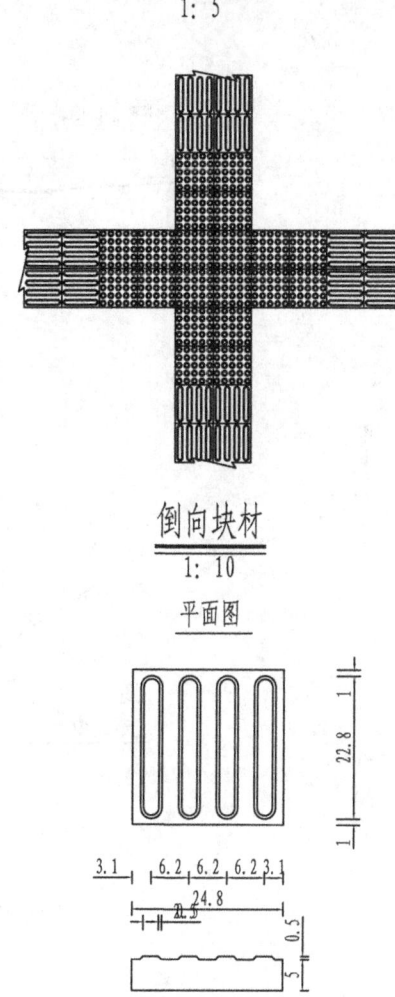

盲道倒向块材
1:5

倒向块材
1:10

平面图

剖面图

停步块材
1:10

平面图

剖面图

注：
1. 本图单位以厘米计；
2. 在人行横道的触感块材距路缘石隔两块人行道砖处铺装停步块材，铺装长×宽=50×25cm；
3. 行道树树池间距根据绿化工程要求确定；
4. 平、立缘石均采用花岗岩条石，露明面必须采用机械切割，直线段每块缘石长度0.8～1.0m，曲线段为0.4～0.5m；
5. 人行道面砖的抗压强度不小于30MPa，树池周边的人行道砖底采用1:2水泥砂浆座浆。

| ××××××设计院 | ××至××市政道路工程 | 路面结构设计图 | 设计 | | 复核 | | 审核 | | 图号 | SⅡ-2-22 | 日期 | |

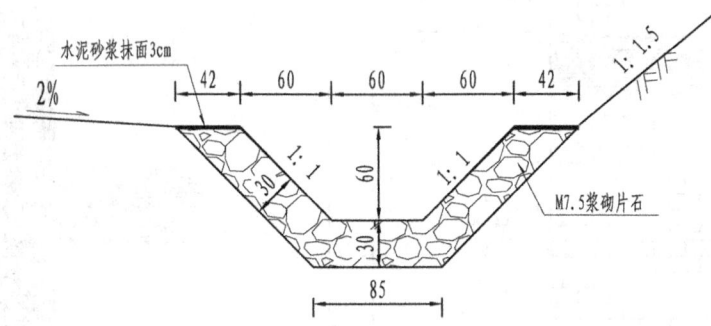

I型 1:40

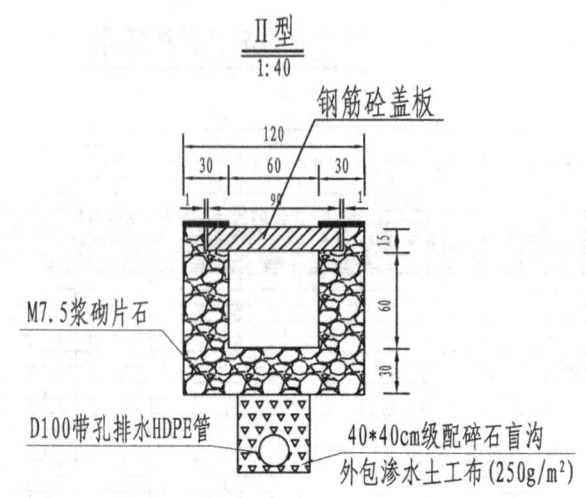

II型 1:40

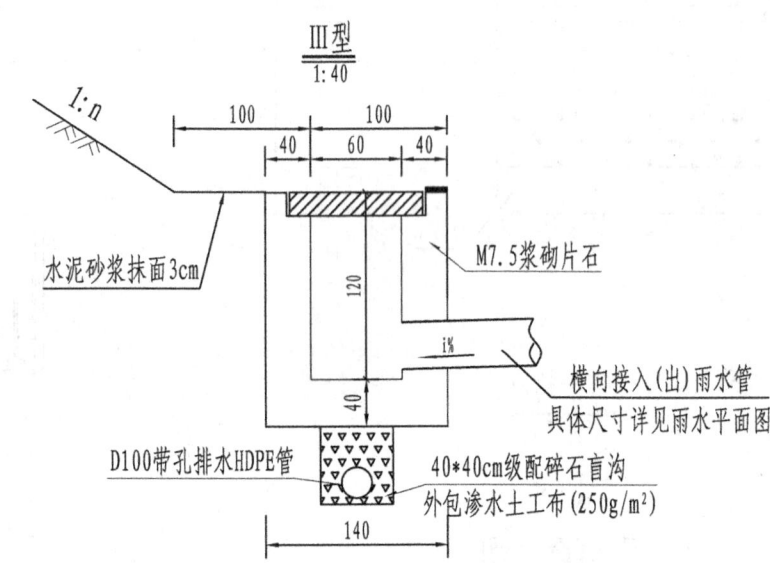

III型 1:40

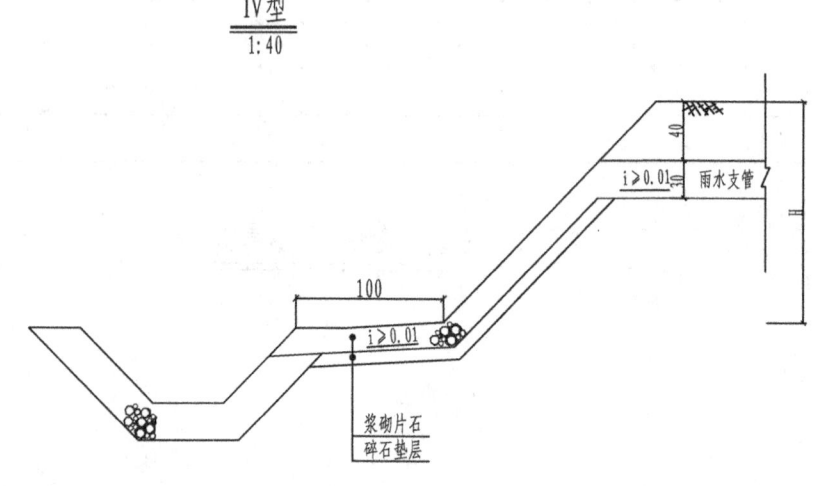

IV型 1:40

每延米工程数量表

材料 \ 型号	I	II	III
M7.5浆砌片石(m³)	0.846	0.945	1.805
C20混凝土(m³)		0.135	0.135
φ12钢筋(kg/m)		9.032	9.032
φ8钢筋(kg/m)		7.372	7.372
挖基(m³)	1.558	1.44	2.66
3cm水泥砂浆抹面	3.12	2.76	2.77

附注：
1. 图中尺寸均以厘米为单位。
2. I型适用于一般路段填方的排水沟。
3. II型适用于一般挖方路段的边沟。
4. III型适用于连接雨水口连接管的挖方路段。
5. IV型适用于连接雨水口连接管的填方路段。
6. 路基排水形式具体设置详见《路基排水工程数量表》。

钢筋混凝土盖板构造图 1:10

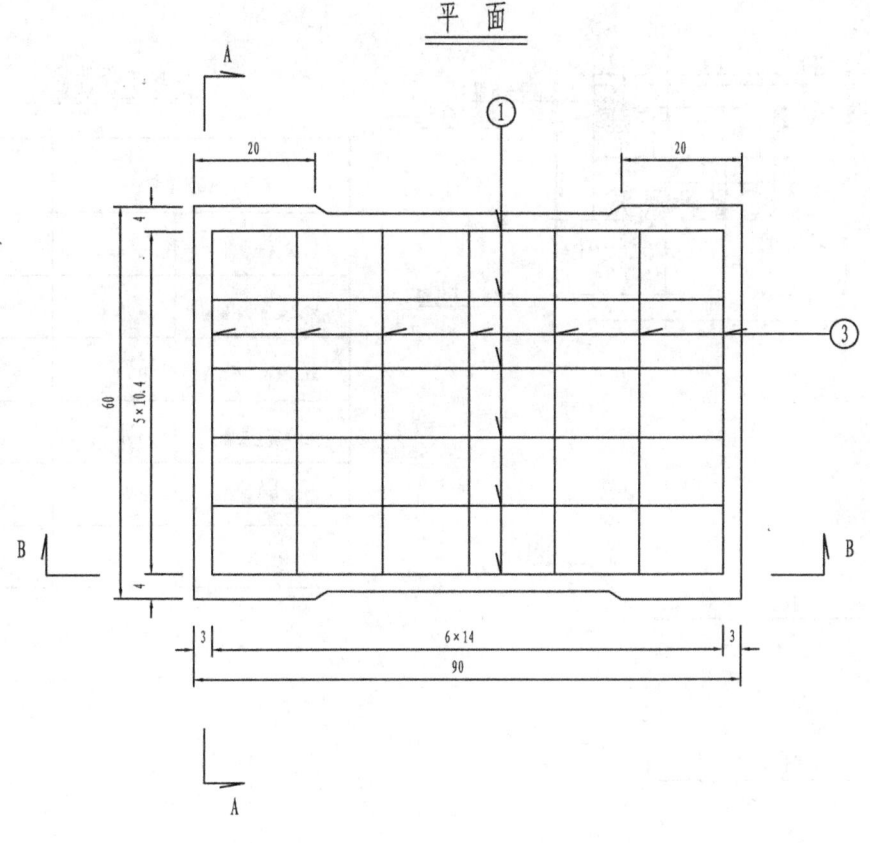

平面

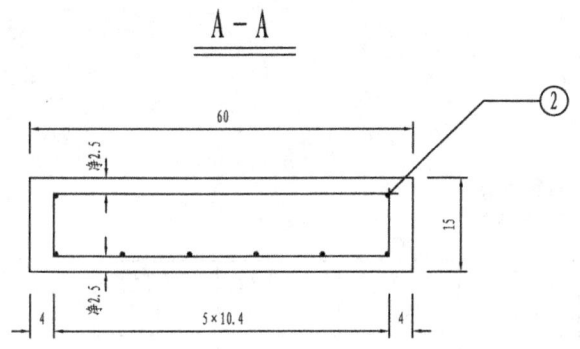

A-A

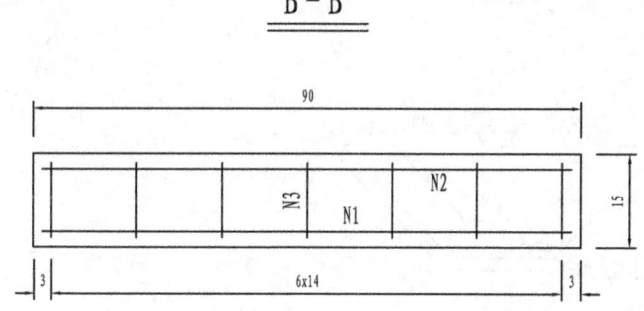

B-B

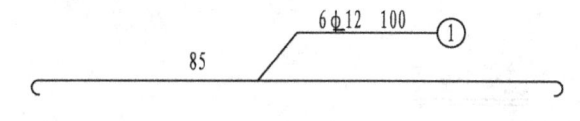

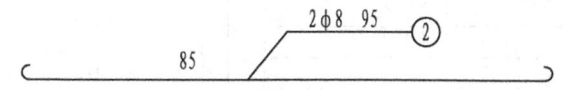

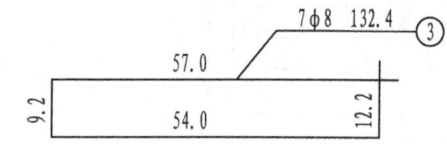

说明：
1. 图中单位除钢筋直径以毫米计外，余均以厘米计。
2. 水沟开挖后应整平、夯实，如土质干燥，应洒水浸湿。
3. 砌筑完后应及时盖洒水养生。
4. 盖板沟中钢筋数量未计搭接及损耗。

Ⅱ-Ⅱ

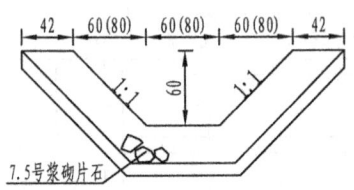

Ⅲ-Ⅲ

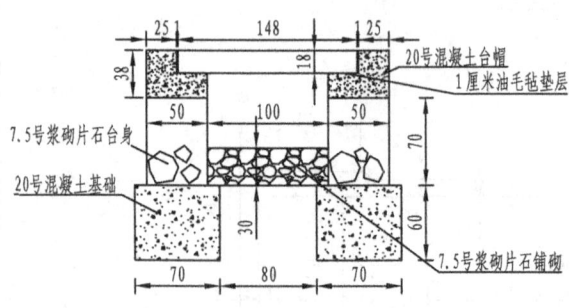

主要工程数量

项目/单位		工程数量
C20混凝土台帽	m³/m	0.290
M7.5浆砌片石铺砌	m³/m	0.30
M7.5浆砌片石台身	m³/m	0.70
C20混凝土基础	m³/m	0.84
C20混凝土盖板	m³/m	0.27
盖板钢筋	kg/m	33.4

盖板平面图

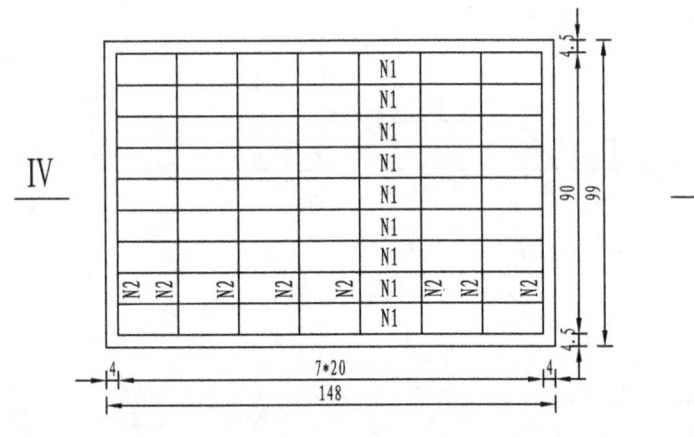

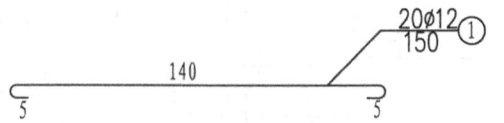

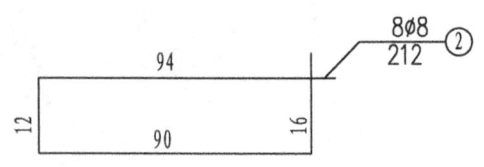

一块盖板材料数量表

钢筋编号	钢筋(mm)	每根长(cm)	根数(根)	总长(m)	重量(kg)	总重(kg)	20号混凝土(m³)	安装重量(t)
1	⌀12	150	20	30	26.7	33.4	0.27	0.675
2	⌀8	212	8	16.96	6.7			

注:
1. 图中尺寸以厘米计。
2. 台身与基础应连接成整体,进出口处应设变形缝。

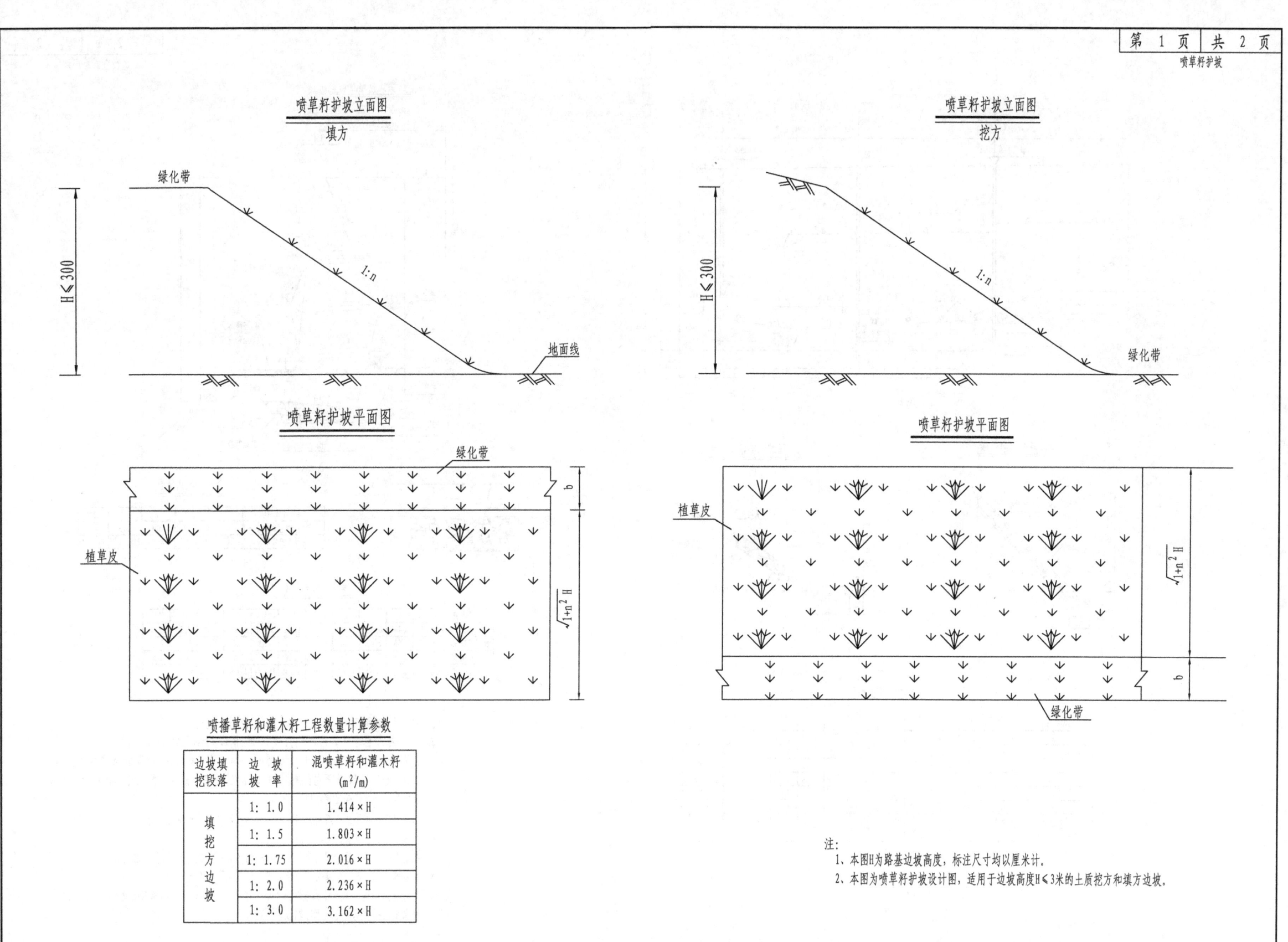

衡重式路肩墙

衡重式挡墙立面

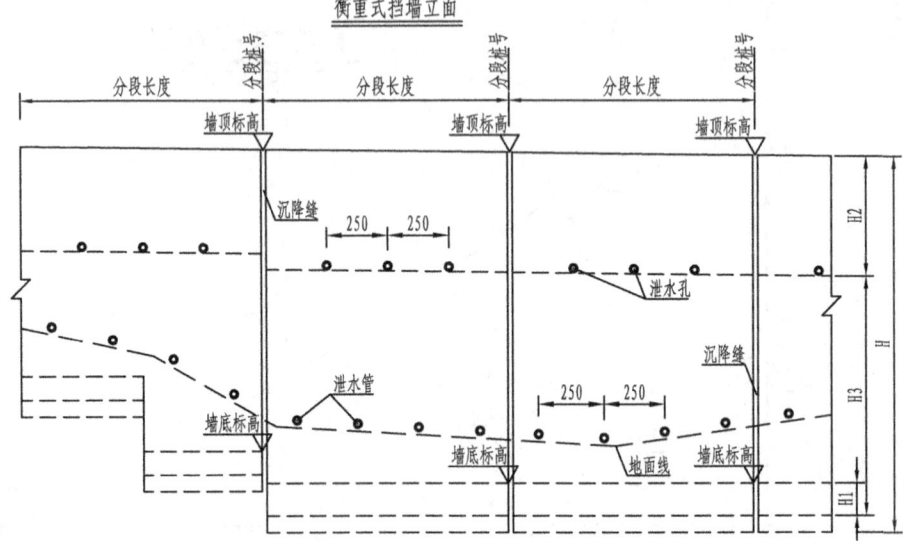

衡重式挡墙断面

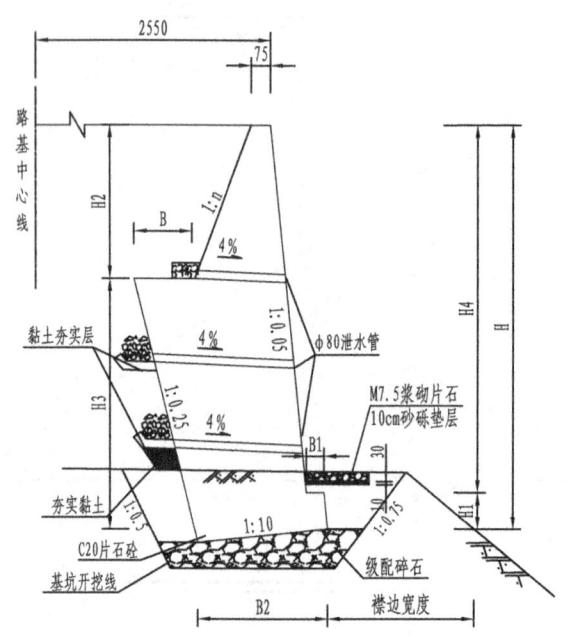

锥坡端部纵向剖面

锥坡端部横向剖面

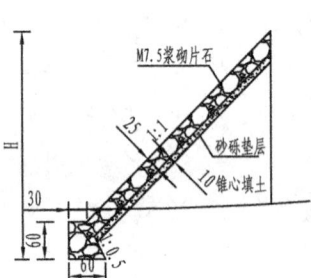

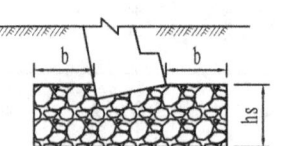

基础处理数量表

基础处理深度hs	1	1.5	2	2.5	3
侧向宽度b(m)	0.7	1.05	1.4	1.75	2.1
每延米换填体积	B+1.4	1.5B+3.15	2B+5.6	2.5B+8.75	3B+12.6

锥坡工程数量表

锥坡高HH(m)	3	4	5	6	7	8	9	10	11	12
M7.5浆砌片石坡身(m³)	3.10	6.67	9.02	13.13	18.01	23.66	30.09	37.28	45.25	53.98
M7.5浆砌片石基础(m³)	1.50	2.03	2.56	3.09	3.62	4.15	4.68	5.21	5.74	6.27
砂砾垫层(m³)	1.24	2.67	3.61	5.25	7.20	9.47	12.03	14.91	18.10	21.59
锥心填土(m³)	4.76	14.75	33.87	63.31	105.80	163.68	239.33	335.10	453.35	596.40

衡重式挡墙尺寸 φ=35°

墙高H(m)	3	4	5	6	7	8	9	10	11	12	13	14	15
B(m)	0.60	0.70	0.80	0.90	1.00	1.10	1.20	1.30	1.40	1.50	1.55	1.65	1.75
B1(m)	0.25	0.25	0.25	0.30	0.35	0.40	0.45	0.50	0.55	0.60	0.65	0.70	0.75
B2(m)	1.40	1.53	1.70	1.96	2.26	2.50	2.69	3.00	3.24	3.54	3.70	4.02	4.36
H1(m)	0.50	0.50	0.50	0.60	0.70	0.80	0.90	1.00	1.10	1.20	1.30	1.40	1.50
H2(m)	1.25	1.68	2.10	2.52	2.94	3.36	3.78	4.20	4.62	5.04	5.46	5.88	6.30
H3(m)	1.89	2.47	3.08	3.68	4.29	4.89	5.49	6.10	6.70	7.91	7.54	8.52	9.14
墙背坡率 n	0.10	0.15	0.20	0.25	0.30	0.32	0.32	0.35	0.36	0.38	0.40	0.40	0.42
地基容许应力(Kpa)	250	250	250	250	250	300	300	350	350	400	420	440	460

注:
1. 本图尺寸除桩号及标高以m计外,其余均以cm为单位。
2. 挡土墙沉降缝宽2cm,沿墙的内、外、顶三侧填以15cm深的沥青麻絮。
3. 在填料与墙背之间用砂砾填筑30cm厚的连续排水层,排水层的底部用40cm厚的黏土封闭。
4. 墙身每隔2~3米,上下左右交错设置φ80PVC泄水孔,最下一排应高出地面0.3米,若为浸水地区挡墙应高出常水位0.3米。
5. 墙顶部应根据路面、路肩、路槽排水管标高及位置,预留相应的泄水孔,以利排水。
6. 挡土墙设计参数[σ。]=250Kp,φ=35°。
7. 基坑开挖后若地质情况有变化,应通过相关程序予以变更处理,基底换填要注意夯实。
8. 若基底为岩石时,应凿去风化层后嵌入新鲜岩面不少于25cm。
9. 对于土质地区,挡土墙基础埋深不小于1.5米,石质地区,挡墙基础埋深不小于1米。浸水地区挡墙基础应低于冲刷线以下1米。

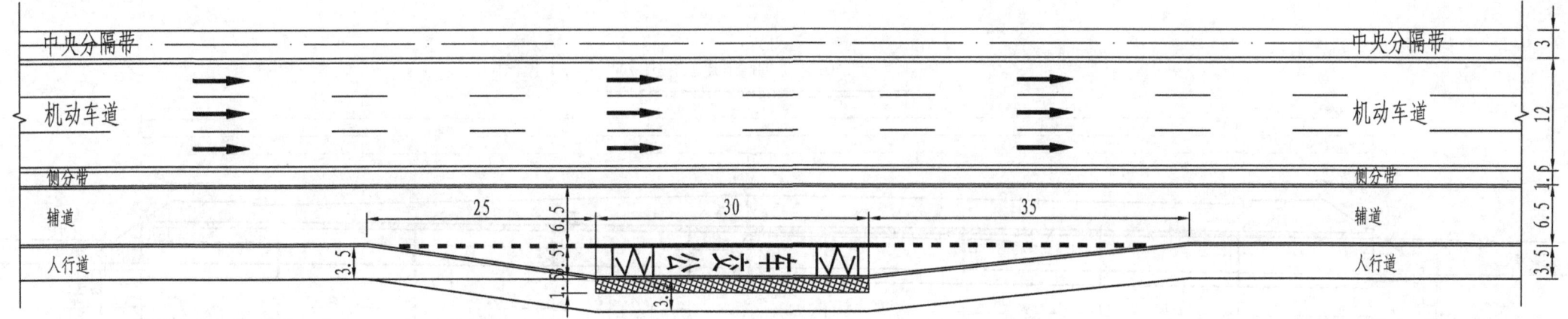

港湾式公交站标准大样图

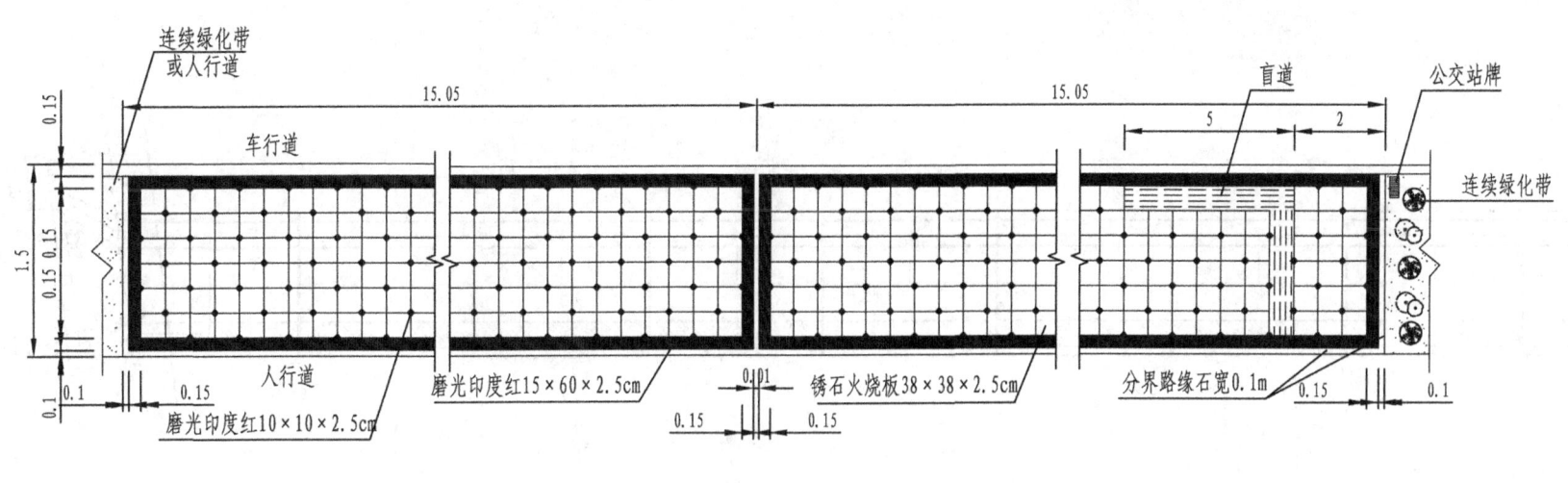

公交站台地面铺装大样图
1:100

附注：
1. 本图尺寸注明外均以米为单位。
2. 本图公交站适用一般标准路段。
3. 公交站设置位置详见道路平面设计图。

| ××××××设计院 | ××至××市政道路工程 | 港湾式公交车站设计图 | 设计 | 复核 | 审核 | 图号 SⅡ-2-37 | 日期 |

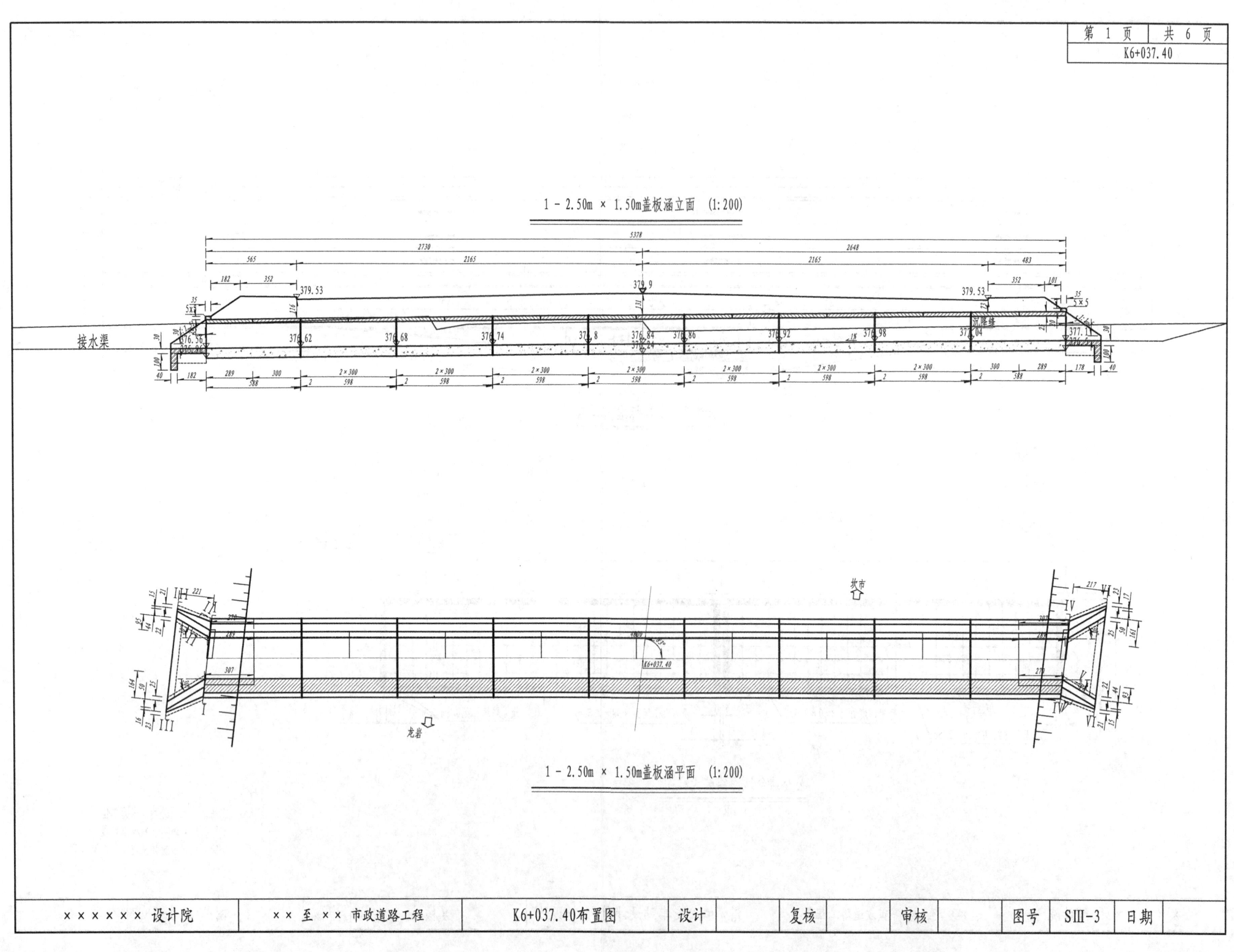

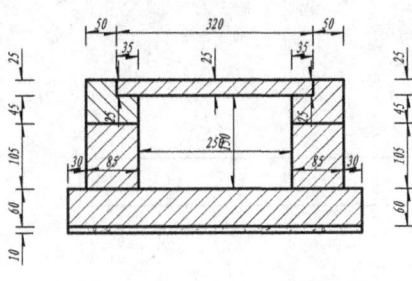
洞身断面(1:100)

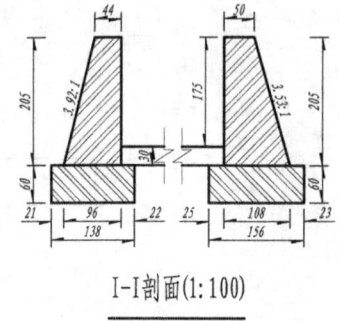
I-I剖面(1:100)

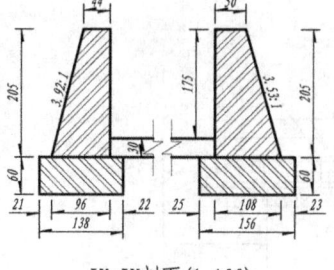
IV-IV剖面(1:100)

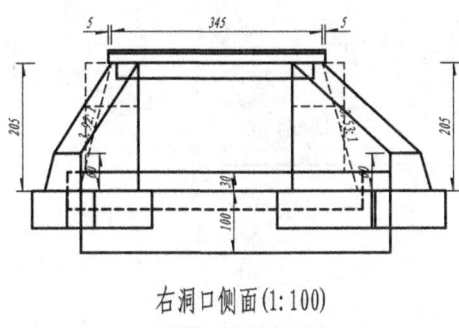
右洞口侧面(1:100)

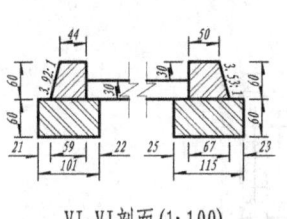
VI-VI剖面(1:100)

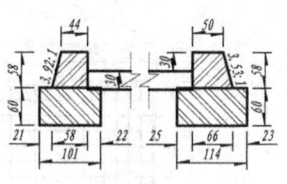
III-III剖面(1:100)

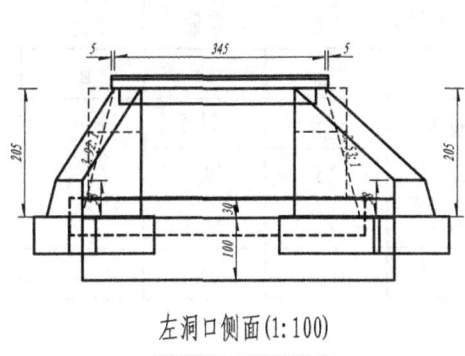
左洞口侧面(1:100)

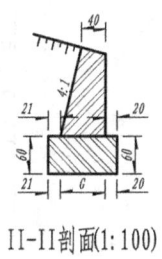
II-II剖面(1:100)

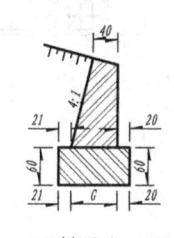
V-V剖面(1:100)

工程数量表

单位: 钢筋-千克 防水层、沉降缝-平方米 其他-立方米

部位	项目	数量
盖板	□18	3127.8
	□12	731.6
	φ8	961.1
台帽	φ8	882.9
	φ6	244.4
洞身	C30砼盖板	43
	C25砼涵台帽	54.6
	C20片石砼涵台台身	96
	沥青麻絮沉降缝	52
	C25砼帽石	0.5
基础	C20片石砼盖板涵基础	154.9
	挖土方	488.6
	挖石方	232.7
	M10浆砌片石八字翼墙基础	6.7
	M10浆砌片石八字墙截水墙	3.9
	砂碎垫层	26.89
洞口	M10浆砌片石八字墙身	7.7
	M10浆砌片石八字墙铺砌	5

说明:
1. 图中尺寸除标高以米计外,其余均以厘米计。
2. 洞身每隔4~6米设置一道沉降缝,缝内填以沥青麻絮,沉降缝必须贯穿整个断面,包括基础。
3. 地基承载力不得低于0.18MPa,否则应进行换土或其他加固措施。
4. 进出口为排水通畅可作适当开挖,出口需做消力设施。
5. 本涵洞桩号K6+037.40,涵洞轴线与路中线法向夹角为7度。
6. 涵台身与钢筋混凝土台帽衔接处应预埋钢筋,保证台帽与台身的连接。

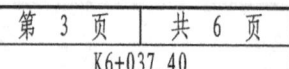

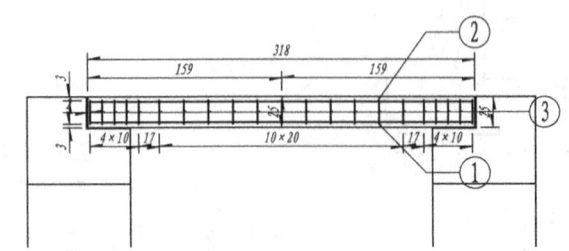

纵断面(1:50)

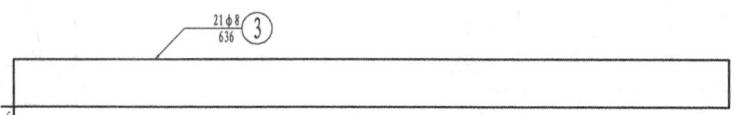

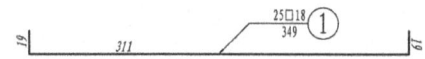

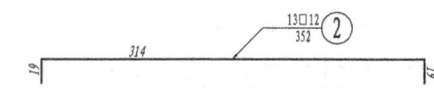

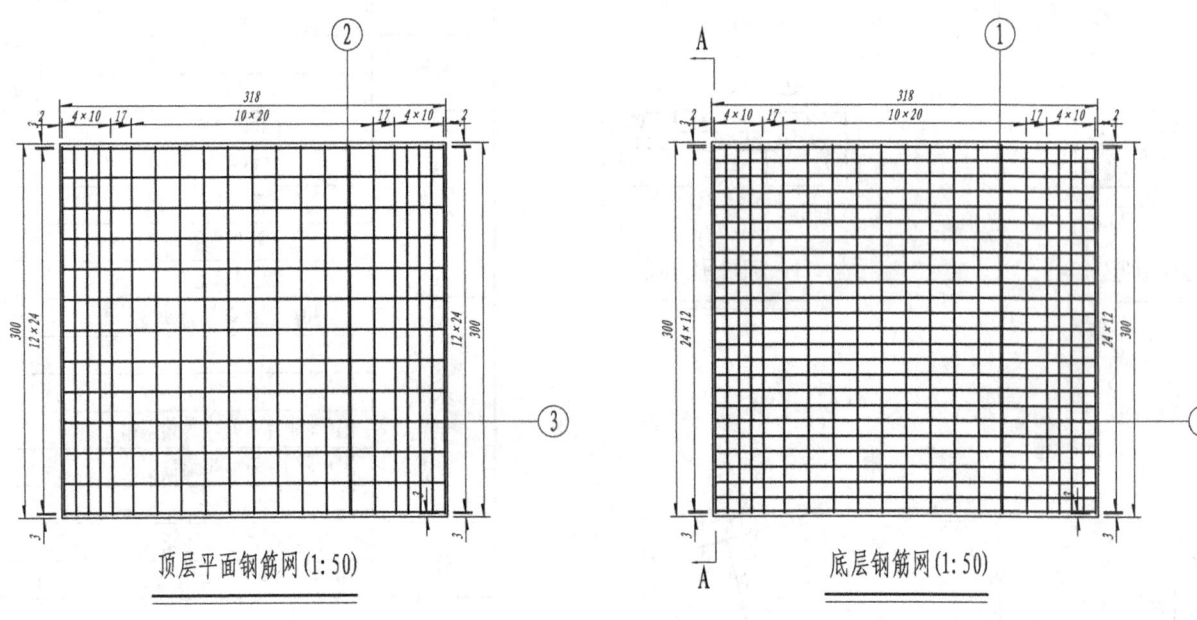

顶层平面钢筋网(1:50)　　底层钢筋网(1:50)

一块盖板的工程数量表

项目	直径	每根长度	根数	重量	混凝土
单位	mm	cm	根	kg	m³
1	⌂18	349.00	25	174.5	2.4
2	⌂12	352.00	13	40.6	
3	φ8	636.00	21	52.8	
合计				267.9	

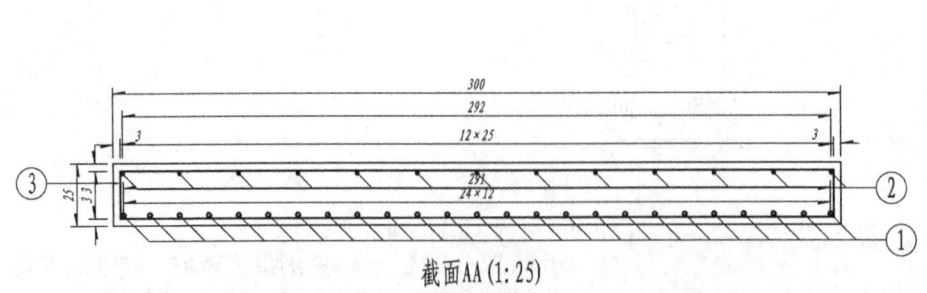

截面AA(1:25)

说明：
1. 本图尺寸除钢筋直径以毫米计外，其余均以厘米计。

| ×××××设计院 | ××至××市政道路工程 | K6+037.40盖板暗涵矩形标准板 | 设计 | 复核 | 审核 | 图号 SⅢ-3 | 日期 |

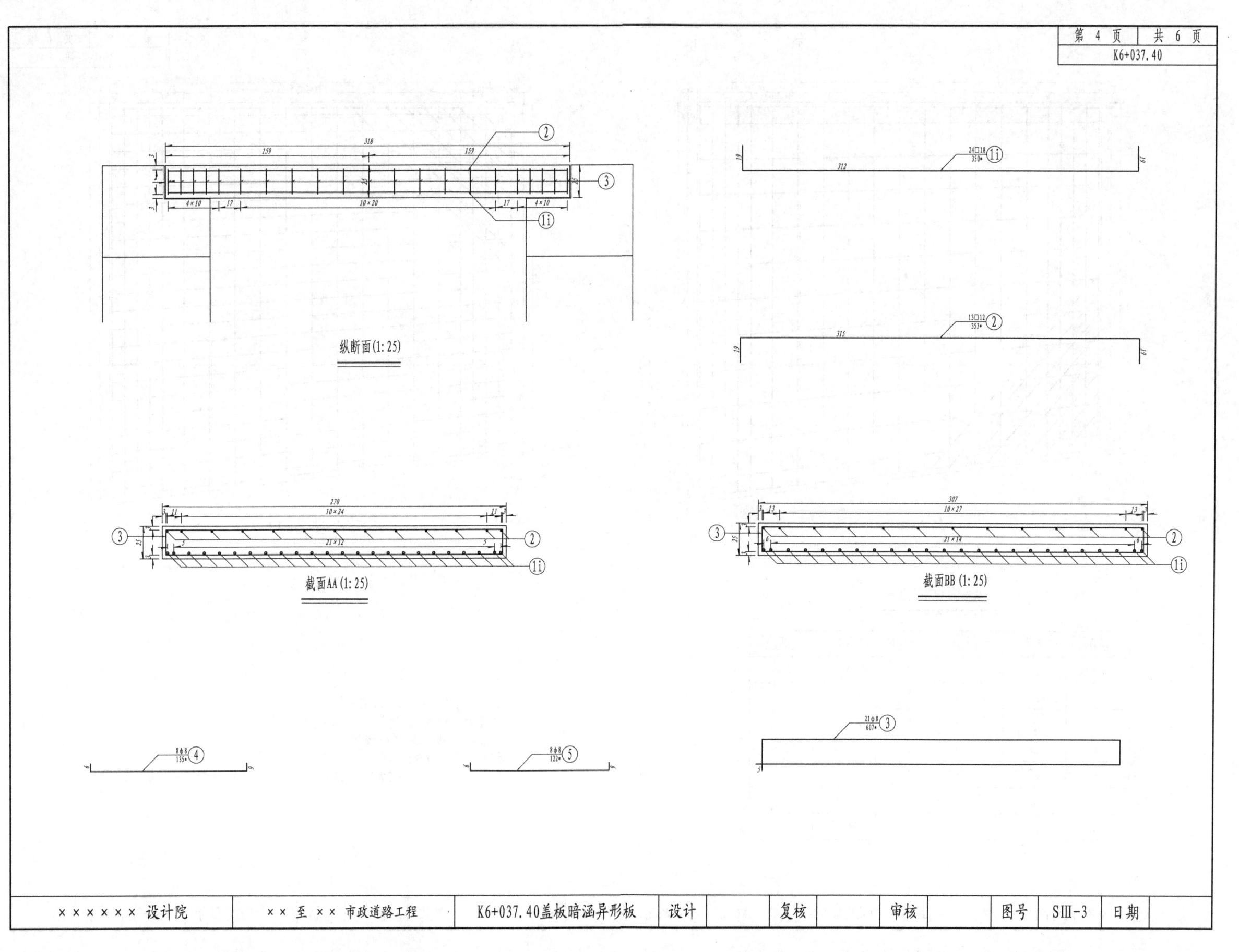

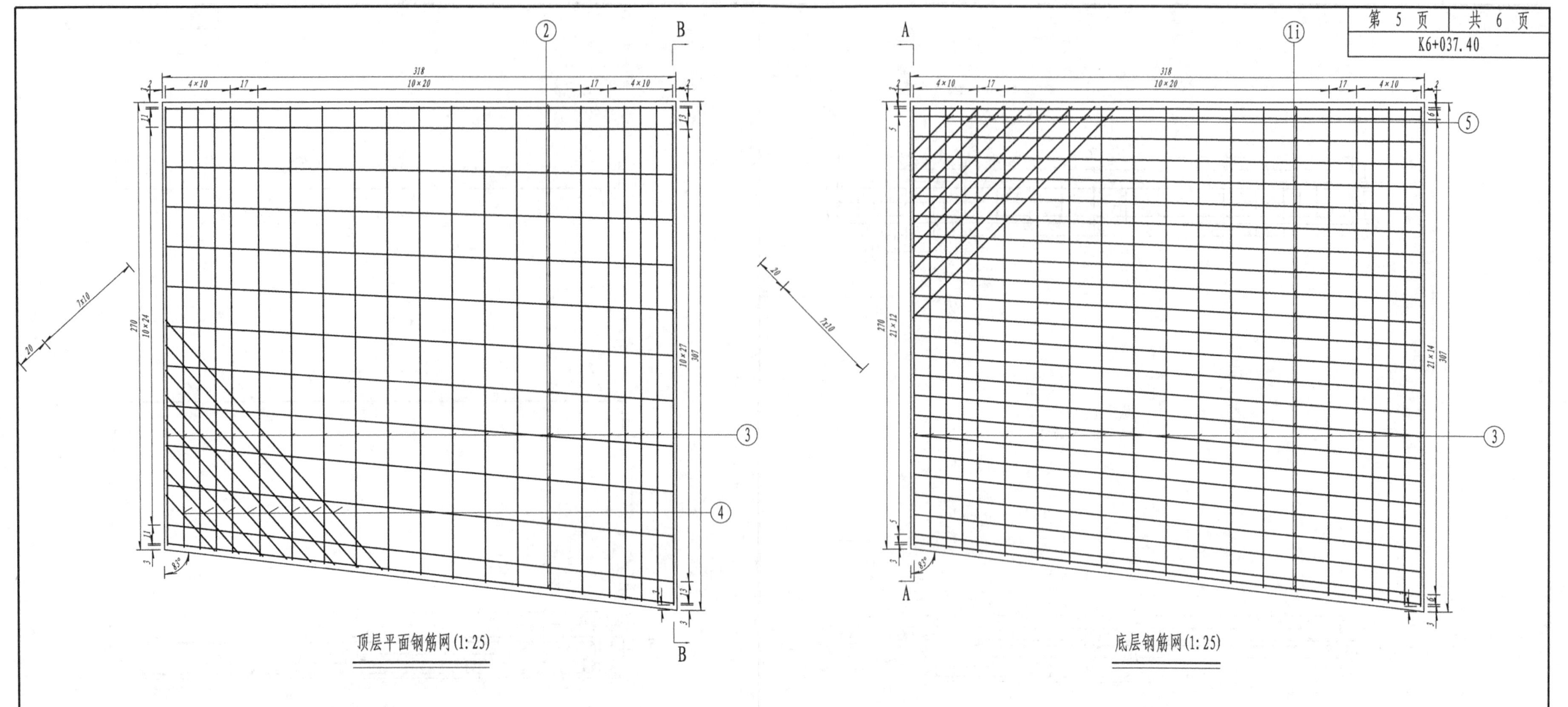

顶层平面钢筋网(1:25)　　　　　　　底层钢筋网(1:25)

一块盖板的工程数量表

项目	直径	每根长度	根数	重量	混凝土
单位	mm	cm	根	kg	m³
1i	□18	349.74	24	167.9	
2	□12	352.76	13	40.7	
3	φ8	607.46	21	50.4	2.3
4	φ8	135.28	8	4.3	
5	φ8	122.17	8	3.9	
合计				267.1	

说明：
1. 本图尺寸除钢筋直径以毫米计外，其余均以厘米计。
2. 图形中所有钢筋为变长度钢筋，工程数量表中长度为平均值。
3. 盖板与涵台的接头必须用M30水泥砂浆填满抵紧。
4. 本异形板属于桩号为盖板涵的涵洞，涵洞每端各一块，中部矩形板设计另见详图。
5. 板顶钢筋网在A、B断面图中示出。在盖板砼浇至离板顶5～8厘米时，按设计位置放置钢筋网，再继续浇注砼。

| ×××××设计院 | ××至××市政道路工程 | K6+037.40盖板暗涵异形板 | 设计 | 复核 | 审核 | 图号 | SIII-3 | 日期 |

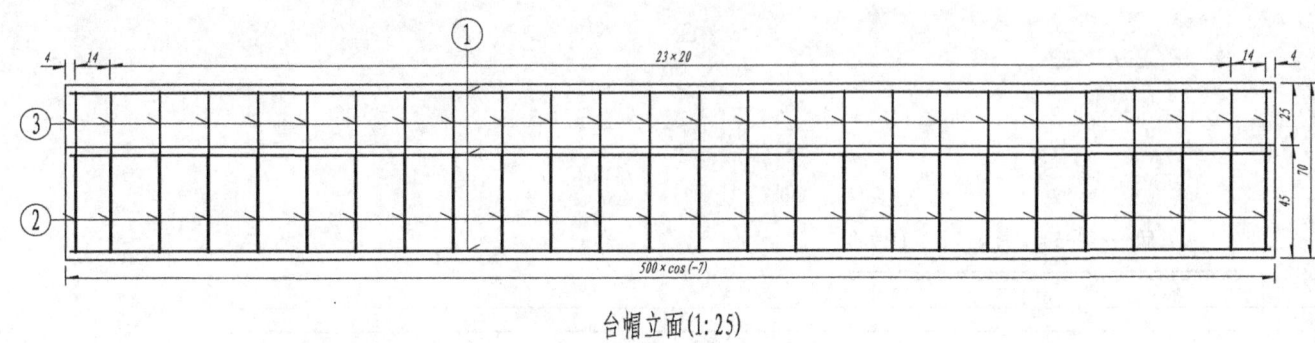

台帽立面(1:25)

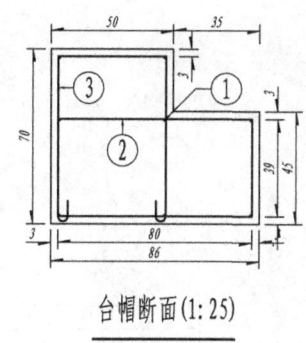

台帽断面(1:25)

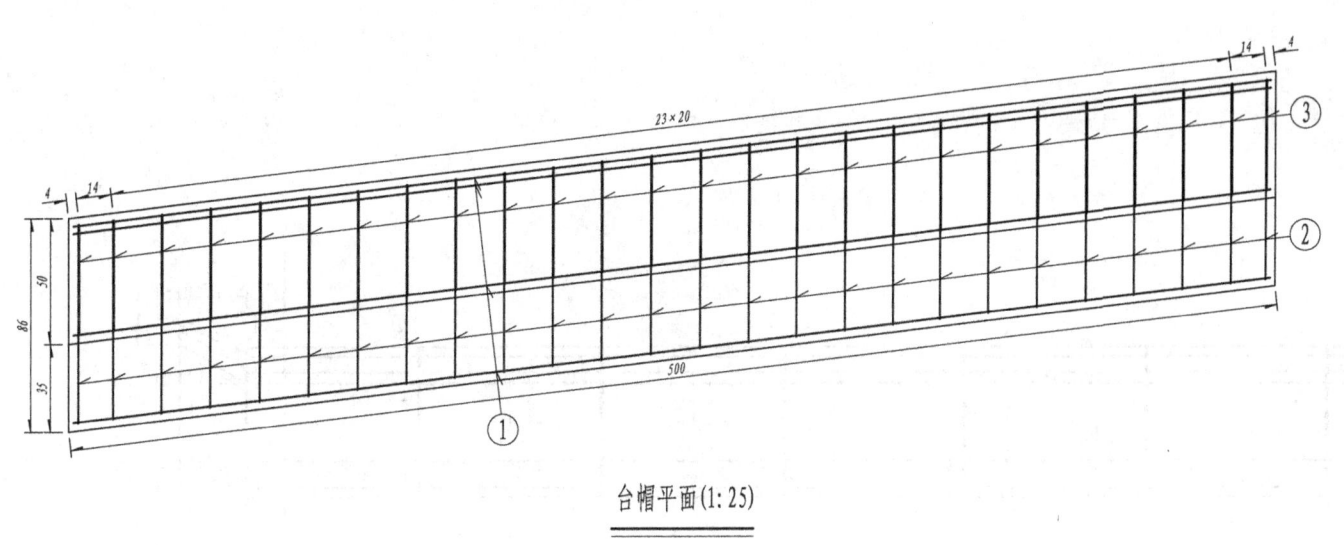

台帽平面(1:25)

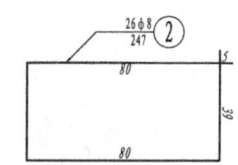

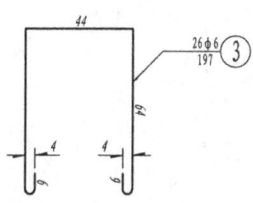

单幅台帽的工程数量表

项目	直径	每根长度	根数	重量	混凝土
单位	mm	cm	根	kg	m³
1	φ8	495.97	8	15.7	2.5
2	φ8	247.07	26	25.4	
3	φ6	196.87	26	11.4	
合计				52.4	

说明：
1. 本图尺寸均以厘米计。

K6+037.40盖板涵台帽

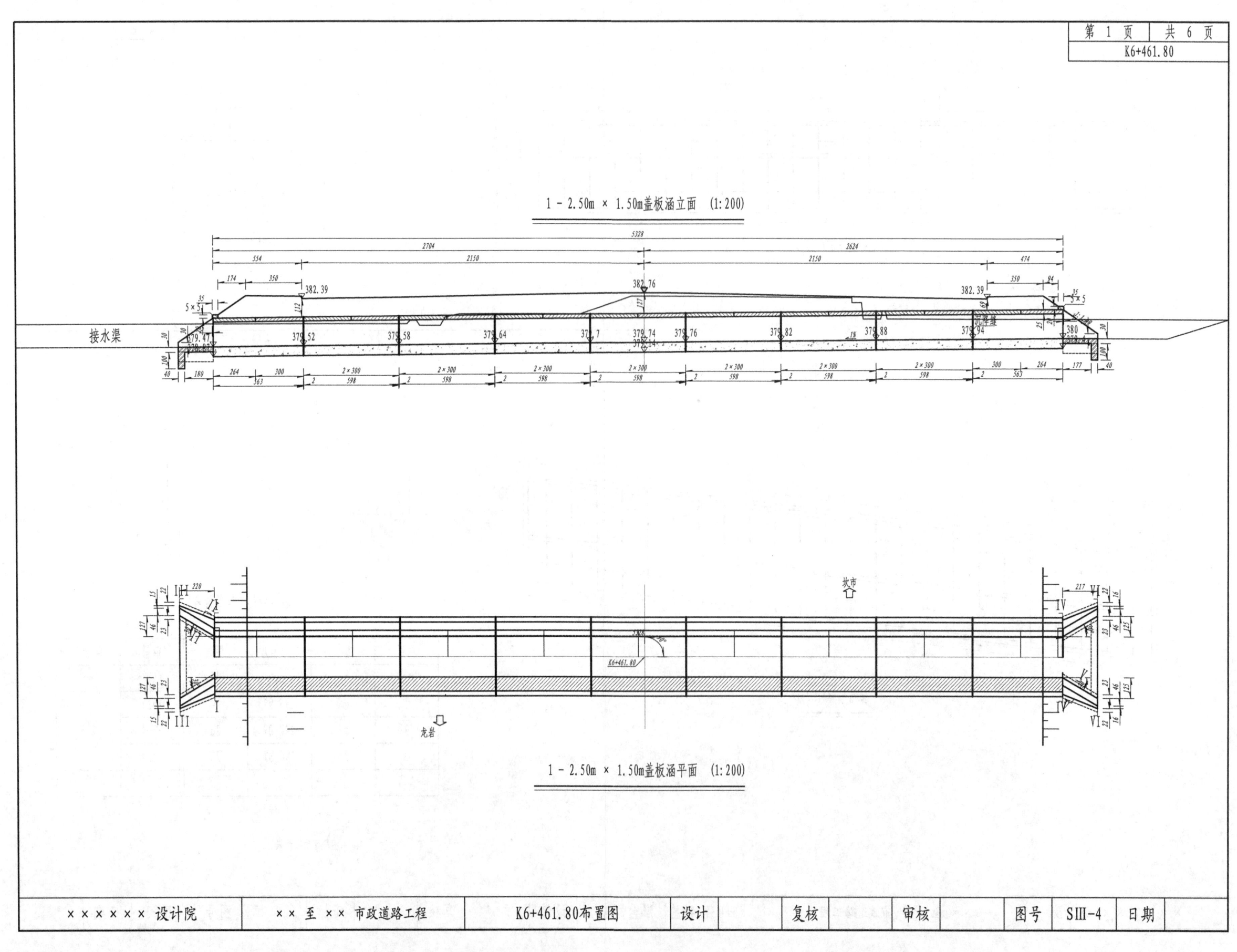

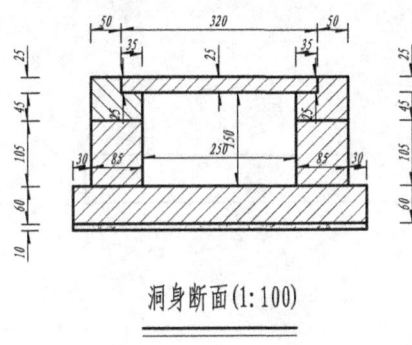
洞身断面(1:100)

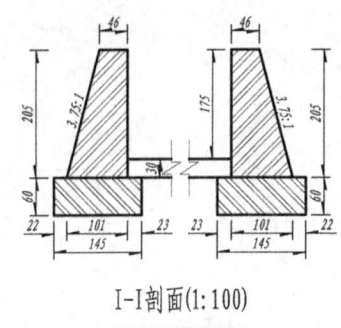
I-I剖面(1:100)

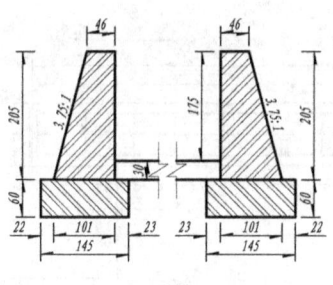
IV-IV剖面(1:100)

工程数量表

单位：钢筋-千克 防水层、沉降缝-平方米 其他-立方米

部位	项目	数量
盖板	□18	3113.1
	□12	725.2
	φ8	937.6
台帽	φ8	872.4
	φ6	241.8
洞身	C30砼盖板	42.6
	C25砼涵台帽	54.1
	C20片石砼涵台台身	95.1
	沥青麻絮沉降缝	52
	C25砼帽石	0.5
基础	C20片石砼盖板涵基础	153.4
	挖土方	744
	挖石方	322.7
	M10浆砌片石八字墙基础	6.6
	M10浆砌片石八字墙截水墙	3.8
	砂碎垫层	26.64
洞口	M10浆砌片石八字墙墙身	7.6
	M10浆砌片石八字墙铺砌	4.9

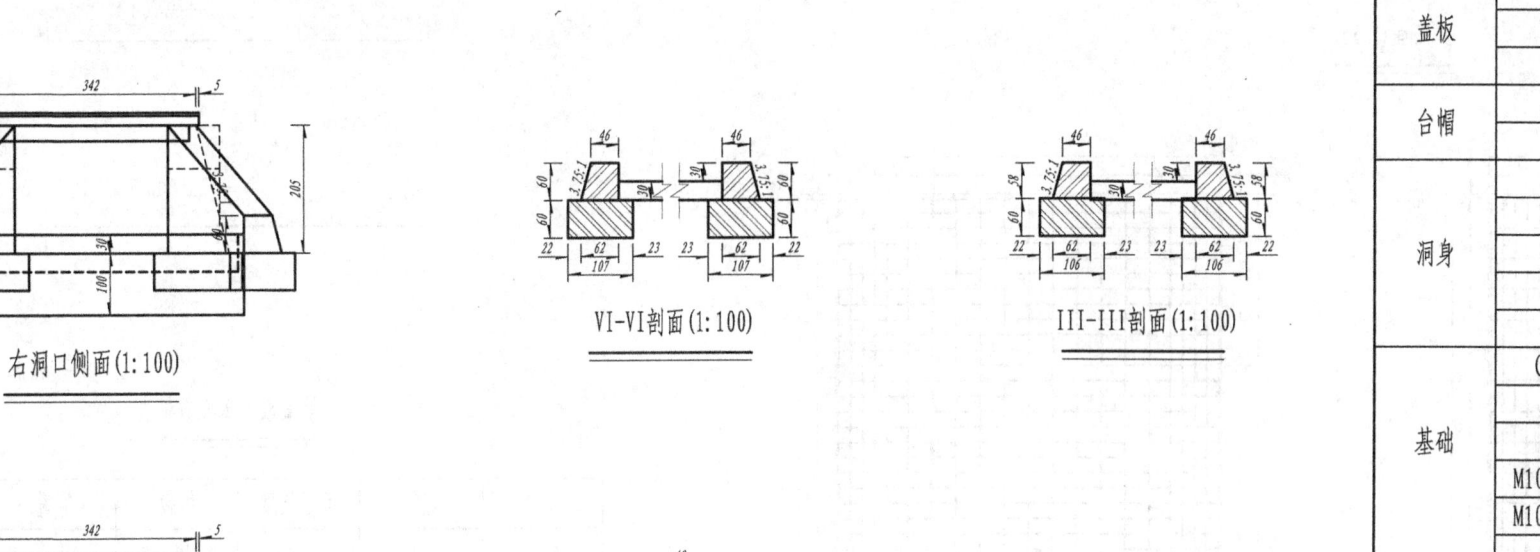

右洞口侧面(1:100)

VI-VI剖面(1:100)

III-III剖面(1:100)

左洞口侧面(1:100)

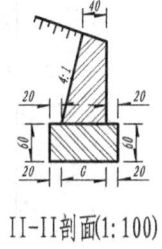
II-II剖面(1:100)

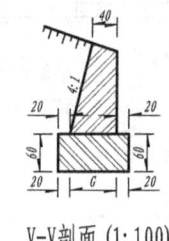
V-V剖面(1:100)

说明：
1. 图中尺寸除标高以米计外，其余均以厘米计。
2. 洞身每隔4~6米设置一道沉降缝，缝内填以沥青麻絮，沉降缝必须贯穿整个断面，包括基础。
3. 地基承载力不得低于0.18MPa，否则应进行换土或其他加固措施。
4. 进出口为排水通畅可作适当开挖，出口需做消力设施。
5. 本涵洞桩号K6+461.80，涵洞轴线与路中线法向夹角为0度。
6. 涵台身与钢筋混凝土台帽衔接处应预埋钢筋，保证台帽与台身的连接。

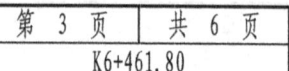

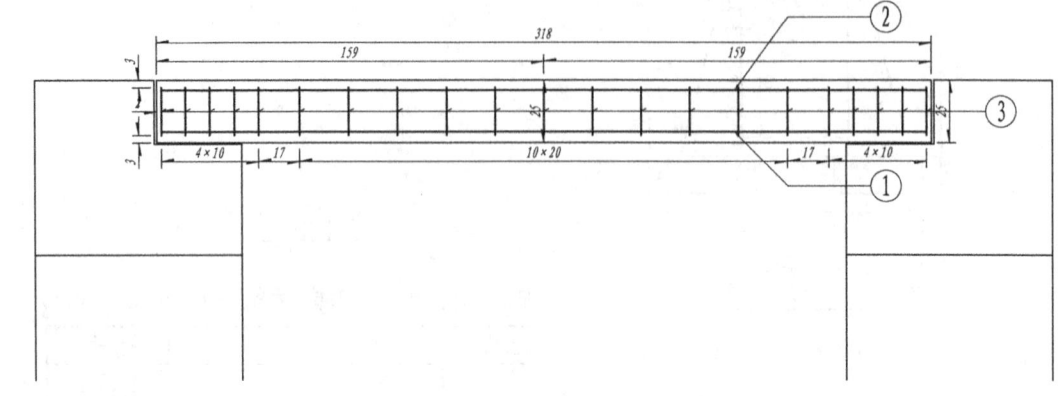

纵断面(1:25)

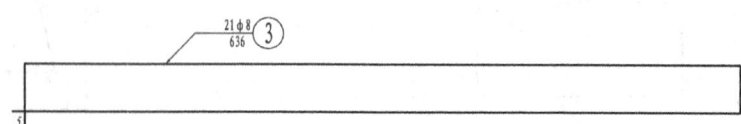

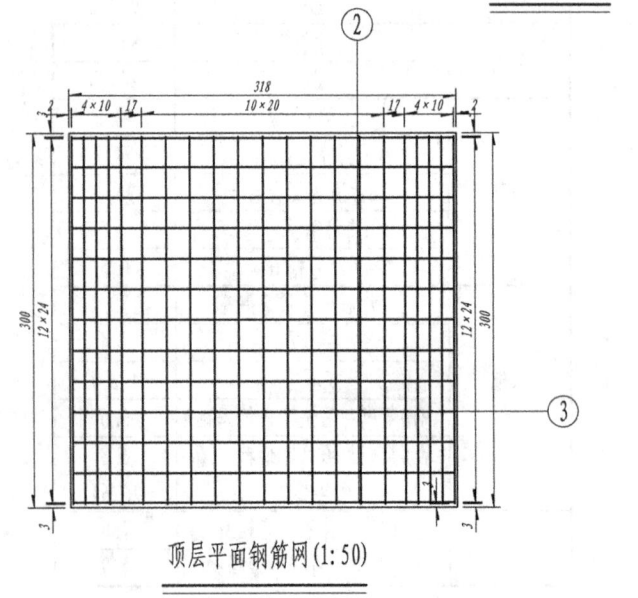

顶层平面钢筋网(1:50)

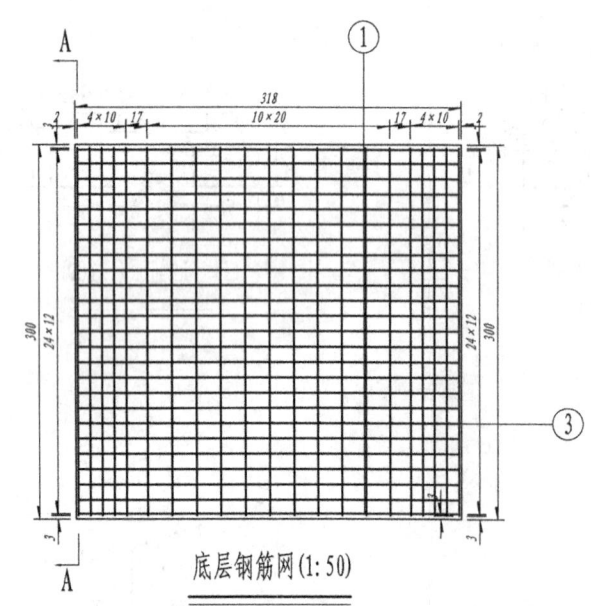

底层钢筋网(1:50)

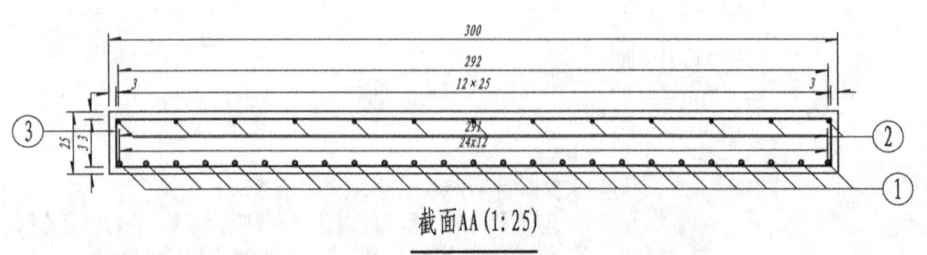

截面AA(1:25)

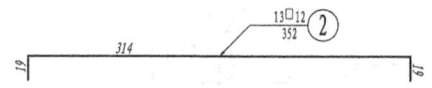

一块盖板的工程数量表

项目	直径	每根长度	根数	重量	混凝土
单位	mm	cm	根	kg	m³
1	□18	349.00	25	174.5	2.4
2	□12	352.00	13	40.6	
3	φ8	636.00	21	52.8	
合计				267.9	

说明：
1. 本图尺寸除钢筋直径以毫米计外，其余均以厘米计。

| ××××××设计院 | ××至××市政道路工程 | K6+461.80盖板暗涵矩形标准板 | 设计 | 复核 | 审核 | 图号 | SIII-4 | 日期 |

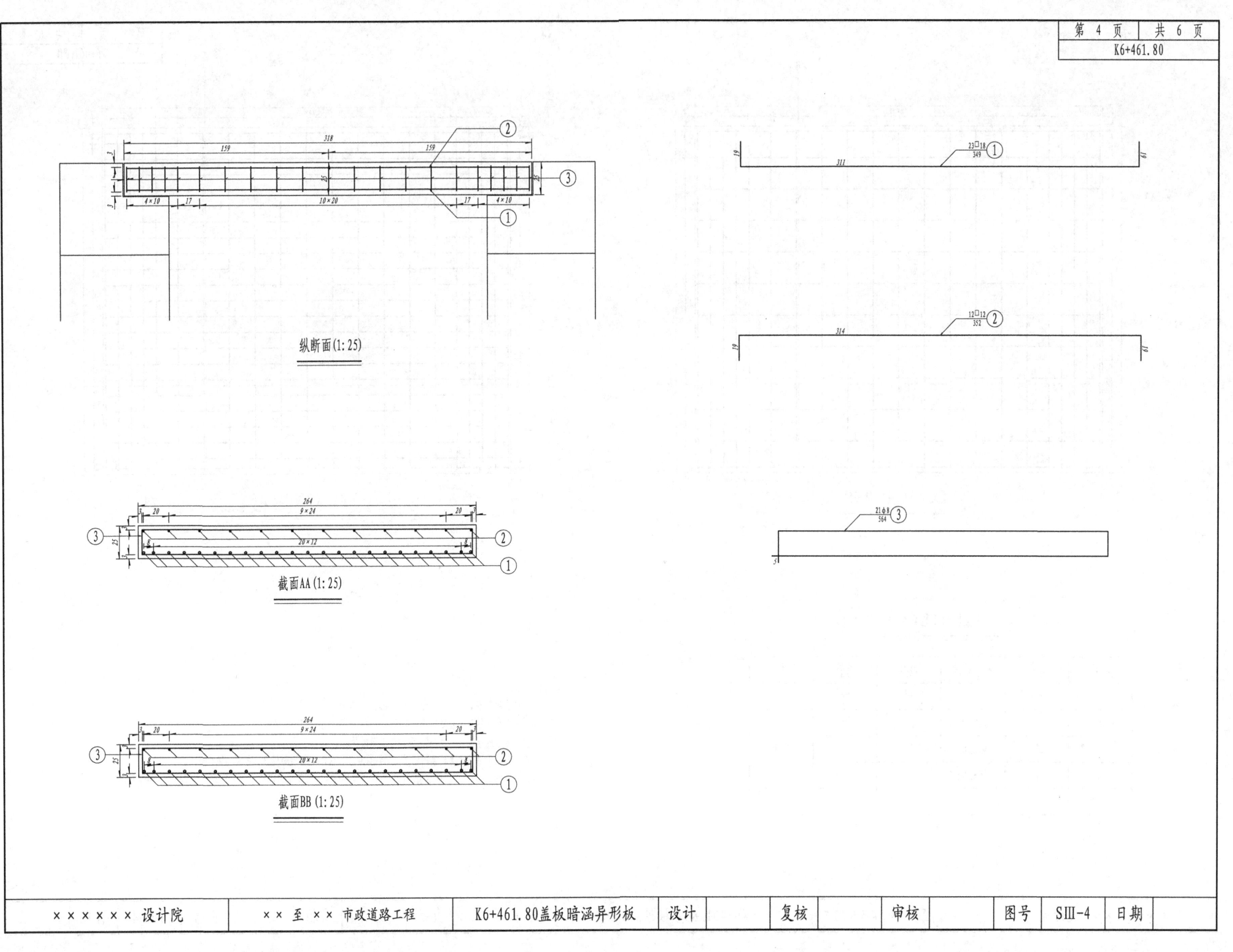

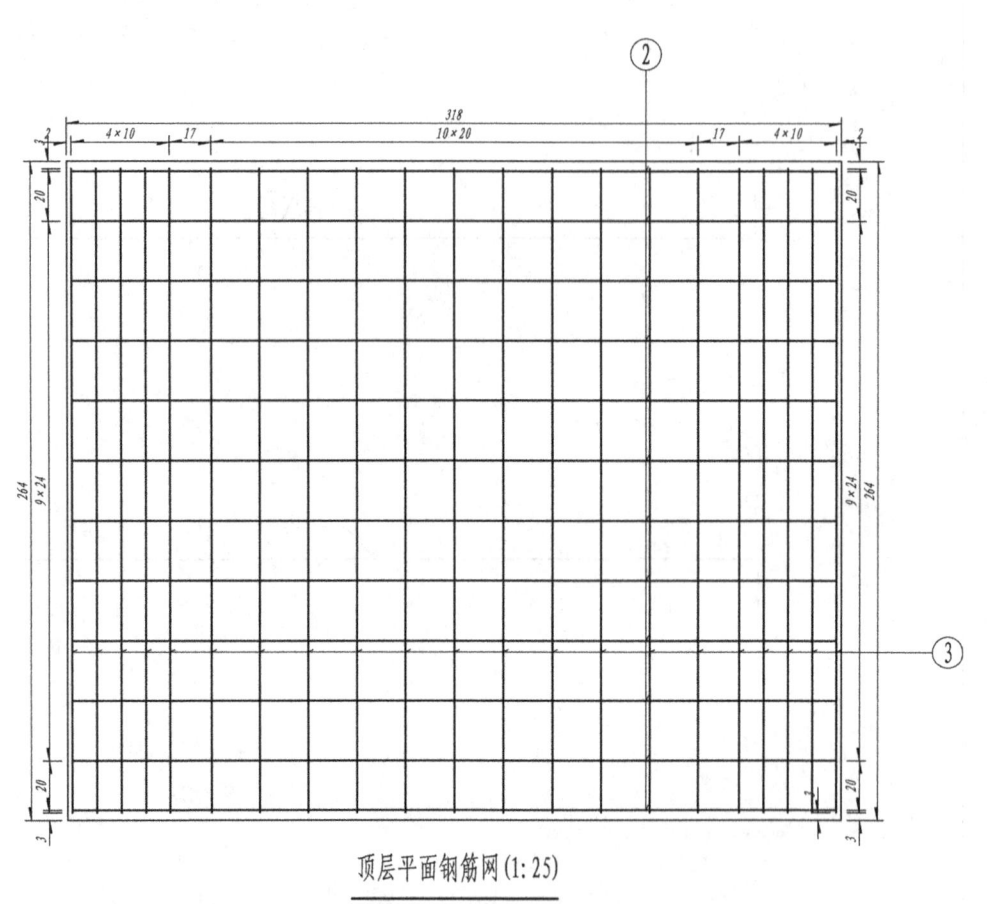

顶层平面钢筋网(1:25)

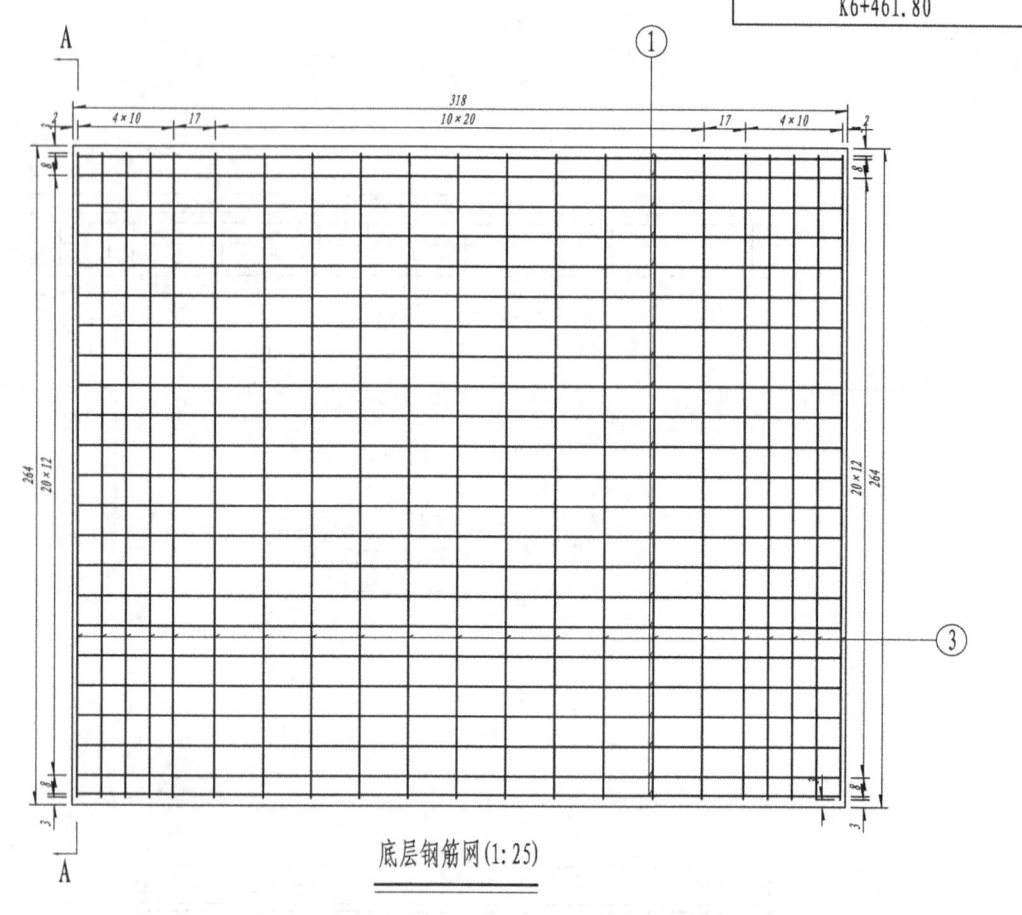

底层钢筋网(1:25)

一块盖板的工程数量表

项目	直径	每根长度	根数	重量	混凝土
单位	mm	cm	根	kg	m³
1	⊡18	349.00	23	160.5	
2	⊡12	352.00	12	37.5	2.1
3	φ8	563.62	21	46.8	
合计				244.8	

说明:
1. 本图尺寸除钢筋直径以毫米计外,其余均以厘米计。
2. 图形中所有钢筋为变长度钢筋,工程数量表中长度为平均值。
3. 盖板与涵台的接头必须用M30水泥砂浆填满抵紧。
4. 本异形板属于桩号为盖板涵的涵洞,涵洞每端各一块,中部矩形板设计另见详图。
5. 板顶钢筋网在A,B断面图中示出,在盖板砼浇至离板顶5~8厘米时,按设计位置放置钢筋网,再继续浇注砼。

| ××××××设计院 | ××至××市政道路工程 | K6+461.80盖板暗涵异形板 | 设计 | 复核 | 审核 | 图号 | SIII-4 | 日期 |

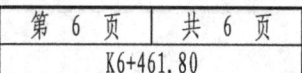

第 6 页　共 6 页
K6+461.80

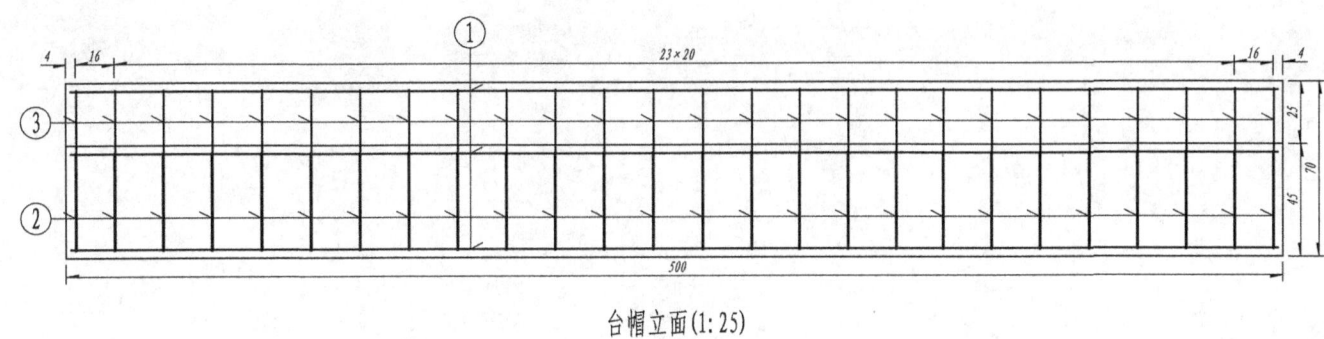

台帽立面(1:25)

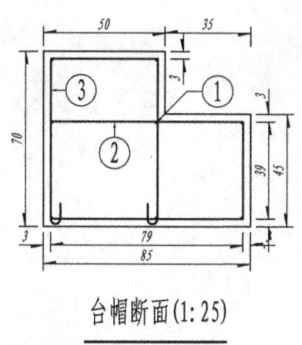

台帽断面(1:25)

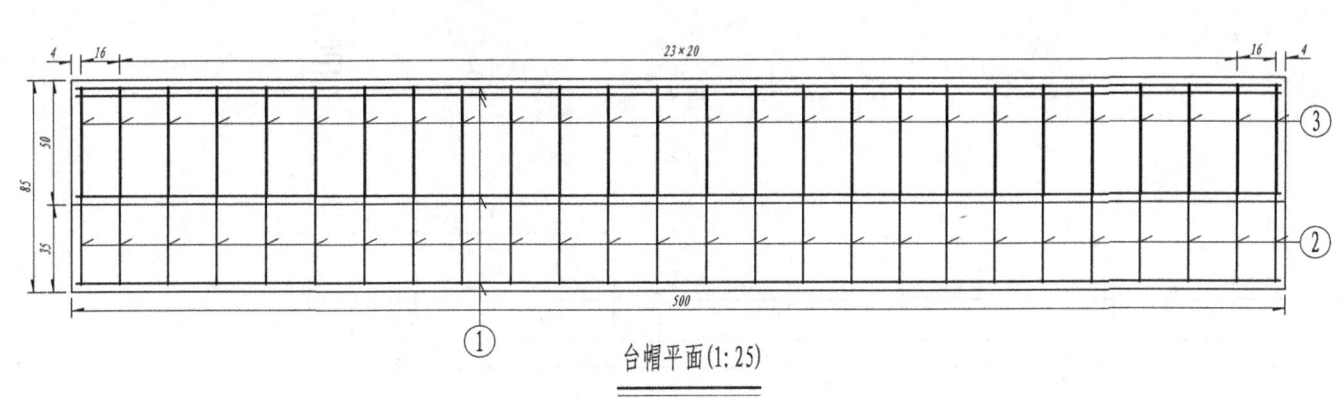

台帽平面(1:25)

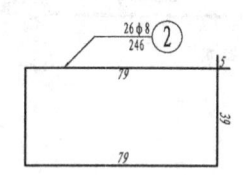

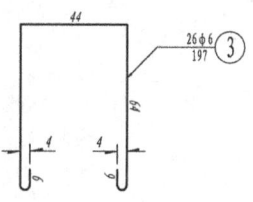

单幅台帽的工程数量表

项目	直径	每根长度	根数	重量	混凝土
单位	mm	cm	根	kg	m³
1	φ8	496.00	8	15.7	
2	φ8	246.00	26	25.3	2.5
3	φ6	196.57	26	11.3	
合计				52.3	

说明：
1. 本图尺寸均以厘米计。

| ××××× 设计院 | ×× 至 ×× 市政道路工程 | K6+461.80盖板涵台帽 | 设计 | 复核 | 审核 | 图号 | SⅢ-4 | 日期 |

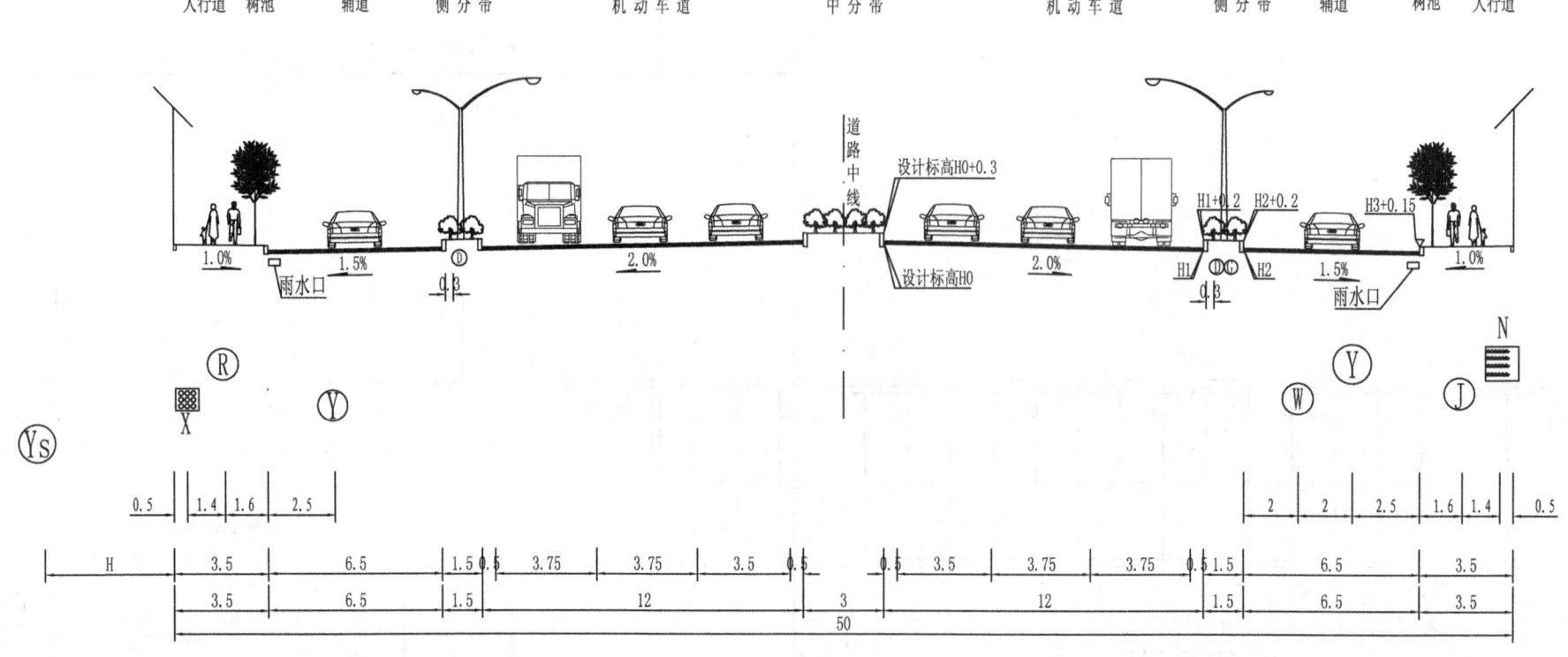

说明:
1. 本图尺寸除注明尺寸外,其余均以米计。
2. 管线之间净距不足者加套管予以保护。
3. 树池内不宜布置根系粗大的乔木。
4. 有线电视电缆和通信电缆共沟敷设。
5. 图中路灯样式仅为示意。
6. 山岭段路面雨水通过雨水口排入雨水边沟,暂不考虑污水。
7. 本图适用于桩号K6+000～K11+000、K11+000～K19+020段。
8. 源水管Ys在桩号K8+450附近横穿道路后沿道路南侧河岸敷设。

| ××××××设计院 | ××至××市政道路工程 | 管位标准横断面图 | 设计 | 复核 | 审核 | 图号 SV-1-1 | 日期 |

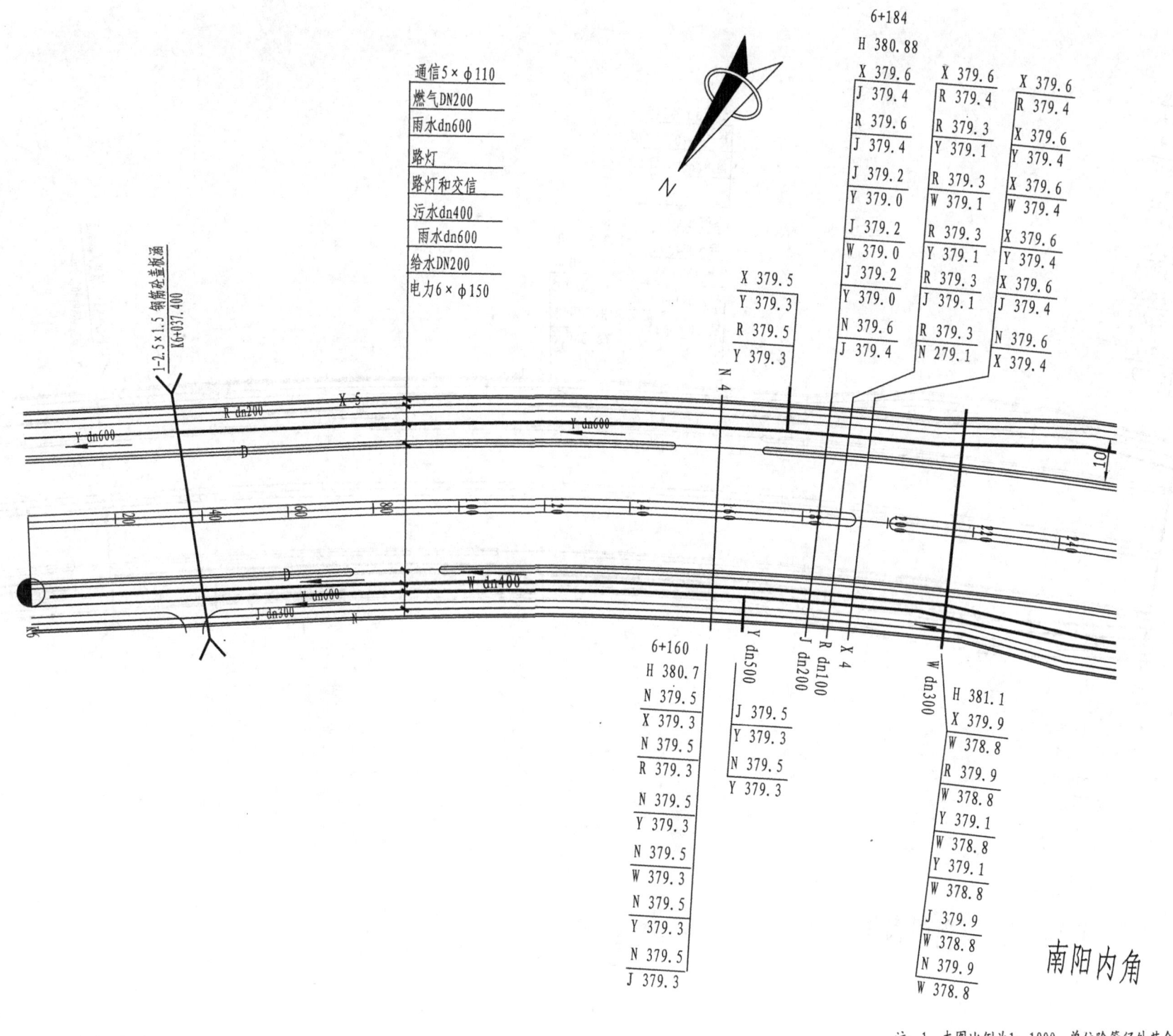

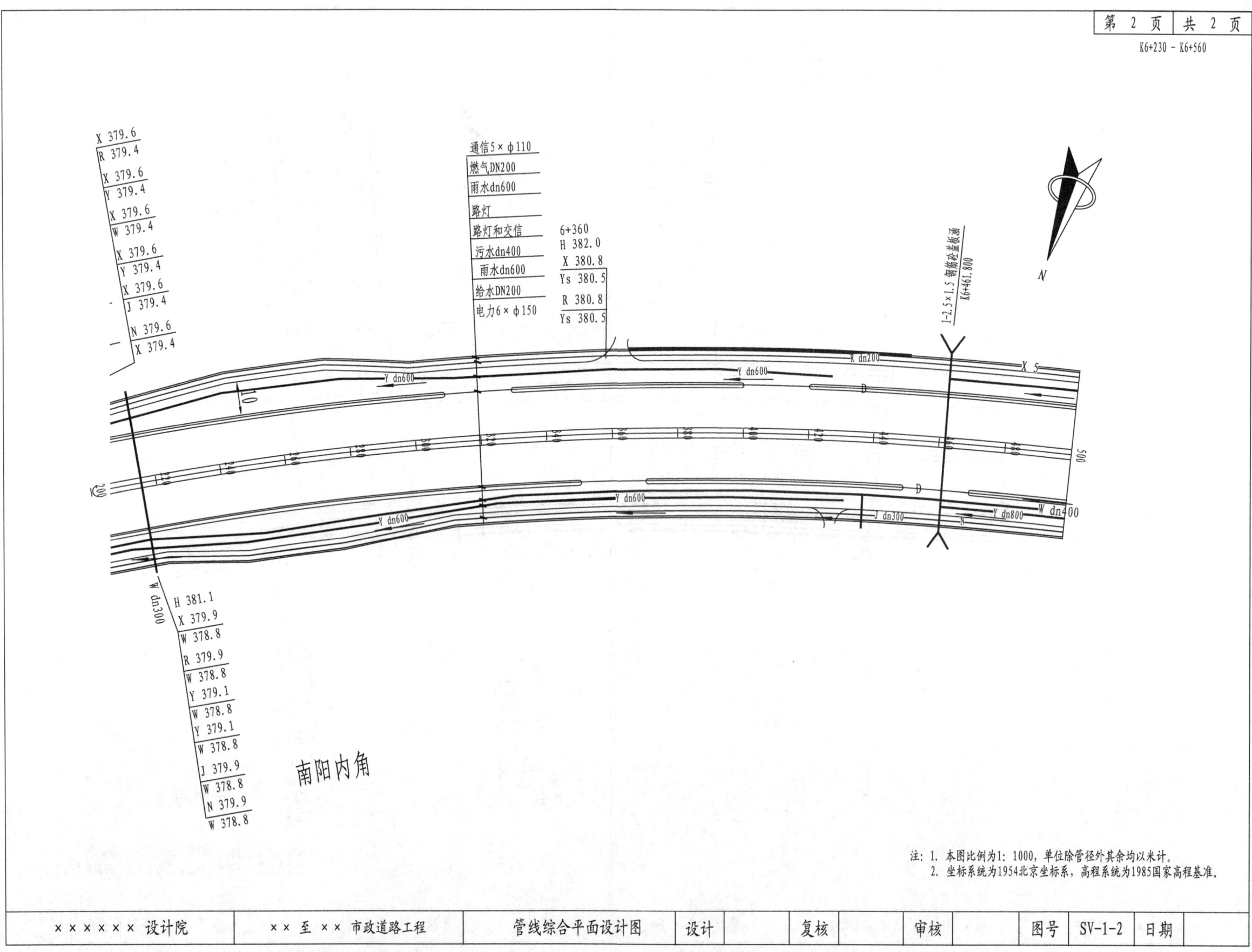

序号	平面	断面	名称
1	—Y d800—	Y ○	雨水管道管 管径800毫米
2	—TD 2.0X1.0—	TD ▭	人行通道 断面2.0x1.0米
3	—W dn300—	W ○	污水管道 管径300毫米
4	—X 12—	X ▣	电讯管道 12根管径110
5	—J DN400—	J ○	给水管道 管径400毫米
6	—N—	N ▣	电力电缆 毫米
7	—R DN200—	R ○	燃气管道 管径200毫米
8	—Ys DN1000—	Ys ○	源水管道
9	略	○ L	路灯电缆 毫米
10	略	○ G	交通信号缆

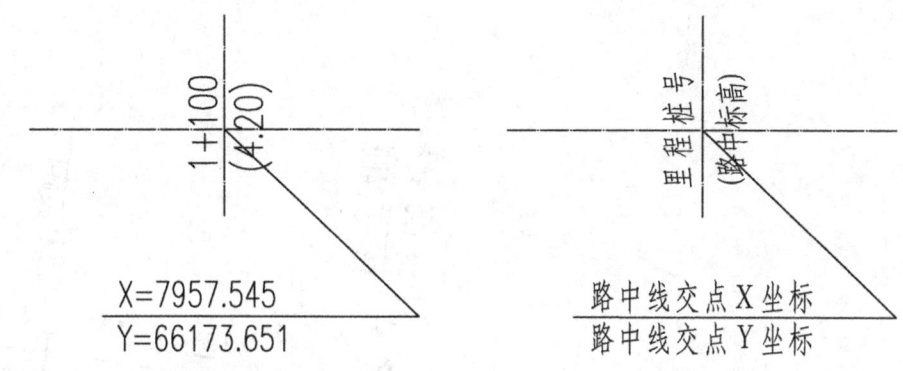

路中线交点X坐标
路中线交点Y坐标

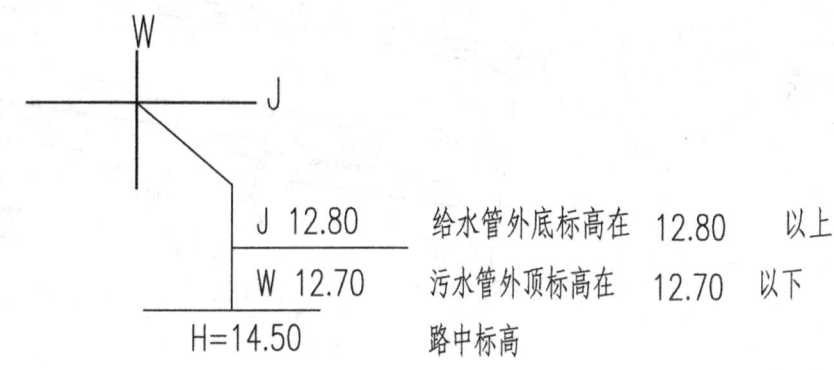

J 12.80　给水管外底标高在 12.80 以上
W 12.70　污水管外顶标高在 12.70 以下
H=14.50　路中标高

注：1.图注尺寸单位管径以毫米计。

管线综合图例　图号 SV-1-3

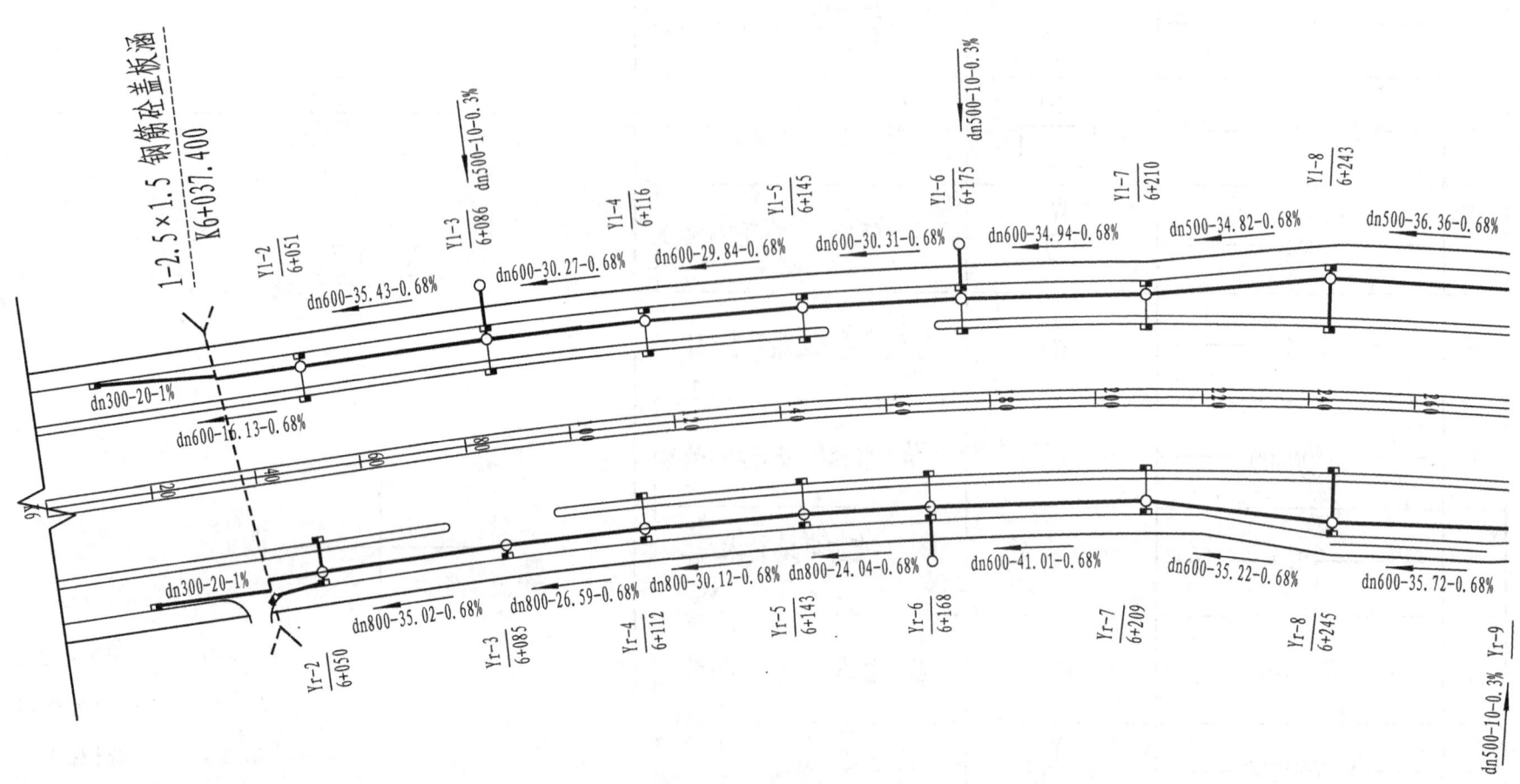

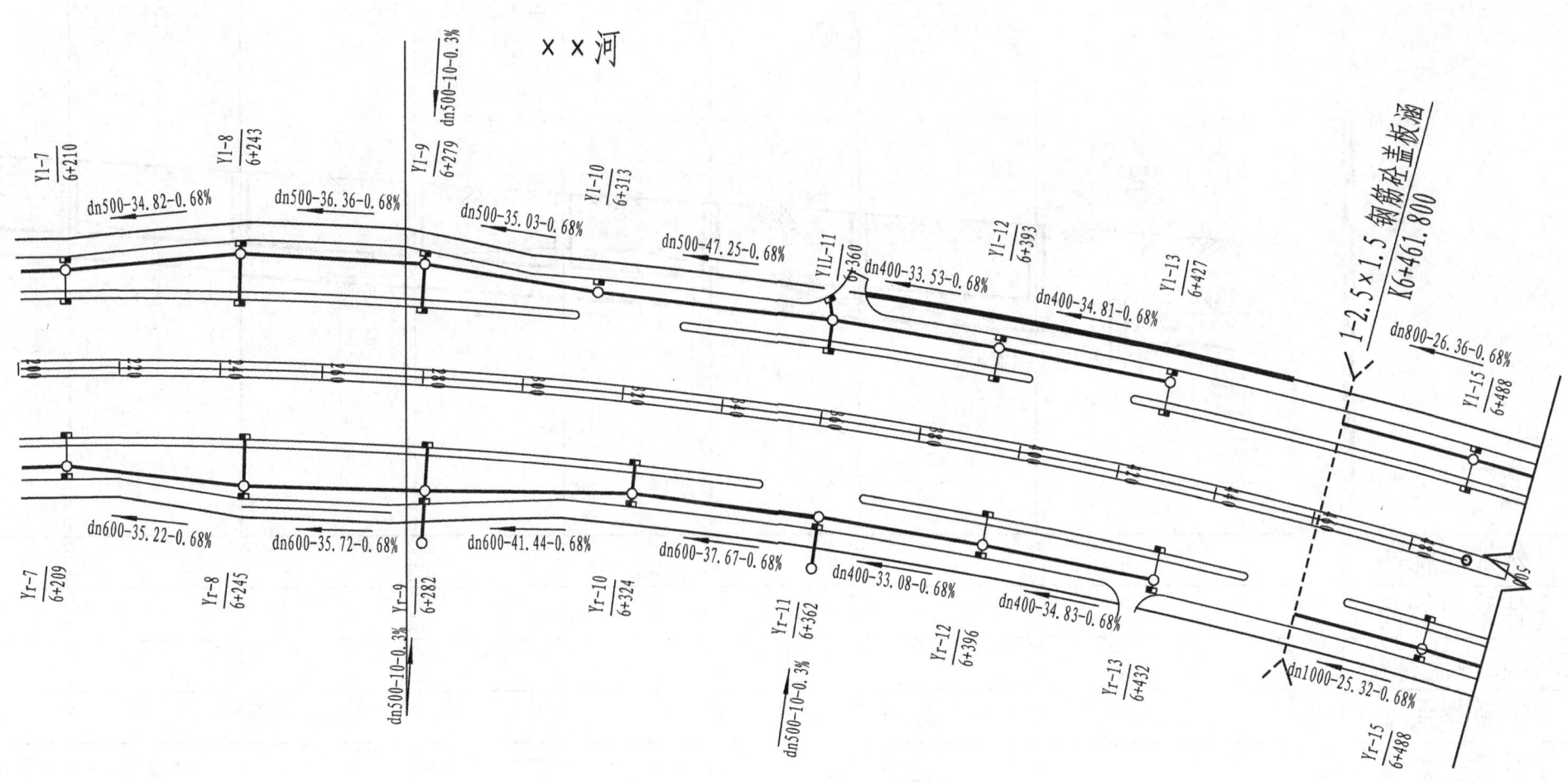

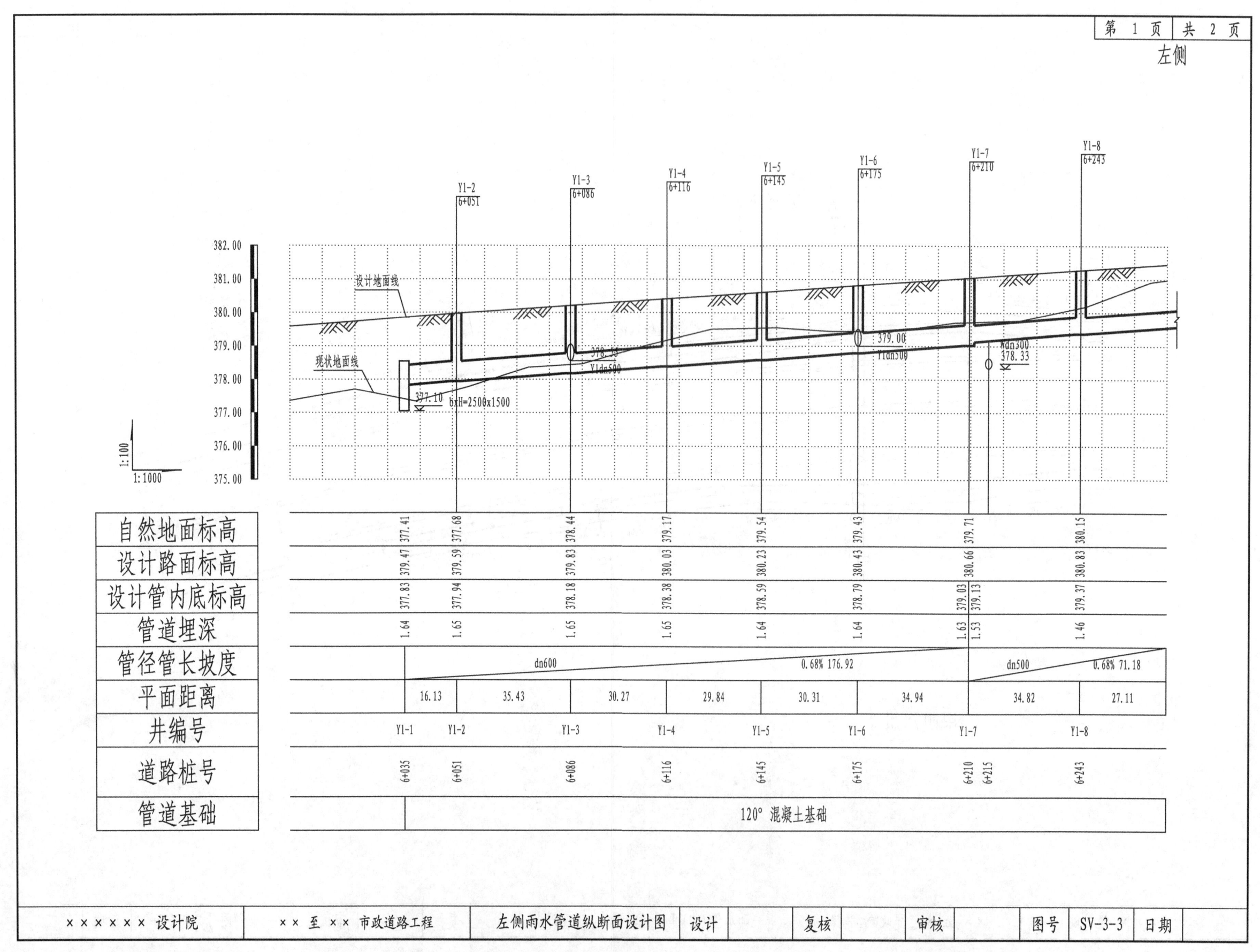

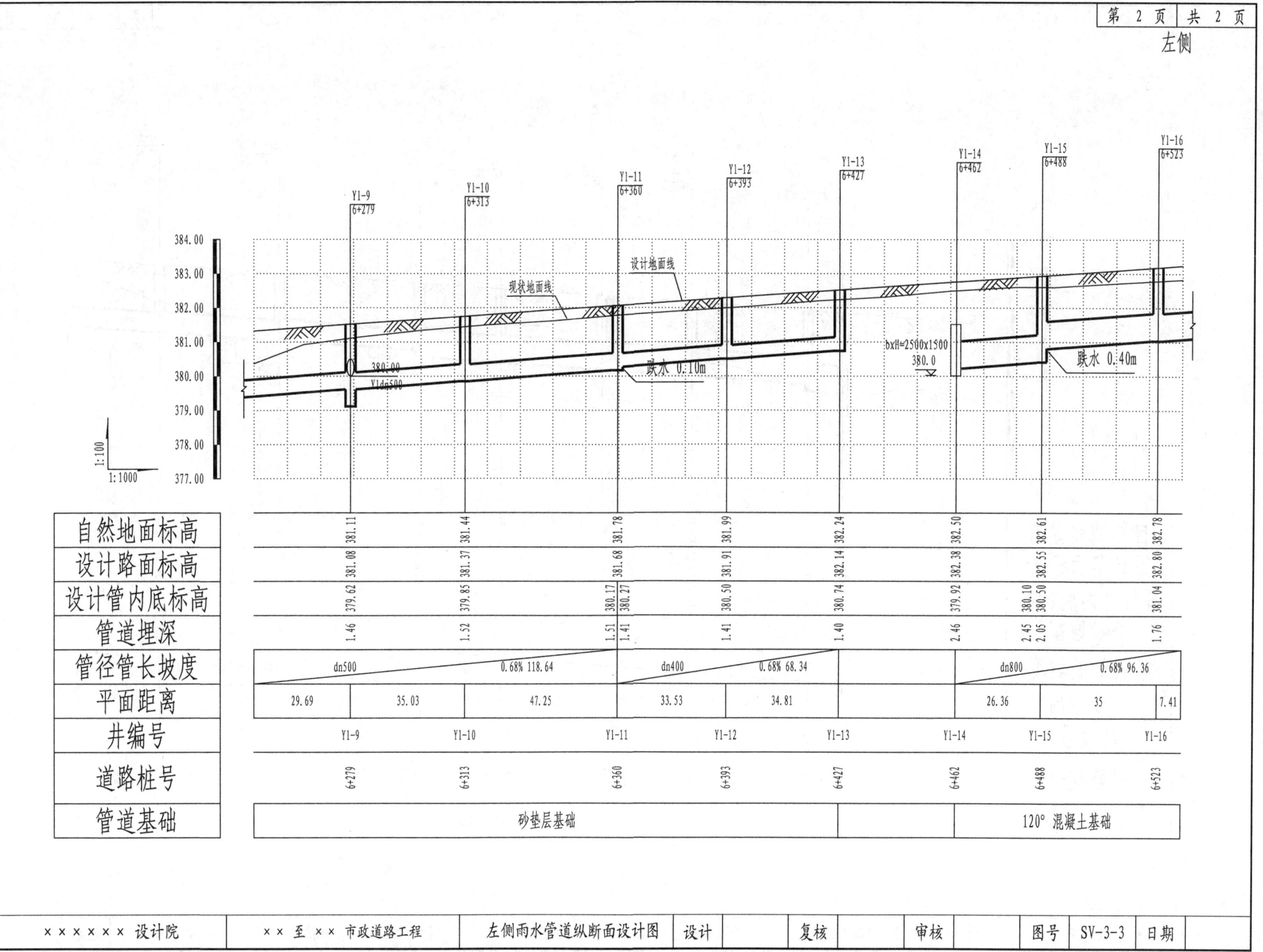

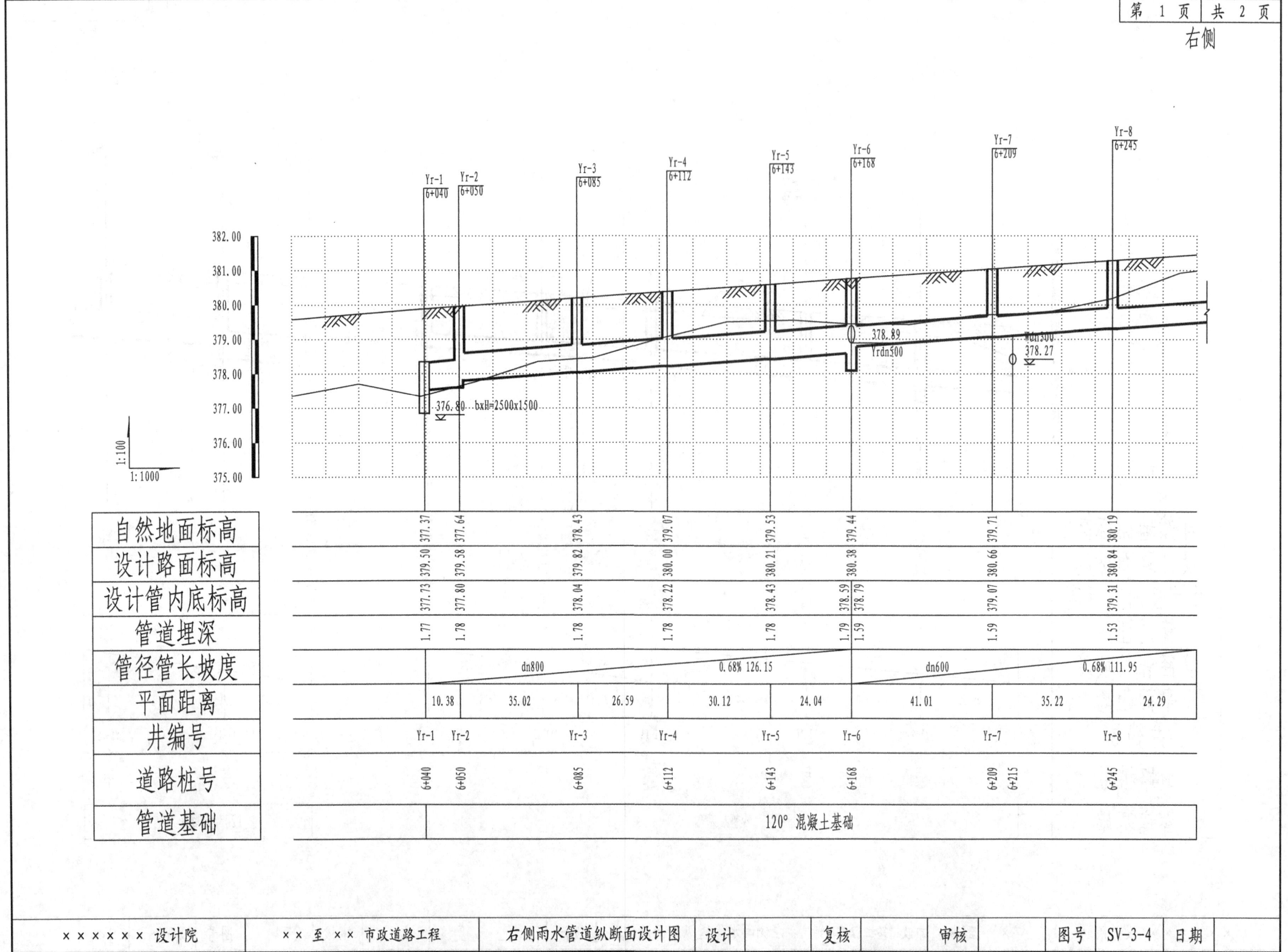

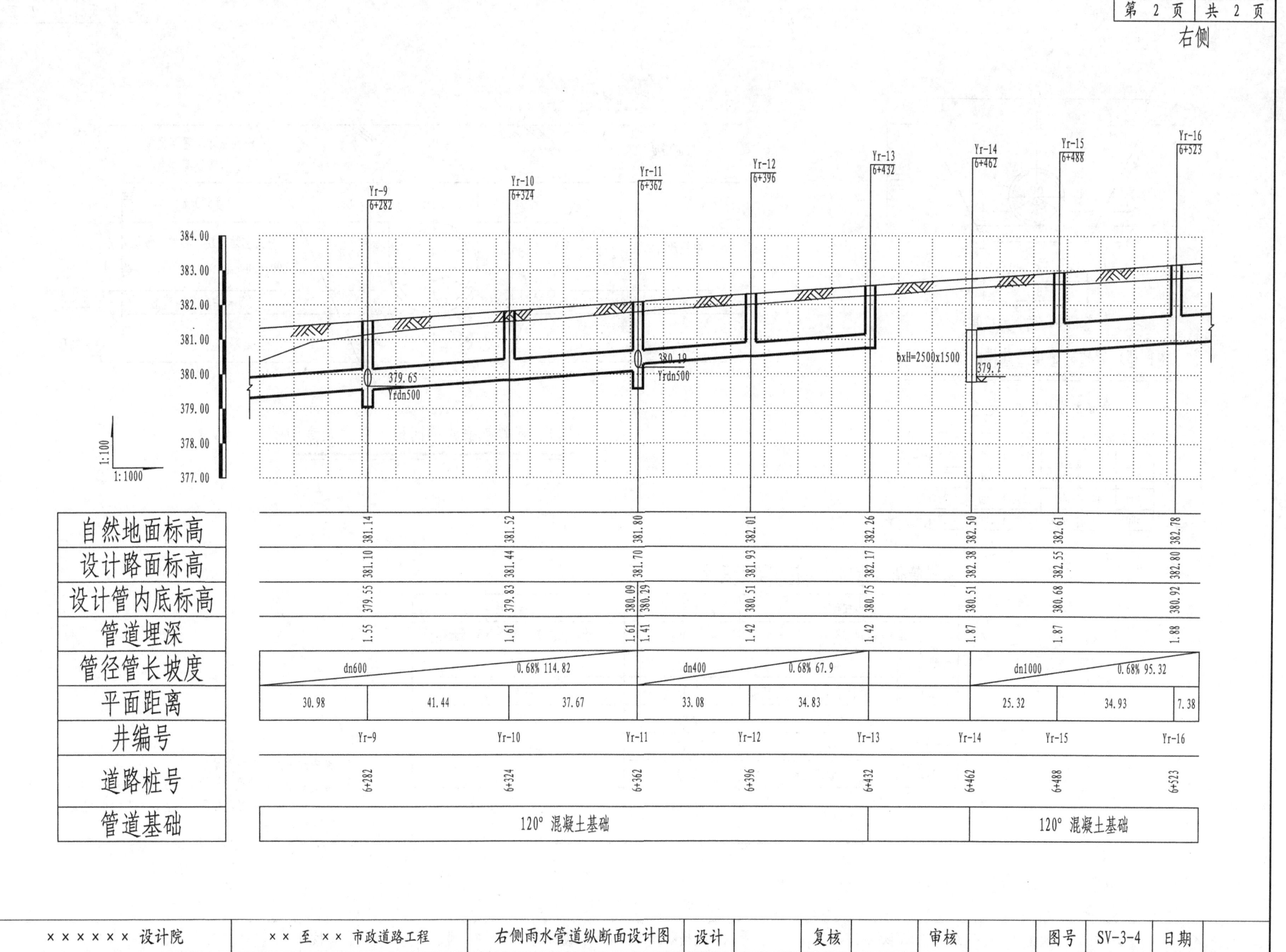

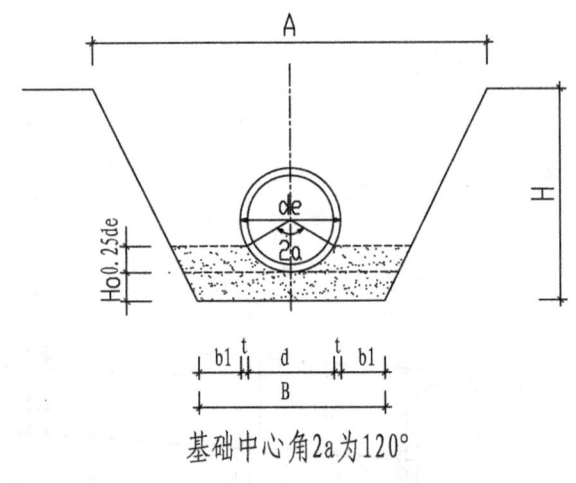

图1 塑料管道砂垫层基础横断面示意图

基础中心角2a为120°

管道断面规格表（毫米）

管内径 d	管壁厚 t	b1	B	H0	0.25de
300	30	400	1160	200	90
400	40	400	1280	200	120
500	50	400	1400	200	150

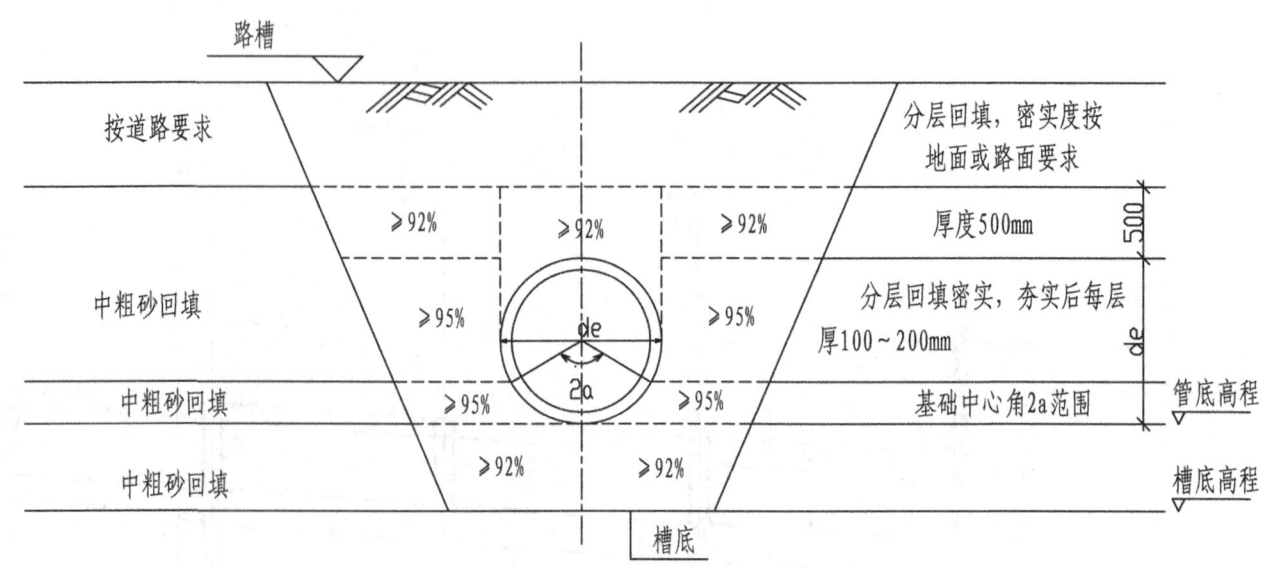

图2 塑料管道沟槽回填土要求示意图

塑料管道沟槽回填土压实系数要求

槽内部位		最佳压实度（%）	回填土质
超挖部分		≥95%	砂石料或最大粒径小于40mm碎石
管道基础	管底以下	≥92%	中粗砂
	敷设基础中心角2a范围	≥95%	中粗砂
	管道两侧	≥95%	
管侧及管顶以上 0.5m范围	管道两侧	≥92%	中粗砂
	管道上部	≥92%	
管顶0.5m以上		按地面或道路要求	按道路要求

说明：

1. 图中规格尺寸单位为毫米。
2. 管道基础做法参见《埋地塑料排水管道施工》（04S520-57）。
3. 管槽处于路基范围内路基填方至管顶以上50cm左右，开挖埋管，应注意避免超挖。
4. m值根据规范、地质情况及施工单位经验确定，建议采用0.75。

××××××设计院	××至××市政道路工程	管基开挖横断面图	设计	复核	审核	图号 SV-3-5
						日期

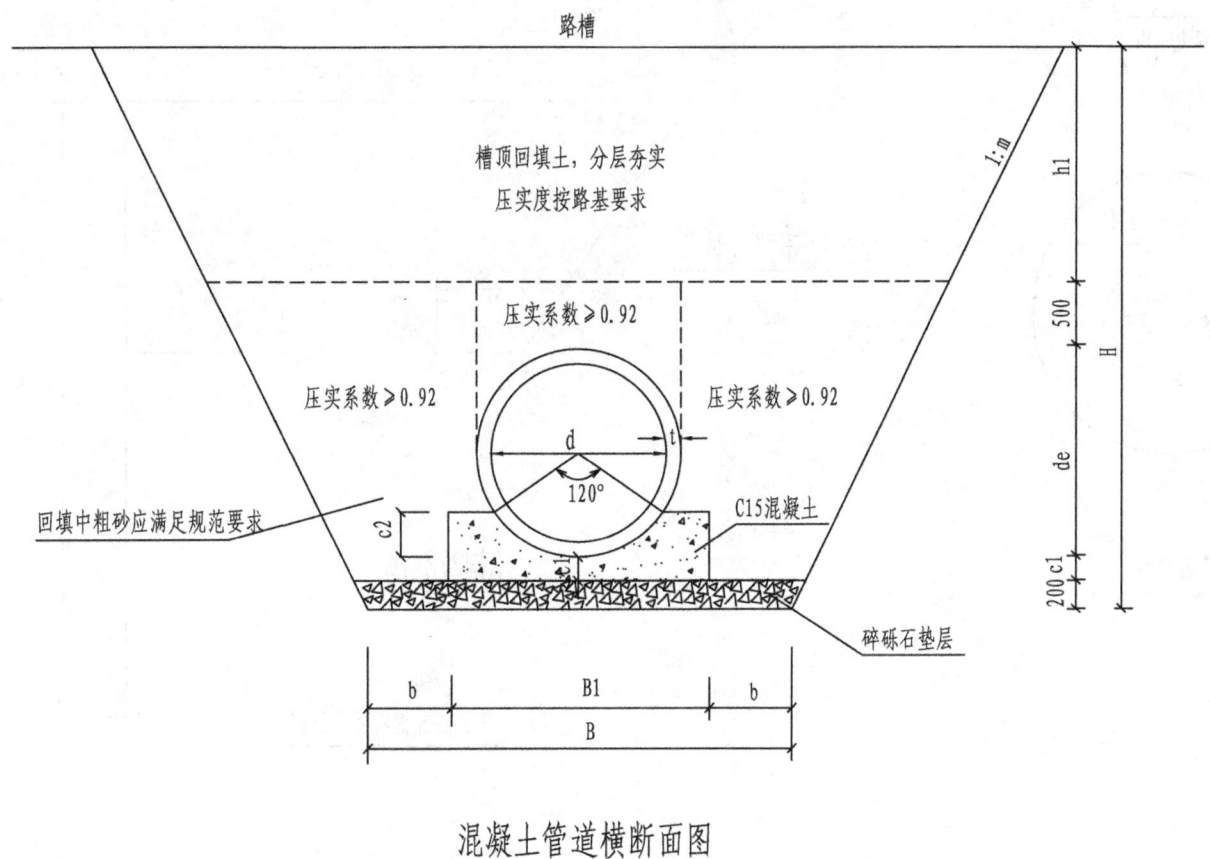

混凝土管道横断面图

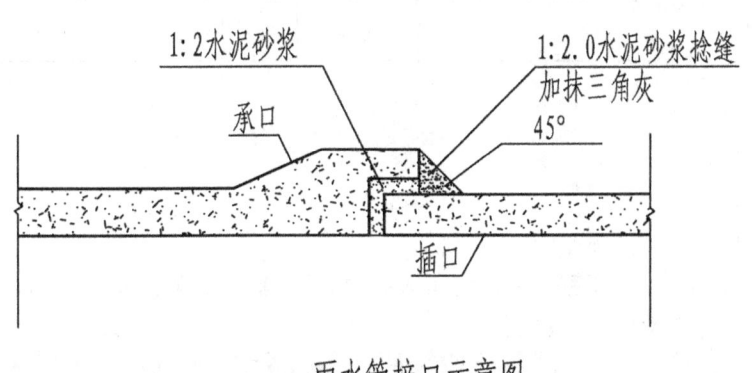

雨水管接口示意图

管道断面规格表（毫米）

管径d	B	B1	b	c1	c2	de	t
600	1820	920	450	100	180	720	60
800	2200	1200	500	120	240	960	80
1000	2700	1500	600	150	300	1200	100
1200	3000	1800	600	180	360	1440	120
1350	3226	2026	600	203	405	1620	135

（表中管壁厚度t仅供参考，以实际产品为准。适用于120°砼基础。）

说明：

1. 图中规格尺寸单位为毫米。
2. 雨水管道每20~25m管段长度应设置一个柔性接口，柔性接口部位的现浇混凝土基础应用变形缝分离。
3. 管槽处于路基范围内路基填方至管顶以上50cm左右，开挖埋管，应注意避免超挖。
4. m值根据规范、地质情况及施工单位经验确定，建议采用0.75。

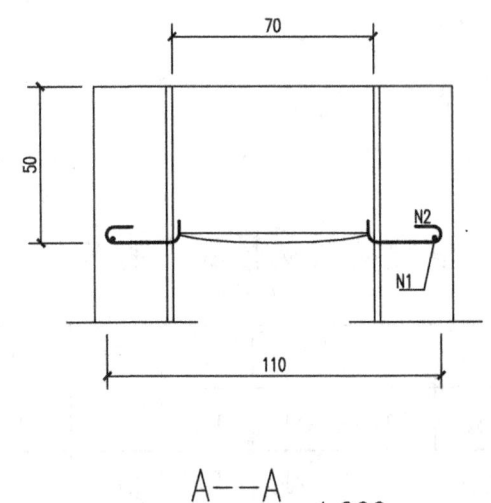

A--A 1:200

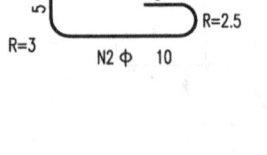

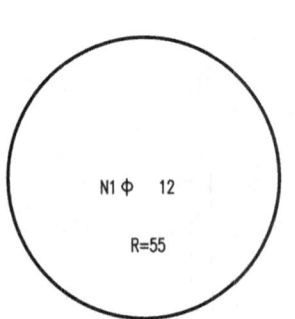

钢筋简图

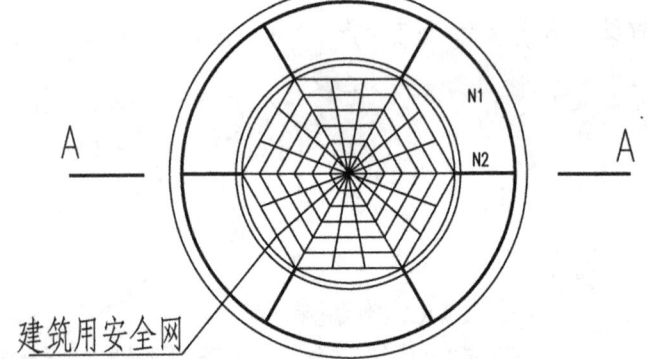

建筑用安全网

井筒安全网平面图 1:200

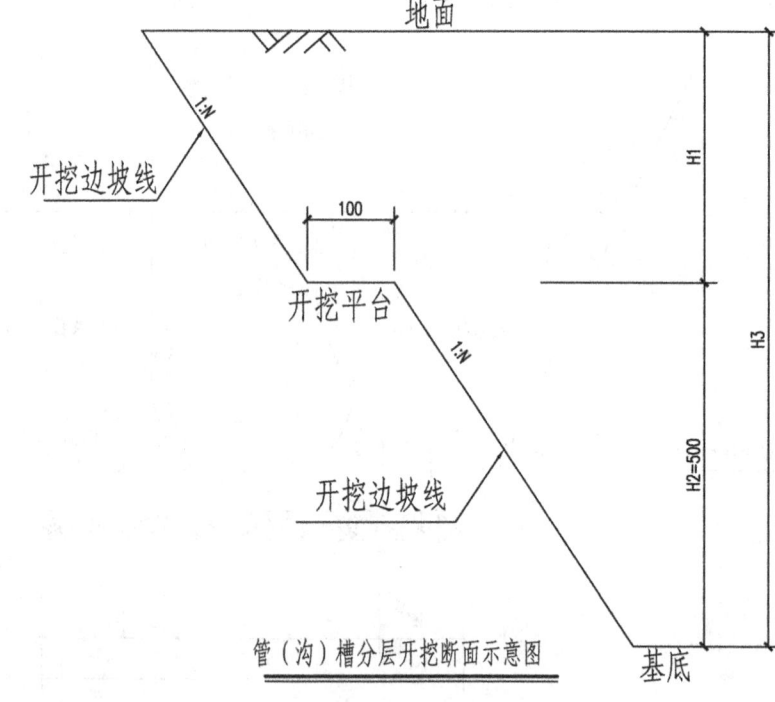

管（沟）槽分层开挖断面示意图

钢筋编号	型号	单根长度	单位重量	总计	安全网
N1	φ12	3.5	0.888kg/m	3.115kg	1块
N2	φ10	0.36	0.617kg/m	0.222kg	

说明：
1. 尺寸单位为厘米。
2. N1、N2钢筋可预制成片，砌入井筒内，露出弯钩头，钢筋涂防锈漆两道。
3. 井深大于4米时设安全网。
4. 槽深大于5米时采用分层开挖断面型式，台阶宽度为1米时，上层基槽开挖坡度比同下层。

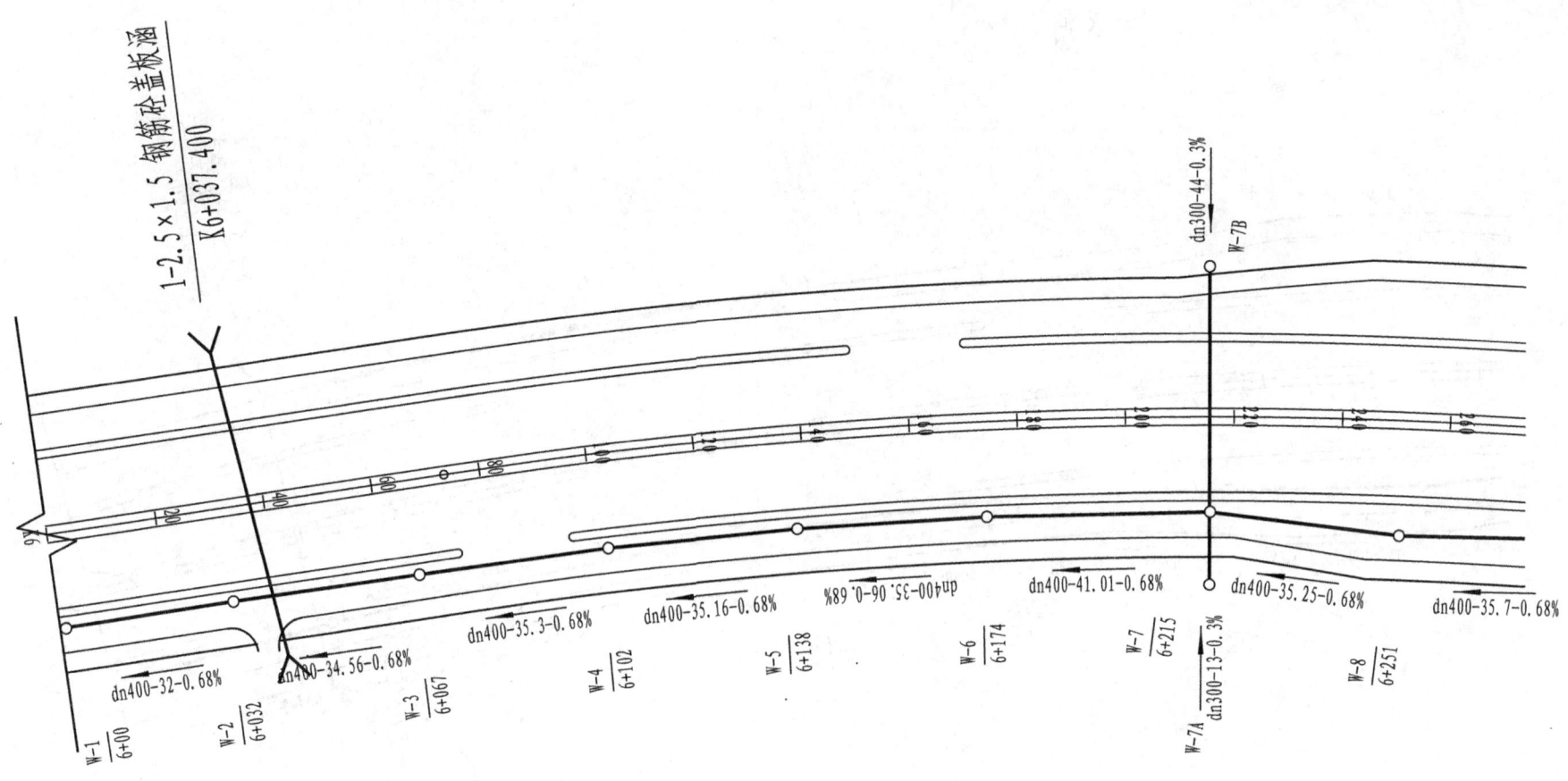

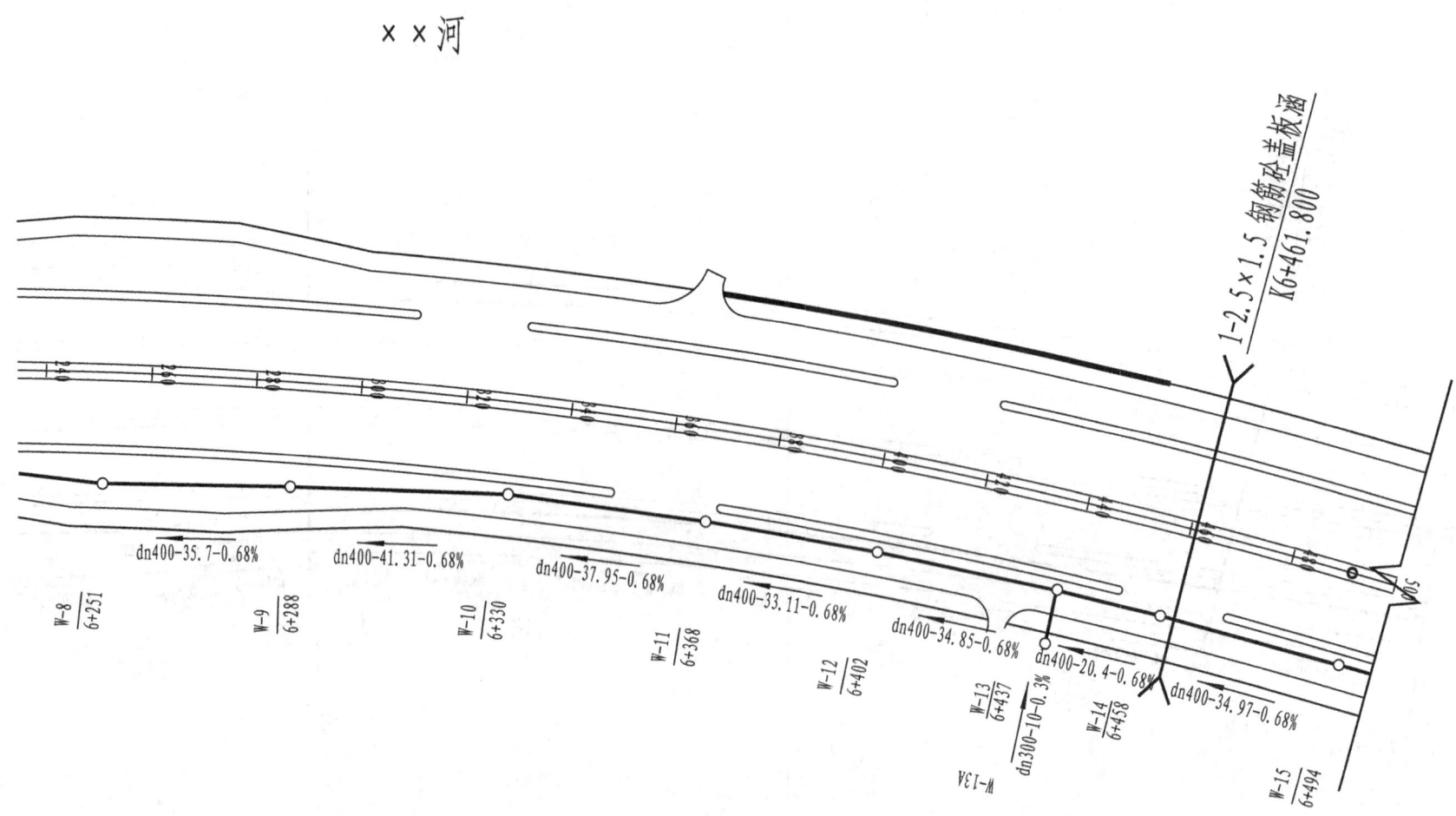

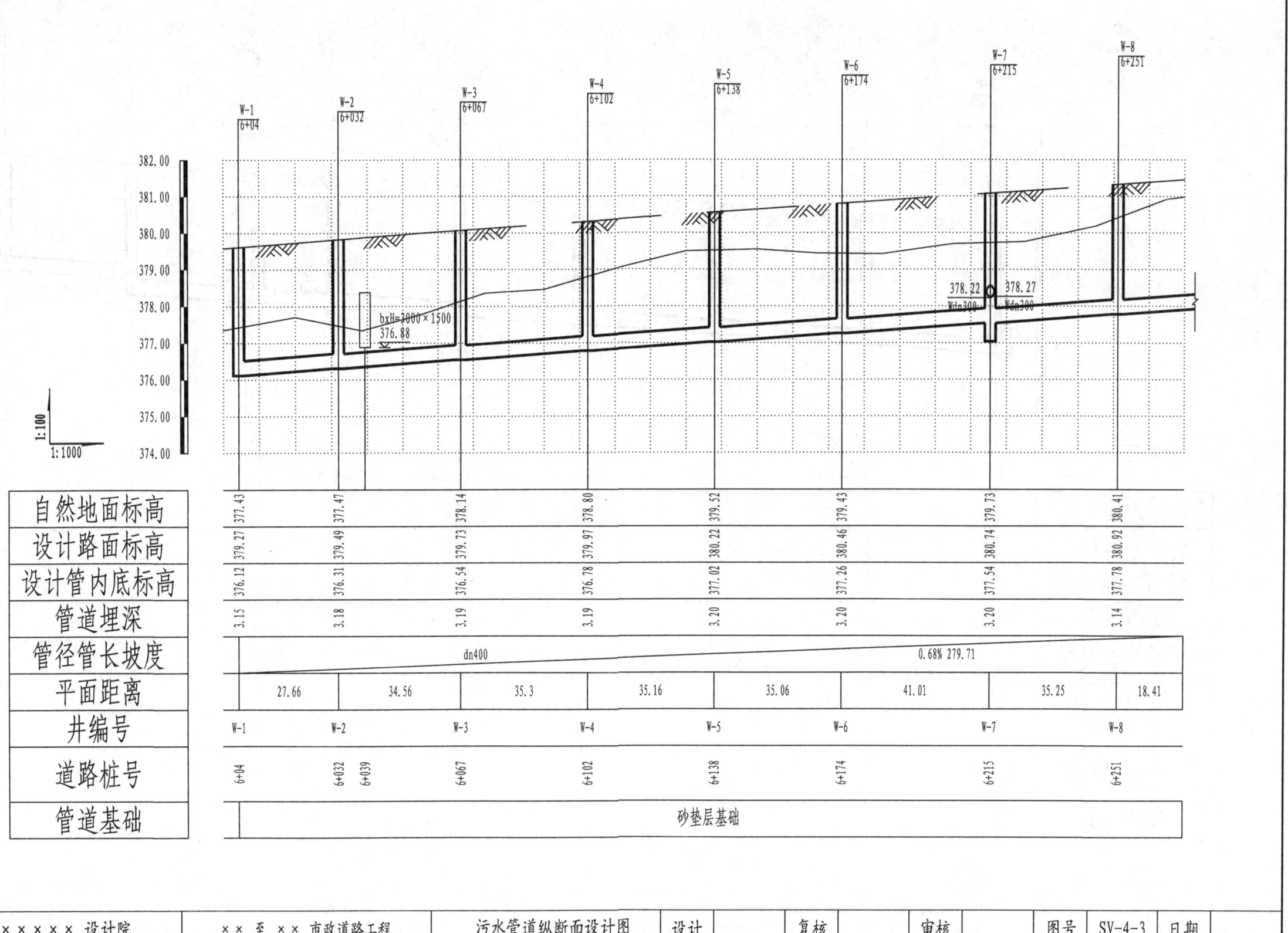

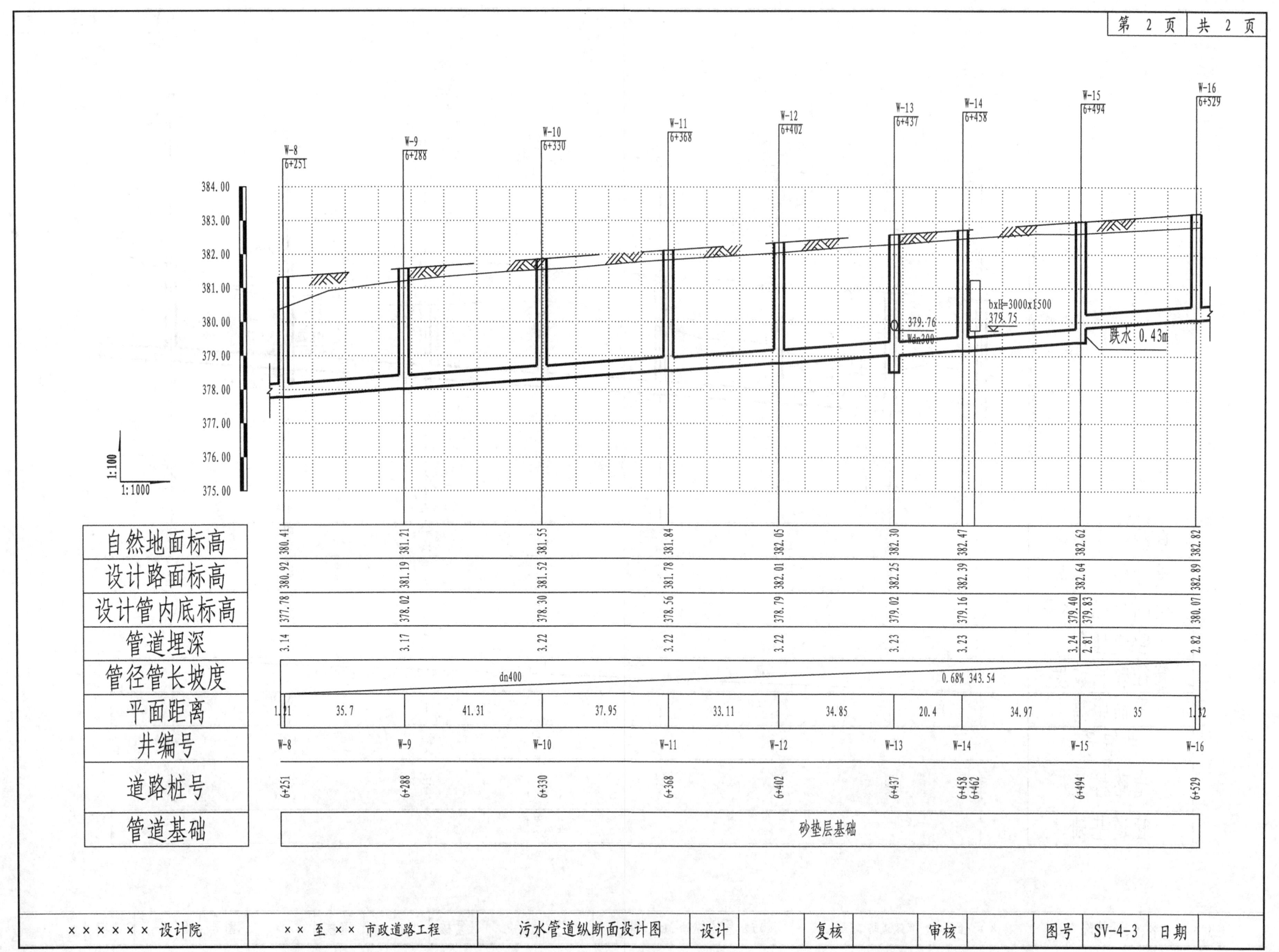

第 1 页 共 3 页

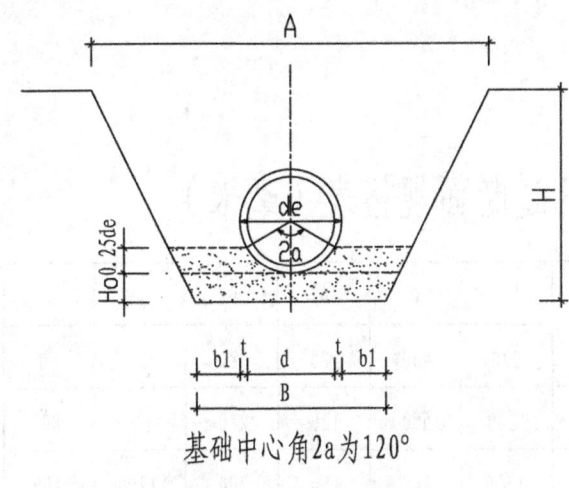

图1 塑料管道砂垫层基础横断面示意图

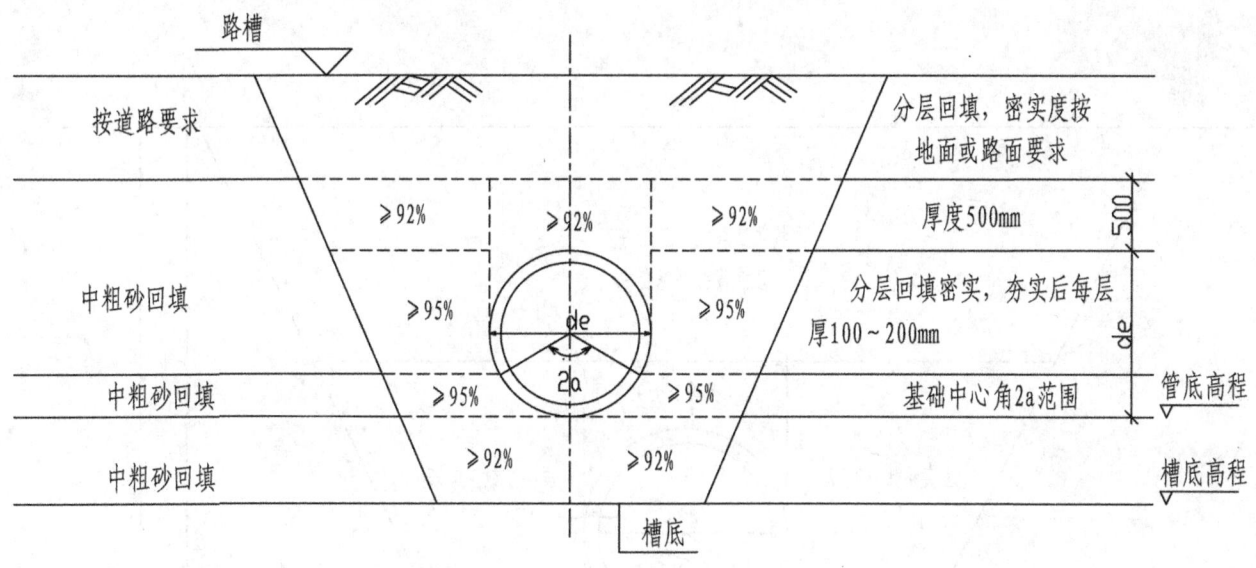

图2 塑料管道沟槽回填土要求示意图

管道断面规格表（毫米）

管内径 d	管壁厚 t	b1	B	H0	0.25de
300	30	400	1160	200	90
400	40	400	1280	200	120
500	50	400	1400	200	150

塑料管道沟槽回填土压实系数要求

槽内部位		最佳压实度（%）	回填土质
超挖部分		≥95%	砂石料或最大粒径小于40mm碎石
管道基础	管底以下	≥92%	中粗砂
	敷设基础中心角2a范围	≥95%	中粗砂
	管道两侧	≥95%	
管侧及管顶以上0.5m范围	管道两侧	≥92%	中粗砂
	管道上部	≥92%	
管顶0.5m以上		按地面或道路要求	按道路要求

说明：
1. 图中规格尺寸单位为毫米。
2. 管道基础做法参见《埋地塑料排水管道施工》（04S520-57）。
3. 管槽处于路基范围内路基填方至管顶以上50cm左右，开挖埋管，应注意避免超挖。
4. m值根据规范、地质情况及施工单位经验确定，建议采用0.75。

| ××××××设计院 | ××至××市政道路工程 | 管基开挖横断面图 | 设计 | | 复核 | | 审核 | | 图号 | SV-4-4 | 日期 |

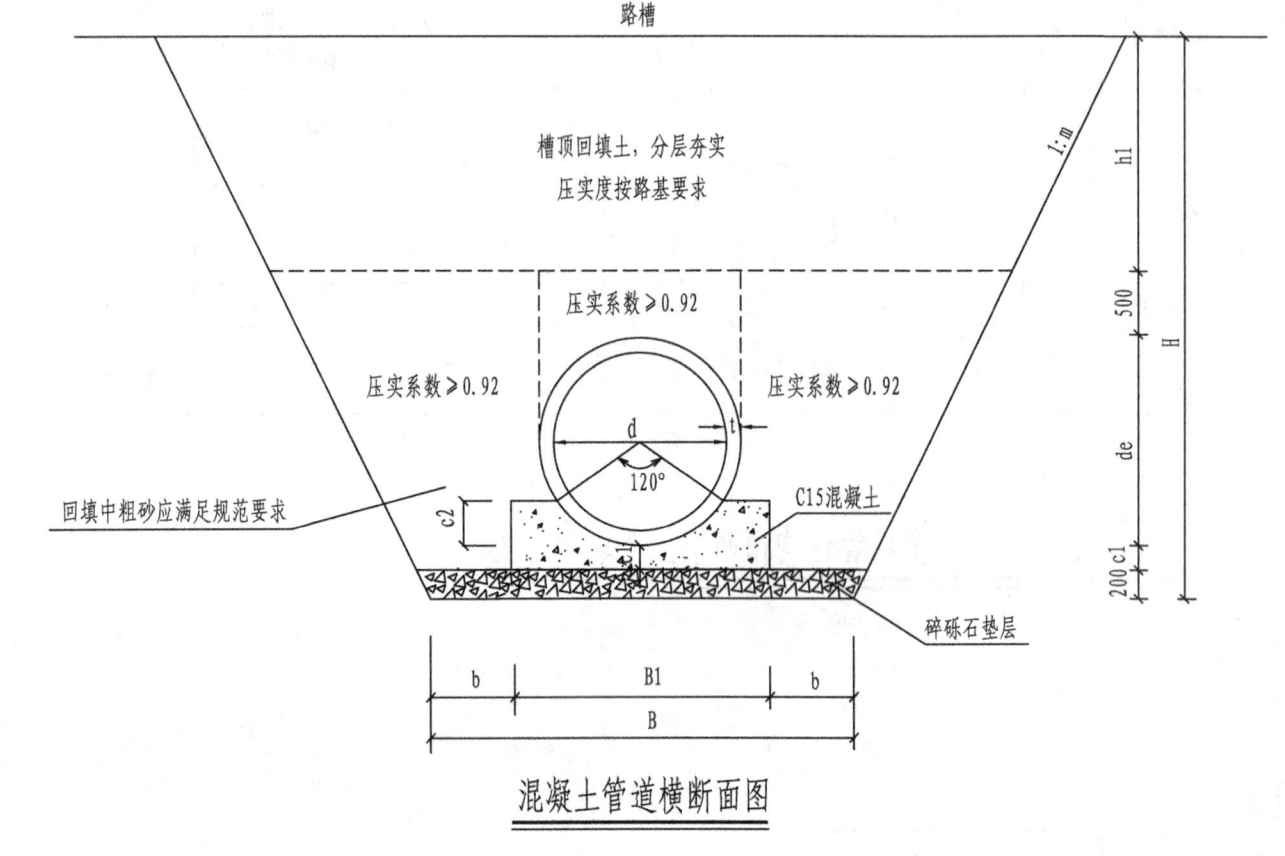

混凝土管道横断面图

管道接口示意图

管道断面规格表（毫米）

管径d	B	B1	b	c1	c2	de	t
600	1820	920	450	100	180	720	60
800	2200	1200	500	120	240	960	80
1000	2700	1500	600	150	300	1200	100

（表中管壁厚度t仅供参考，以实际产品为准。适用于120°砼基础。）

说明：
1. 图中规格尺寸单位为毫米。
2. 管道每20m～25m管段长度应设置一个柔性接口，柔性接口部位的现浇混凝土基础应用变形缝分离。
3. 管槽处于路基范围内路基填方至管顶以上50cm左右，开挖埋管，应注意避免超挖。
4. m值根据规范、地质情况及施工单位经验确定，建议采用0.75。

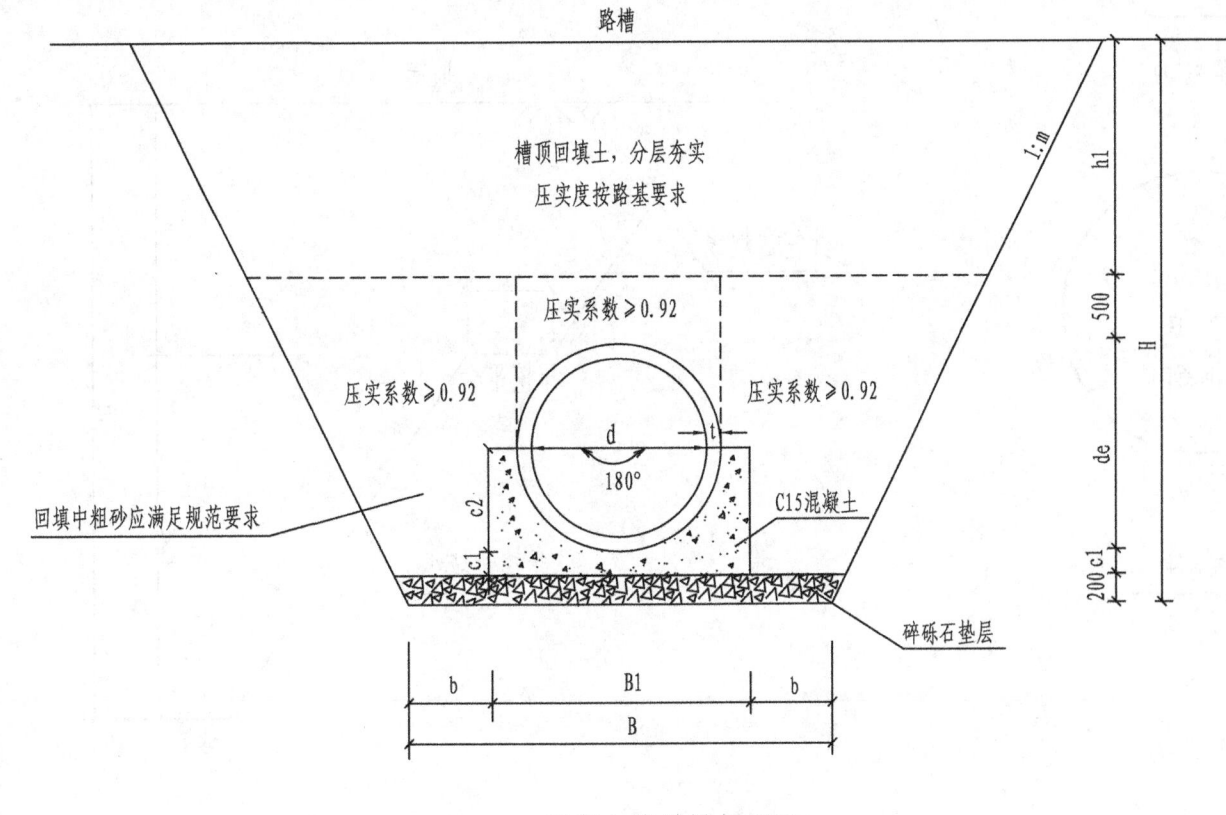

混凝土管道横断面图

管道接口示意图

管道断面规格表（毫米）

管径d	B	B1	b	c1	c2	de	t
600	1820	920	450	100	360	720	60
800	2200	1200	500	120	480	960	80
1000	2700	1500	600	150	600	1200	100

（表中管壁厚度t仅供参考，以实际产品为准。适用于180°砼基础。）

说明：
1. 图中规格尺寸单位为毫米。
2. 管道管道覆土厚度大于5.0m时，采用180°管基形式。
3. 管道每20m～25m管段长度应设置一个柔性接口，柔性接口部位的现浇混凝土基础应用变形缝分离。
4. 管槽处于路基范围内路基填方至管顶以上50cm左右，开挖埋管，应注意避免超挖。
5. m值根据规范、地质情况及施工单位经验确定，建议采用0.75。

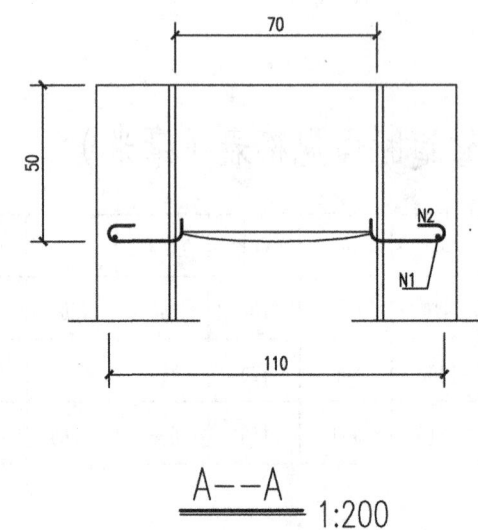

A—A 1:200

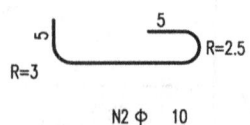

N2 φ 10

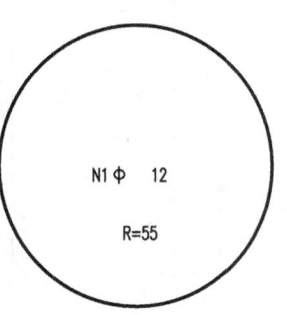

钢筋简图

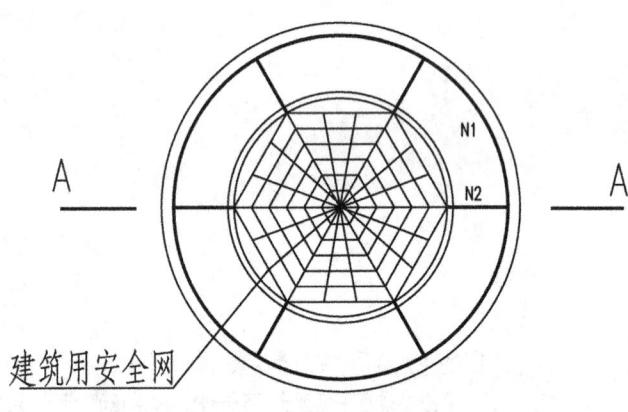

建筑用安全网

井筒安全网平面图 1:200

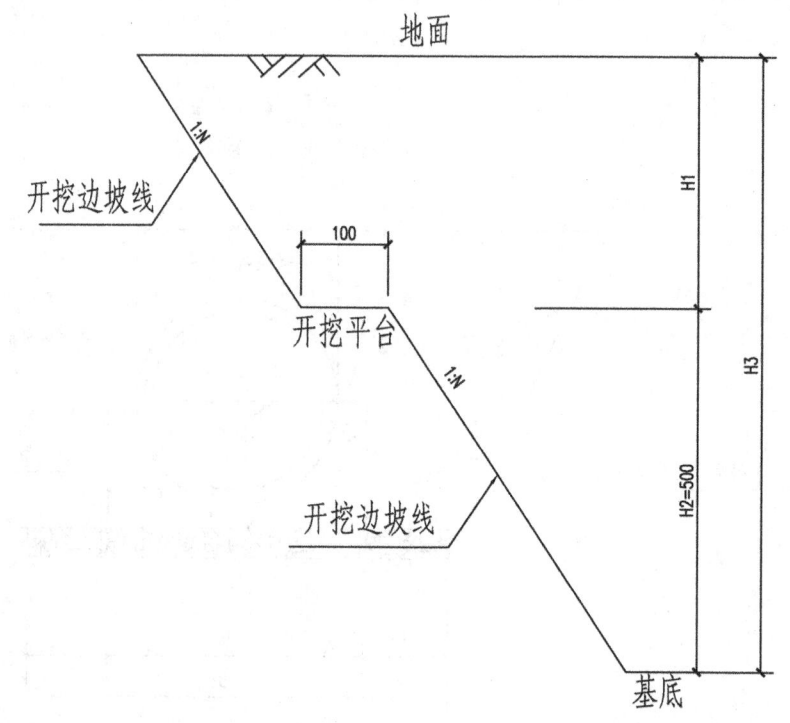

管（沟）槽分层开挖断面示意图

说明：

1. 尺寸单位为厘米。
2. N1、N2钢筋可预制成片，砌入井筒内，露出弯钩头，钢筋涂防锈漆两道。
3. 井深大于4米设安全网。
4. 槽深大于5米时采用分层开挖断面型式，台阶宽度为1米时，上层基槽开挖坡度比同下层。

钢筋编号	型号	单根长度	根数	延米重量	总计	安全网
N1	φ12	3.5	1	0.888kg/m	3.115kg/根	1块
N2	φ10	0.36	6	0.617kg/m	0.222kg/根	

××××××设计院 | ××至××市政道路工程 | 井筒安全网示意图 | 图号 SV-4-5

参考文献

[1] 住房与城乡建设部.市政工程工程量清单计算规范(GB 50857-2013)[S].北京:中国计划出版社,2013.

[2] 福建省建设工程造价管理总站.《市政工程工程量计算规范》(GB 50857-2013)福建省实施细则[S].福州,2016.

[3] 郭芳芳.道路工程工程量清单计价应用手册[M].郑州:河南科学技术出版社,2010.

[4] 袁建新.市政工程计量与计价[M].北京:中国建筑工业出版社,2012.

[5] 王云江,郭良娟.市政工程计量与计价实训[M].北京:中国建筑工业出版社,2009.

[6] 王云江.市政工程定额与预算[M].北京:中国建筑工业出版社,2012.

[7] 杨玉衡,王伟英.市政工程计量与计价[M].北京:中国建筑工业出版社,2006.

[8] 住房与城乡建设部.建设工程工程量清单计价规范(GB 50500-2013)[S].北京:中国计划出版社,2013.

[9] 福建省建设工程造价管理总站.市政工程造价实务[S].福州,2012.

[10] 福建省建设工程造价管理总站.福建省建筑安装工程费用定额(2017版)[S].福州,2016.